KB065103

북청으로의 유배길, 그곳에서 유배생활 하는 스승 이항복을 수행하고,
배소에서 스승의 유해를 포천에 안장하기까지 제자의 기록
1617년 11월 1일부터 1618년 8월 7일까지의 일기

북천일록
北遷日錄

鄭忠信 원저·申海鎭 역주

머리말

이 책은 금남군(錦南君) 정충신(鄭忠信, 1576~1636)이 백사(白沙) 이항복(李恒福, 1556~1618)을 수행하며 적은 일기로서 이른바 유배일기를 번역하고 주석한 것이다. 곧 이항복이 광해군의 인목대비 폐모를 극력 반대하는 헌의(獻議)를 올린 것으로 인하여 죄를 입고 북청으로 유배 가는 길을 직접 따르며 그곳에서의 유배생활을 하는 스승 이항복을 수행하였고, 유배지에서 죽은 스승의 유해를 운구해 포천에 안장하기까지의 일기가 바로 〈북천일록(北遷日錄)〉이다. 1617년 11월 1일부터 1618년 8월 7일까지, 백사가 지녔던 충의의 큰 도리에서부터 유배지에서의 자잘한 일상에 이르기까지 상세히 수록되어 있다.

이후 67년이 지난 1685년 북청판관 정래상(鄭來祥, 1643~1717)이 백사의 풍모를 사모하여 이 〈북천일록〉을 간행하려고 발의하자, 당시 함경도 관찰사 이수언(李秀彦, 1636~1697)이 경비를 협력하여 판각하였다. 정래상과 이수언에게는 그럴 만한 내력이 있었다. 정래상은 백사가 북청에서 유배생활을 하고 있을 때 그에게 편지와 유배지에서의 필수품을 보냈지만 살아생전에 받지 못해 안타까움을 남겼던 평양 서윤(平壤庶尹) 정세미(鄭世美, 1583~1624)의 손자이었다. 그리고 이수언은 14세부터 우암(尤庵) 송시열(宋時烈, 1607~1689)을 스승으로 삼고 배웠는데, 우암의 스승인 김장생(金長生, 1548~1631)을 선조(宣祖)에게 천거한 인물이 이항복이었다. 이렇게 하여 간행하려고 했을 때 이항복의 증손자인 이세귀(李世龜, 1646~1700)가 교열하고 정정하여 원문의 곳곳에 협주를 붙여서 간행한 것인데, 백사의 〈정사헌의수초(丁巳獻議手草)〉를 덧붙이고 이세귀가 스스로 발문을 쓴 뒤, 남구만(南九萬, 1629~1711)의 서문과 이민서(李敏敍, 1633~1688)의 발문을 받은 것이다. 이 판본이 주로 국립중앙도서관·규장각·장서각 등에 소장되어 있다.

이 〈북천일록〉은 정충신이 기록한 내용과 이세귀가 붙인 협주가 합쳐진 기록물이다. 그런데 이항복이 정사년(1617)에 헌의하는 모습을 이시백(李時白, 1581~1660)으로부터 전해들은 이항복의 손자 이시현(李時顯, 1622~1678)이 엮은 정사기문록(丁巳奇聞錄: 일명 白沙遺事帖)이 있었던 것 같으나 그 실체는 알 수 없지만, 우암 송시열의 발문은 이세귀의 협주에 언급되어 있는데도 남구만의 발문은 언급되어 있지 않아 참고자료로 덧붙인다. 따라서 〈북천일록〉의 번역도 원문의 내용은 번역문의 본문으로, 협주의 내용은 번역문의 각주로 처리하는 방식을 갖추되 협주라고 밝혔다. 정충신의 기록 정신은 그대로 온전히 읽을 수 있게 하고, 이세귀의 협주 붙인 시선은 또한 그것대로 온전히 파악할 수 있게 하기 위함이었다.

특히, 스승의 유배를 수행한 정충신의 관찰자적 시각으로 서술

한 유배일기의 특징을 탐색할 수 있는 좋은 자료이다. 또한 정충신은 자신의 언행과 소회를 절제하고 백사의 언행에 집중하였으니, 그가 삽입한 백사 한시의 특징은 신변잡기와 애상적인 정감보다는 주로 의연하고 충직한 기상을 부각하고 있다. 이러함에도 이세귀는 즐기며 웃는 것에는 상세하나 훈계하며 말하는 것에는 소략하였고, 중요한 일에는 소략하나 자잘한 일에는 세밀하였는데, 일찍이 정공(鄭公)의 재주와 식견이 비록 출중하게 뛰어났을지라도 군대에서 몸을 떨쳐 일으켰으니, 처음에는 선비 집안의 출신 부류가 아니었기 때문에 자세히 살펴서 신중히 쓰는 것이 그의 잘하는 바가 아니라서 그런 것이라고 하여 그 한계를 지적하고 있다.

이 〈북천일록〉은 병든 몸으로 가야만 하는 고달픈 귀양길, 유배지에서 죽어 고향으로 돌아오기까지 천신만고의 귀향길은 이항복이 살았던 삶의 끝자락을 보여주는 것인데, 격변기를 맞아 다양한 가치관이 충돌하는 상황에서 불의에 굴하지 않고 강상의 윤리를 견지한 이항복의 몸가짐을 통해서 우국충정의 가르침을 배울 수 있을 것이고, 임진왜란의 전란 속에서 이항복으로부터 지우(知遇)를 입었던 정충신이 잠시도 곁을 떠나지 아니하고 한결같이 스승을 모시는 태도를 통해서 제자의 도리도 배울 수 있을 것이다. 또한 이항복의 의식이 광해군을 폐위하고 인조반정을 일으킨 서인세력의 논리에 어떤 영향을 끼쳤는지도 확인할 수 있을 것이다.

이 책을 통해서 유배일기에 대한 보다 정치하고 다양한 논의가 치열하게 이루어지길 기대한다. 한결같이 하는 말이지만 나름대로 최선을 다하고자 했다. 그러나 여전히 부족할 터이라 대방가의 질정을 청한다. 끝으로 편집을 맡아 수고해 주신 보고사 가족들의 노고에 심심한 고마움을 표한다.

2020년 9월 빛고을 용봉골에서
무등산을 바라보며 신해진

차례

| 원문과 주석 |

일러두기

이 책은 다음과 같은 요령으로 엮었다.

01. 번역은 직역을 원칙으로 하되, 가급적 원전의 뜻을 해치지 않는 범위 내에서 호흡을 간결하게 하고, 더러는 의역을 통해 자연스럽게 풀고자 했다. 다음의 번역서가 참고 되었다.
『백사 이항복 유묵첩과 북천일록』(삼성미술관 Leeum 학술총서), 임재완 편역, 삼성문화재단, 2005.

02. 원문은 저본을 충실히 옮기는 것을 위주로 하였으나, 활자로 옮길 수 없는 古體字는 今體字로 바꾸었다.

03. 원문표기는 띄어쓰기를 하고 句讀를 달되, 그 구두에는 쉼표(,), 마침표(.), 느낌표(!), 의문표(?), 홑따옴표(' '), 겹따옴표(" "), 가운데점(·) 등을 사용했다.

04. 주석은 원문에 번호를 붙이고 하단에 각주함을 원칙으로 했다. 독자들이 사전을 찾지 않고도 읽을 수 있도록 비교적 상세한 註를 달았다.

05. 주석 작업을 하면서 많은 문헌과 자료들을 참고하였으나 지면관계상 일일이 밝히지 않음을 양해바라며, 관계된 기관과 여러분들께 진심으로 감사드린다.

06. 이 책에 사용한 주요 부호는 다음과 같다.
    1) (　) : 同音同義 한자를 표기함.
    2) [　] : 異音同義, 出典, 교정 등을 표기함.
    3) "　" : 직접적인 대화를 나타냄.
    4) '　' : 간단한 인용이나 재인용, 또는 강조나 간접화법을 나타냄.
    5) 〈　〉 : 편명, 작품명, 누락 부분의 보충 등을 나타냄.
    6) 「　」 : 시, 제문, 서간, 관문, 논문명 등을 나타냄.
    7) 《　》 : 문집, 작품집 등을 나타냄.
    8) 『　』 : 단행본, 논문집 등을 나타냄.
    9) {　} : 이세귀가 주석한 협주를 나타냄.

07. 이 책과 관련된 논문은 다음과 같다.
이성형, 「만운 정충신의 〈백사선생북천일록〉 연구」, 『한문학론집』 45, 근역한문학회, 2016, 157~192면.

북천일록

—

번역

귀양길(*: 숙박지)

返葬路

1618년 5/13(卒)→5/25 관작 회복→6/18 청강→평포역→6/19 홍원→6/20 함원→6/21 함관령→덕산→6/22 함흥 무학당→6/24 정평→6/25 초원→영흥→6/26 고원→6/28 문천→6/29 덕원→7/1 안변→7/5 고산역→7/6 죄장곡→7/7 회양→7/8 신안→7/9 모탄→창도→금성→7/10 금화→7/11 풍전→양문→7/12 포천 종수원→8/4 하관

북천일록 서

예전에 우리 선조(宣祖) 임금께서 나라의 중흥을 이룩할 즈음에 큰 공을 세운 대신(大臣)이 있었으니, 백사(白沙)선생 이항복(李恒福)이라 하는데 자는 자상(子常)이다. 광해군(光海君)이 임금답지 못하게 모후(母后: 인목대비)를 장차 폐위하려는 때에 이르러서는, 공(公)은 자신의 의견을 올려 정도를 지키다가 관북(關北: 함경도)으로 유배를 가 그곳에서 세상을 떠났다. 그러기 전에 살아서 갔다가 죽어서 돌아오는 때까지 따른 자는 바로 금남군(錦南君) 정충신(鄭忠信: 可行)이었다.

그가 산을 넘고 물을 건넌 수고로움, 유배생활의 고충, 질병으로 인한 딱한 사정, 죽음에 대한 두려움 등을 다 기록하여서 후세 사람들에게 볼거리로 남겼다. 아, 지금 그가 기록한 것을 보니, 단지 화가 치밀어 오르고 애달픈 뜻으로 때에 따라 그대로 썼을 뿐이었다. 언어의 묘미와 문장의 아름다움에 빠질 겨를이 있지 않았으나, 하늘의 강상(綱常)과 백성의 윤리의 중요함을 더한 까닭에 사람으로 하여금 감동하여 떨쳐 일어나게 한 것이 어찌 이리도 많단 말인가. 모자간의 윤리, 군신간의 의리는 실로 그 중에서도 큰 것이다. 심지어 인품의 간사하고 바름, 세상을 다스리는 도리의 성쇠, 무상한 세상의 인심과 물정, 사라지지 않는 공론(公論), 죽고서의 영광, 살아서의 수치, 사람을 알아보는 지혜, 자신을 알아주고 허여한 것의 보답 등에 이르기까지 하나도 이 책에 갖추지 않은 것이 없으니, 후세의 군자가 이 책을 본다면 또한 때를 헤아리고 자기를 처신하는 법을 알 수 있을 것이다. 사람이 책을 귀하게 여기는 것은 이 때문일 것이다. 비록 선생이나 대인군자들이 세상의 교훈이 되도록 지은 것도 요체는 이에서 벗어나지 않을 것이다. 어찌 무관(武官)들과 더불어 어려운 시어(詩語)를 같은 부류로 함께 평할 수 있으랴.

내가 듣건대, 선조대왕이 용만(龍灣: 의주)으로 피란하여 장차 압록강을 건너 명나라에 망명하려고 하면서 여러 신하들 중에 따르기를 원하는 자가 있는지 물으니, 오직 공(公: 이항복)만이 직접 어가(御駕) 말의 굴레와 고삐를 잡겠다며 청하였다고 한다. 공(公)이 북쪽으로 귀양 가기에 이르러서는, 오직 금남군(錦南君)만이 따르며 곁을 떠나지 않고 그 살아서부터 죽음에 이르기까지 돌보았다. 아, 공(公)이 군부(君父)에게 스스로 그의 충성을 능히 다하였기에, 금남군으로부터 그 보답을 받게 되었다. 《시경(詩經)》에 말하지 않았는가? "오직 그 스스로가 가지고 있으니, 이 때문에 그와 같이 되네."라고 하였다. 진실로 맞는 말이다.

또한 나는 여기에서 다시 느끼는 바가 있다. 옛날 재상(宰相)의 직위에 있는 자는 반드시 사람을 알아보는 것이 우선이었다. 진(晉)

나라의 창고지기를 오직 조문자(趙文子: 趙武)만이 알아보고 천거하여 대부로 삼았고, 한(漢)나라에서는 도망쳐 온 사람[韓信]을 오직 소상국(蕭相國: 蕭何)만이 알아보고 천거하여 대장으로 삼았으니, 이는 밝은 거울처럼 꿰뚫어 아는 것인데 본래 천부적으로 얻은 것이다. 무릇 어찌 방사(方士)의 술법인들 전할 수 있을 것이며, 배워서 익힌다 한들 능할 수 있을 것이랴. 금남군은 광주(光州)의 미천한 군사로서 총각 나이에 왜적을 뚫고 행재소(行在所)에 이르렀는데, 공(公)이 뜻밖에도 눈을 들어 잠깐 보는 사이에 그를 알아보고서 가르치고 성취시켜 끝내 나라의 큰 그릇이 되게 하였다. 곤궁한 처지에 있는 한 사람에게 그의 힘을 얻은 것뿐만 아니라, 또한 하늘을 뒤덮은 왜적을 멸하고 나라를 다시 회복한 공적을 이루어서 세상의 간성(干城)이 되게 하였는데, 종묘사직이 이에 힘입었다. 오늘날 이러한 안목이 없으면서 국가의 큰 임무를 담당한 자들은 비록 혹 제각각 충성을 다하고 싶은 마음이 있다 하더라도 사람을 천거하여 임금을 섬기는데 있어서는 어떻게 하겠는가. 아!

때는 숭정 기원후 42년 병인년(1686)
대공보국숭록대부 의정부 좌의정 겸 영경연사감춘추관사
남구만 쓰다.

백사선생 북천일록

금남 정충신 지음

만력 45년 정사년[1](1617)

11월

1일 임술(壬戌)。

계축년(1613) 이후로 당시 사람들이 폐위되고 유폐된 금용(金墉)의 일을 주장하였는데, 일이 이미 절박하였다. 우참찬(右參贊: 좌참찬의 오기) 허균(許筠)은 김개(金闓)·이강(李茳)으로 하여금 호남과 영남의 무뢰배들을 꾀어 끌어들여 거짓으로 마치 유생(儒生)인 듯한 자들이 자기 집에서 그들이 필요한 것들을 공급하며 잇달아 소장을 올리게 하였다.

8일。

유학(幼學) 윤유겸(尹惟謙: 尹唯謙의 오기)은 상소의 주동자로 맨 먼저 의(義)를 들어서 화란의 싹을 막으라는 상소를 승정원에 바쳤다.

1　협주: 광해군(光海君) 9년이다.

뒤를 이어 유학 정만(鄭晩)이 있었고, 이호(李皓: 李之皓의 오기)·이숙(李璹)·송영서(宋永緖)·이관(李棨: 李棨의 오기) 등이 뒤따랐다. 성균관 유생 김상하(金尙夏) 등이 상소하여 말했다.

"청하옵건대 서궁(西宮)[2]의 존호(尊號)를 강등하고 분조(分朝: 임시 조정)의 시위(侍衛: 호위)와 공헌(貢獻: 공물 바치는 것)·조알(朝謁: 조회하는 것)도 철거하여 화란의 뿌리를 없애소서. 다음으로 기자헌(奇自獻)이 역적 괴수를 옹호한 죄를 다스리소서."

이 논의는 대제학(大提學) 이이첨(李爾瞻)이 사실 주장한 것으로 허균이 그의 바람을 받들어 분주하게 움직여 이룬 것이다. 여론이 분분하자, 영의정 기자헌은 제지할 수가 없어 도당(都堂: 의정부)에 들어가 앞장서서 조정의 논의를 널리 수렴하였는데, 의논하여 먼저 의로운 기치를 세우고 자신의 의견을 유지하고자 전임대신 오성부원군(鰲城府院君) 백사(白沙) 이항복에게까지 수렴케 하였다. 이때 공(公: 이항복, 이하 백사공으로 통일)이 동강(東岡)[3]에서 생활하고 있었는데, 조정의 정사(政事)에 참여하지 않은 지가 이미 5년이었다.

25일.

중추부 경력(中樞府經歷) 이사손(李士遜)이 조정의 의논을 가지고

---

2 협주: 이때 인목왕후(仁穆王后)는 서궁(西宮)에 있었다.

3 협주: 이항복이 단출하게 생활하는 별장이었는데, 도성에서 동쪽으로 25리 떨어져 있다.

와서 물으니, 백사공이 즉시 자신의 의견을 올려 말했다.

"신(臣)은 8월 9일에 다시 중풍(中風)을 얻어 몸은 비록 죽지 않았더라도 정력은 이미 쇠했사옵니다. 하늘을 쳐다보고 구름을 바라보면서 죽을 것을 알고 자신과 영결(永訣)한 지 지금 거의 반년이나 되었는데도 아직 병석에 있습니다. 무릇 공적인 일에 관해서는 형편이 우러러 대답하기가 어렵사오나, 이 일은 국가의 대사이온지라 남은 목숨이 아직 끊어지지 않았는데 어찌 감히 병으로 핑계를 삼아서 잠자코만 있겠나이까? 누가 전하를 위하여 이런 계교를 획책했는지 모르겠사옵니다. 임금 앞에서 요순(堯舜)의 도가 아니면 진달하지 않는 것이 옛날부터 내려오는 올바른 가르침입니다. 순(舜)임금은 불행하게도 완악한 아비와 어리석은 어미가 항상 순임금을 죽이려고 우물을 파도록 하고는 흙으로 덮어버리거나 곳간을 수리하도록 하고는 불을 질러버리거나 하였으니 위중한 상태가 극에 달하였습니다. 그래도 순임금은 울부짖으면서 자신을 원망하고 부모를 사모할 뿐, 부모에게 옳지 않은 점이 있다고는 보려고 하지 않았습니다. 진실로 아비가 비록 자애롭지 않은 것으로 자식이 효도하지 않을 수 없는 것이기 때문에 《춘추(春秋)》의 의리에는 자식이 어미를 원수로 대한다는 뜻이 없습니다. 하물며 공급(孔伋: 공자의 손자 子思)의 아내 된 이는 백(白: 공급의 아들 이름)의 어미가 된다 하였으니, 참된 효도의 중한 것이 어찌 친모와 계모의 차이에 있겠습니까? 이제 효로써 나라를 다스려야 온 나라의 안이 점차 교화되어 가는 가망이 있을진대, 이러한 말을 어찌하여 전하의 귀에까지 이르게 한단 말입니까? 지금 하셔야 할 도리는 순임금의 덕을 본받아 효로써 화합하여 차츰차츰 다스려 나가면서 대비의 노여움을 돌려 자애롭게 하는 것이옵니다. 어리석은 신(臣)이 바라는 것이옵니다."

이때 헌의(獻議)에 대해 매우 해괴하게 여기자, 삼사(三司: 사헌부·사간원·홍문관)가 팔소매를 걷어붙였고, 생원 진호선(陳好善)·선세휘(宣世徽)·최상질(崔尚質)이 잇단 상소로 형률에 의거하여 처단해서 종묘사직을 편안하게 해야 한다고 청하였다.

▌12월

1일 임진(壬辰)。

10일。

합계(合啓)하였다.

"신(臣)들이 삼가 이항복(李恒福)·정홍익(鄭弘翼)[4] 등이 수합한 의

---

4 협주: 본관은 동래(東萊), 자는 익지(翼之), 호는 휴헌(休軒). 1597년 문과에 급제하였다. 행 사과(行司果)로서 의논하였다. "삼가 생각건대, 옛날의 제왕으로 인륜의 변을 당한 자로는 순임금 같은 이가 없고, 변에 대처하는 도리를 능히 다한 자도 순임금만한 이가 없사옵니다. 그 고약한 어미가 화를 부채질하며 순임금을 해치려고 갖은 수단을 부리는 상황을 당해서도 순임금은 공손히 자식의 직분을 행할 뿐이어서 차츰차츰 감화시

논을 보니, 순(舜)임금이 변고에 대처한 도리를 인용하여 말하였습니다. 순임금은 인륜을 극진히 한 성인이니 진실로 본받아야 합니다. 만약 오늘의 일로 그것에 견준다면 서로 전혀 다르니, 순임금은 그 당시 필부(匹夫)였습니다. 비록 고약한 어미로부터 해를 입더라도 그 화는 한 몸에만 그쳤으니, 순임금이 공손히 자식의 직분을 다한 것으로 순(舜)의 순임금이 되었던 까닭이옵니다. 제왕은 종묘사직과 신민(臣民)이 의탁하고 있사온데 불행히 변을 만나게 되면 그 화가 종묘사직과 신민에게 미치니, 제왕이 변고에 대처하는 도리는 필부가 하는 것처럼 할 수 없는 것이 명백합니다. 설령 순이

킨 아름다움에 이르렀으니, 이것이야말로 인륜의 지극함이 된 까닭이옵니다. 우리 성상께서는 왕세자로 계실 적부터 인자하고 효성스럽다는 명성을 떨치시니, 온 나라의 신하와 백성은 모두 그 마음을 널리 베풀어 지극한 교화를 이루시기를 바랐사옵니다. 그런데 불행하게도 인륜의 변고를 만나셨는데 군신들로 아래서 성상의 교화를 보좌할 자들이 성상의 효심을 도와 아름다움을 순임금과 나란하게는 하지 못하고, 이처럼 예전에 없던 일을 논의하고 있으니 신은 적이 의혹스럽습니다. 엎드려 바라옵건대, 성상께서는 멀리 순임금을 본받아 참된 효도를 극진히 하시어 양궁(兩宮: 인목대비와 광해군) 사이에 화목한 기운이 넘쳐흐르게 하면, 온 나라의 신하와 백성들은 모두 인자하고 효성스러운 성상의 교화 속에 살게 되어 성상의 덕은 만세에 빛날 것이옵니다. 신(臣)은 외람되게도 성상의 은혜를 입어 지위가 2품에 올랐으니, 비록 극히 어리석고 고루하여 아는 것이 없으나 임금을 사랑하고 나라에 목숨 바치려는 정성은 항상 마음속에 간절하옵니다. 이제 의논을 드리는 때를 당하여 만약 보잘것없는 목숨을 아껴서 생각하는 바를 진달하지 않는다면, 이는 성상의 큰 공덕을 저버리고 스스로 불충한 죄에 빠지는 것이옵니다. 만일 성상께서 변변찮은 사람이라고 하여 드리는 말까지 버리지 않으시고 다만 헤아려 채택해 주신다면, 신(臣)이 비록 만 번 죽사와도 또한 여한이 없사옵니다." 이 의논으로 말미암아 진도(珍島)에 위리안치되었다가, 종성(鍾城)과 광양(光陽)으로 옮겨졌다. 계해년 인조반정 때 승지로 불러들였고, 품계가 가선대부(嘉善大夫)로 올라 부제학(副提學)에 이르렀다. 천계(天啓) 갑자년(1624)에 죽었으며, 시호는 충정공(忠貞公)이다.

이미 임금의 자리에 있는데도 고약한 어미가 이와 같이 화를 순에게 입혔다면, 순이야 비록 어미로 대우했을지언정 순임금의 신하된 자로 순임금이 해를 입는 것을 가만히 앉아 보기만 하고 고약한 어미의 죄를 밝히지 않았겠사옵니까? 사람을 죽인 것이 조그만 죄일지라도 고요(皐陶)는 오히려 고수(瞽瞍: 순임금의 아버지)를 잡아가둘 것이나, 순임금은 이를 금하지 못하고 다만 몰래 등에 업고서 도망칠 계획만 세웠을 것이라고 한다면, 군신 사이와 모자 사이에서 하나는 의(義)로써 한 것이고 다른 하나는 은(恩)으로써 한 것이니 대처하는 도리가 어찌 서로 현격하게 차이나지 않을 수 있겠습니까? 무고(巫蠱: 주술로 사람을 해치는 것)하고 저주한 변괴가 발각되었으며, 밖으로 역모에 응한 정황이 드러났습니다. 만약 흉측한 음모가 당시에 행해졌다면 성상께서 어떠한 처지에 있었겠으며, 종묘사직과 신민의 화 또한 어떠했겠습니까? 성상께서는 비록 몰래 등에 업고 달아날 의향이 있다고 하더라도, 성상의 신하된 자들은 유독 고요(皐陶)가 한 것처럼 집행해서는 아니 되옵니까? 지금 이번 묘당(廟堂: 조정)에서 수합한 의논은 단연코 신하가 대처할 방도를 상의하기 위하여 절충할 것에 대한 말을 들으려는 것뿐이었습니다. 성상께서는 조금도 그 사이에 간여할 일이 없사온데, 이항복과 정홍익은 묘당에서 묻는 것에는 언급하지 않고 감히 협박하여 우겨대는 말로 마치 성상께 의논을 드리는 것처럼 하니 그 속셈을 실로 헤아리기가 어렵사옵니다. 의리가 깜깜하게 꽉 막히고 정론(正論)

이 오랫동안 통하지 못하던 때에 다행스럽게도 초야에서 맞서는 상소[抗疏]를 올리고 많은 백성들이 충성을 다하고 있으니, 이때야말로 신하들이 마음을 같이하고 힘을 모아 대의를 밝히고 대사를 결정해서 종묘사직을 안정시켜야 할 때인 것이옵니다. 그런데 이항복과 정홍익은 뜻을 잃고 성상을 원망하는 사람으로서 기회를 틈타 손뼉을 치며 감히 역적을 편들 계획을 내어 장황하게 비유를 끌어대고 간여할 바가 없는 성상까지 언급하여 기어이 대역무도(大逆無道)하다는 명분에 빠뜨리려 하고 있사옵니다. 이항복이 역적을 비호하고 복을 구하려는 계책이었다면 이루어졌다고 할 수 있겠으나, 원수를 잊고 임금을 저버린 죄는 기자헌(奇自獻)보다 더 심하옵니다. 이항복이 수합한 의논 가운데 있는 이른바 '공급(孔伋: 공자의 손자 子思)의 아내 된 이는 백(白: 공급의 아들 이름)의 어미가 된다.'는 말은 지극히 더욱 통분합니다. 어찌 신하된 자가 임금에게 고하는 말을 이와 같이 도리에 어긋나고 오만할 수가 있사옵니까? 임금이 모욕을 당하면 신하가 대신 죽는다고 한 옛사람의 말이 있습니다. 이야말로 신들이 차라리 죽었으면 죽었지 차마 듣지 않으려는 까닭이옵니다. 김덕함(金德諴)[5]은 이항복·정홍익과 똑같다고 말하였습

5 협주: 본관은 상주(尙州), 자는 경화(景和), 호는 성옹(醒翁)이다. 1589년 증광문과에 급제하였다. 당시에 군기시정(軍器寺正)이 되어 《춘추(春秋)》와 《예기(禮記)》에 있는 급처백모(伋妻白母)의 설을 인용하여 초고를 몇 백 자 만들었는데 문충공(文忠公: 이항복)의 수의(收議)를 보고는 탄식하면서 말하기를, "내가 말하려고 한 것은 오성(鰲城)대감이 이미 다 말했으니 다시 군더더기 말을 붙일 필요가 없다. 옛 사람이 범중엄(范仲淹)

니다. 그 마음이 같다면 그 죄를 다르게 적용할 수 없는 것이오니, 이항복·정홍익·김덕함 등을 아울러 무인절도(無人絕島)에 위리안치하여 신민들의 분한 마음을 씻어주소서."

성상이 답하였다.

"이항복은 관직만 삭탈하고, 정홍익과 김덕함은 아뢴 대로 하라."

합사(合司)가 재차 아뢰었다.

"이항복이 역적을 비호하는 편을 도운 죄상은 신들이 거의 다 말하였습니다. 그러나 그가 수합한 의논의 말을 보면 과장해서 위협하며 당해내기 어렵도록 오만불손한 기운이 구사된 어휘 사이에 넘쳐나는데, 신들의 글 솜씨로는 만분의 일도 형용할 수가 없으니 단지 기가 막히고 울분만 더할 뿐이옵니다. 정홍익과 김덕함은 이항복의 졸개[卒徒]로 이미 그 죗값을 받았는데, 이항복은 단지 삭탈관직에만 그칠 수 있겠습니까? 원수를 잊고 임금을 저버린 것이 어떠한 죄악인데, 어찌 대신(大臣)이라고 해서 가장 가벼운 형벌에 처한단 말입니까? 하물며 임금을 욕보이는 조목 하나라도 정홍익과 김덕함에게는 없었으나, 성상께서 이항복에게 죄를 주는 것이

과 함께 귀양 가겠다고 청한 일이 있으니, 이것이 한 번 죽을 만한 것이다."고 하면서 "신(臣)의 일편단심 임금 사랑하는 마음은 이항복·정홍익과 같습니다."라고 헌의(獻議)하자, 남해(南海)에 위리안치되었다가, 온성(穩城)과 사천(泗川)으로 옮겨졌다. 계해반정(癸亥反正: 인조반정)이 되자 집의(執義)로 불러들였고 숭정(崇禎) 병자년(1636)에 죽었다. 관직은 대사헌을 지냈고, 뒤에 특별히 추증되었다. 시호는 충정(忠貞)이다.

도리어 정홍익과 김덕함보다 가볍다면 정홍익과 김덕함은 반드시 불복할 것이옵니다. 속히 위리안치를 명하소서."

옥당(玉堂: 홍문관)에서 처음으로 차자(箚子)를 올렸다.

"대개 기자헌, 이항복, 정홍익, 김덕함은 그 죄가 똑같은데, 위리안치하는 형률을 다만 소원하고 미천한 자에게만 시행하고 고관(高官)이나 근신(近臣)에게는 시행하지 않으니 장차 어떻게 난적(亂賊)을 징치하겠습니까? 청컨대 쾌히 공론을 좇으시어 여러 사람들의 울분을 씻도록 하소서."

성상이 답하였다.

"위리안치하는 것은 너무 과하다."

합사(合司)가 세 번째 아뢰었다.

"기자헌이 앞에서 외치고 이항복이 뒤에서 응하여 수컷이 울자 암컷 거기에 화답하듯 번갈아 형제가 된 것 같았습니다. 편드는 무리들로 하여금 손뼉을 치고 일어나도록 하여 임금의 형세가 더욱 고립되고, 다른 의논이 날로 무성한데 이르러 장차 헤아리지 못할 재앙이 되었는데, 모두 이루 다 말할 수 없는 것으로 기자헌과 이항복이 주동자가 되어서 맨 처음 하지 않은 것이 없으니, 그들이 임금을 업신여기고 역적을 비호하여 종묘사직을 위태롭게 한 죄는 하나이면서 둘이요, 둘이면서 하나입니다. 어찌 삭탈관직하고 유배 보내는 것으로서 이 흉악한 두 사람에게 죄 주는 것으로 합당할 수 있겠습니까? 속히 위리안치하게 하소서."

성상이 답하였다.

"이미 유시하였노라. 번거롭게 거론하지 말라."

11일。

합사가 계속해서 아뢰었다. 성상이 답하였다.

"벼슬을 삭탈하고 제 고향으로 내쫓아라."

14일。

합사가 계속해서 아뢰었다. 성상이 답하였다.

"일정한 곳을 지정하여 머물러 있게 하라."

16일。

합사가 계속해서 아뢰었다. 성상이 답하였다.

"멀리 귀양을 보내라."

17일。

죄인의 성명과 죄명을 적어 올리는 문서에서 죄인의 이름이 삭제되었다.

18일。

의금부에서 백사공을 용강(龍岡)에, 기자헌(奇自獻)을 정평(定平)에 귀양을 보내기로 결정하자, 승지 백대형(白大珩)·한찬남(韓纘男)이 유배지를 적은 문서를 땅에 내던지며 말했다.

"이들이 어떠한 죄악을 저질렀는데, 편리한 곳으로 유배를 보낸단 말인가?"

19일。

양사(兩司: 사헌부와 사간원)에서는 지의금(知義禁) 이경함(李慶涵)이 사사로운 정을 따라 편리한 곳에 유배지를 정한 것으로 죄를 얽어 관직을 삭탈하고 도성 밖으로 좇아낸 뒤, 유배지를 지극히 먼 변경으로 고쳐서 아뢰었다.

21일。

백사공을 창성(昌城)에, 기자헌을 삭주(朔州)에 귀양 보내도록 하였다.

22일。

공(公: 이항복)[6]이 동강(東岡)에서 청파(靑坡) 시골집으로 들어오려

---

6 협주: 공(公: 이항복)의 손자인 목사공(牧使公: 李時顯)의 정사기문록(丁巳記聞錄)

에 다음과 같이 운위하였다.

내가 일찍이 연양 상공(延陽相公: 李時白)을 찾아뵌 적이 있는데, 공이 나를 불러 앞으로 오게 하더니 말했다.

"너는 선생님께서 돌아가신 뒤에 태어났으니 우리 선생님의 일을 아직 다 듣지 못한 것이 있을 것이다. 지난 정사년(1617) 겨울에 광해군이 장차 모후(母后: 인목대비)를 폐위하려고 조정 밖에 있는 대신들에게 의견을 수렴하였다. 선생님은 이미 죄인이 되어 동쪽 교외에 은둔하고 있었지만 붓을 떨쳐 직접 의견을 썼는데, 말이 엄중하고 의리가 정대하니 흉악한 무리들은 간담이 서늘하였다. 삼사(三司)가 모두 들고일어나 화가 장차 예측할 수 없었는데, 선생님은 청파동(靑坡洞) 하인 집에서 조정의 명을 기다리고 있었다. 일찍이 손수 《예기》를 초록해서 말안장에 걸어두고 다니셨는데, 선생님이 방안에 단정히 앉아 초록한 예기를 보고 계시니 자제들과 우리 제자들 몇 명은 뜰아래에 있으면서 앉았다가 일어났다가 하며 조정의 명이 오기를 기다리고 있었다. 문득 공문서 전달하는 노비[急脚]가 도성에서 달려왔는데 기운이 다하여 입으로 말하지 못하자, 모든 사람들은 얼굴빛이 변하여 갈팡질팡 쳐다보니 바로 법에 따라 처리하기를 청했다는 소식이었다. 내가 선생님께 아뢰고자 했으나 머뭇머뭇 목메어 차마 입을 열 수가 없었다. 선생님은 이를 다 보시고도 조금도 달라진 기색 없이 책보기를 그치지 않으셨고, 조금 후에 올린 저녁밥을 드시면서도 평소와 다름이 없으셨고, 밤이 되어 주무실 때에도 코고는 소리가 우레 같았다. 건넌방이 매우 협소하여 시중드는 자제들은 모두 대청에 있었지만, 유독 나만 선생님을 모시고 자는데 근심과 번민이 격해져서 이리저리 몸을 뒤척이다가 새벽이 되었다. 닭이 울자, 선생님께서 잠을 깨어 나의 이름을 부르며 말씀하셨다.

'너는 아직도 자지 않느냐?'

내가 일어나 대답하였다.

'제대로 자지 못했습니다.'

이윽고 다시 단정히 앉고서 물었다.

'선생님께 감히 묻사옵니다. 죽고 사는 것은 큰일이온지라, 오늘의 일은 비록 곁에서 지켜보는 사람이라 하더라도 또한 스스로 마음을 진정시킬 수가 없었습니다. 제가 곁에서 모시며 선생님을 살펴보았지만 선생님은 편안히 한가롭게 태연하시어 평상시와 조금도 다름이 없사온데, 군자는 죽고 사는 기로에서도 이처럼 태연하시옵니까?'

선생님은 빙그레 웃으시면서 말씀하셨다.

'나도 마음이 동요되지 않는 것은 아니다. 그러나 일에는 선후가 있고 행동에도 순서가 있는 법이다. 이제 비로소 청하여 죄를 따진다면 성상께서 재가한 연후에는 당연히 의금부에 나아가 심리를 받아야 할 것이고, 죄목이 결정된 연후에는 마땅히 형벌을 받아 죽임을 당하게 될 것이다. 만약 죄주기를 청하는 장주(章奏: 상소문)를 보고 문득 놀라서 동요한다면 형틀 아래서는 어떻게 할 것이고 사형장의 칼 앞에서 어떻게 할 것이냐?'

이내 다시 주무시고는 끝내 말이나 안색에 조금도 동요하는 낌새를 나타내지 않으셨다. 고인(古人)을 내가 보지는 못했지만, 내가 우리 선생님을 보건대 비록 고인이라도 이런 경우에 처하게 되면 이보다 더 할 수 없을 정도로 마음속으로 기뻐하고 감복하시던 것이 어제의 일처럼 선명하다. 아, 평소의 좋은 말씀과 훌륭한 행실은 많은 사람들이 다 같이 본 것이지만, 그날 밤에 주고받은 말은 사람들이 알지 못하는 것이고 나만 홀로 아는 것이다. 그 주고받은 말이 오랜 세월 속에 사라질까 염려하여 특별히 상세하게 너를 위해 말한다."

옛날 일을 생각하게 되면 분개하는 마음이 끝이 없다. 아! 이 한 대목은 가승(家乘)에도 실려 있지 않은데, 이제는 연양 어르신도 이미 세상을 떠났다. 늘 문필가에게 청하여 그 일을 기록하려고 했으나 미처 하지 못하여 대략 전말을 써서 잊어버릴 것을 대비하고 아울러 온 집안의 자손들에게 보여주노라.」

목사공의 이름은 시현(時顯)인데, 부사공(府使公: 李星男)의 셋째아들이다. 관직은 통정대부에 이르렀고 공주 목사(公州牧使)를 지냈다.

우재(尤齋) 송시열(宋時烈)이 그 뒤에 발문을 붙여 말하였다.

"옛날 장돈(章惇)이 유원성(劉元城)을 죽이려고 사사로이 전운판관(轉運判官)을 보내어 곧장 유배지의 관청에 당도하게 하였는데, 유원성은 유언을 다하고 나서 말했다.

'죽는 것은 어렵지 않다.'

그리고는 손님과 마주앉아 술을 마셨다. 다음날 새벽에 종소리가 들리자 집안사람들이 목 놓아 우는데도 태연자약하였고, 갑자기 전운판관이 피를 토하며 죽었다는 것을 듣고도 기뻐하지 않았다.

우리나라에서는 김안로(金安老)가 문익공(文翼公) 정광필(鄭光弼)을 미워하여 좋지 않은 글월을 보내 자결하도록 하려고 했는데, 죄가 같았던 자는 곧 목숨을 잃고야 마는 지경에 이르렀지만, 문익공은 웃으며 말했다.

'조정에서 죽인다면 마땅히 국법을 받아 일벌백계의 보기가 되어야 할 것이다.'

하루는 공문서 전달하는 노비가 도성에서 유배지에 이르렀는데, 입이 말라 말을 하지 못하자 시중드는 자들이 허둥지둥 어찌할 줄 몰랐지만, 문익공은 편안히 누워 태연자약하였다. 문서를 펼쳤더니 곧 김안로가 죄인으로 죽었다는 소식이었다. 시중드는 사람이 공에게 아뢰었더니, 공은 '그러하냐.' 하고는 계속해서 천둥소리 같이 코를 골며 새벽까지 잤다. 대개 유원성과 똑같은 것이다.

사안(謝安)이 비수(淝水)의 승전 소식을 듣고도 손님과 바둑을 둔 뒤에 방으로 돌아가려고 문지방에 이르러 나막신의 굽이 부러졌는데, 정자(程子)는 억지로 하는 일은 끝내 될 수 없는 것이라고 하였다. 동파(東坡: 蘇軾)는 일찍이 생사의 갈림길에서 담소를 나누겠다고 스스로 기약했지만 조정의 명을 듣자마자 낯빛이 죽은 사람 같았고 두 다리에 힘이 빠졌는데, 주자(朱子)에 의해 크게 기롱되었다. 대체로 유원성과 문익공 두 사람은

고 길을 떠났다. 망우령(忘憂嶺)을 지나며 시를 지었으니, 이러하다.

모진 바람도 강철 같은 마음 뚫기 어려우니	獰風難透鐵心肝
평안도 첩첩 산속일지라도 두렵지 않누나.	不怕西關萬疊山
천길 고개의 동쪽 바위에서 말 쉬게 하고	歇馬震巖千丈嶺
석양에 목릉을 돌아보니 쓸쓸하여라.	夕陽回望穆陵寒

이날 평안도 사람이 상소하여 아뢰었다.

"창성(昌城)과 삭주(朔州)는 중국의 국경과 아주 가까워 몰래 내통하여 화를 일으킬 우려가 없지 않으니, 북쪽 변방으로 옮겨 귀양 보내기를 청하나이다."

이것은 허균(許筠)이 꾀어서 사주한 것이다.

그 식견과 도량이 진실로 남보다 크게 뛰어난 점이 있도다. 그러나 수양한 것이 깊고 쌓은 것이 두터워서 마음을 안정하는 힘이 있지 않으면 어찌 이와 같을 수 있겠는가? 지금 연양 이시백이 말한 백사 문충공 이항복의 일이 유원성과 정광필 두 사람과 세대는 다르지만 부절처럼 똑같다. 그러나 두 사람은 끝내 북쪽에서 돌아왔지만, 문충공은 마침내 머나먼 변방에서 죽었으니 어찌 통탄스럽지 않으랴. 그렇지만 문충공이 죽은 까닭은 하늘의 이치요 사람의 도리였으며, 연양이 문충공의 문하생으로서 성조(聖祖: 인조)를 도와 추대하여 마침내 하늘의 이치를 밝히고 사람의 도리를 바로잡아 중흥하는 위대한 업적을 열었다. 그렇다면 문충공이 강상의 윤리를 붙들어 세운 공로는 죽은 이후에 이르러서 더욱 빛나니 어찌 성대하지 않은가? 연양 이시백이 사문의 성대한 아름다움이 세상에 드러나지 않을까 염려하여 임종에 이르러서도 드러내어 밝혔으니 그 스승의 제자임을 더욱 알 수 있다."

24일。

다시 백사공을 경원(慶源)으로 정배하기를 아뢰자, 성상이 하교(下敎)하여 말했다.

“남관(南關: 함경남도)의 다른 고을로 다시 정배하라.”

그래서 지의금(知義禁) 윤선(尹銑)이 삼수(三水)로 다시 아뢰었다. 삼수는 경원에 비해서 더욱 황량하고 멀리 떨어져 있어 원래 사람이 이곳에 유배를 오는 경우 살아서 돌아가지 못하는 사람이 많아서 귀문관(鬼門關)처럼 보았으니, 당시의 의논이 백사공을 죽이려고 한 것을 알 수 있다. 다시 올린 단자(單子)에 관해 오랫동안 하교가 없어서 백사공은 청파동에 계속 머물면서 명을 기다렸다.[7]

7 협주: 이때 정랑(正郎) 최명길(崔鳴吉)이 바야흐로 모친상을 당하였기 때문에 밤에 인사하러 와서 하룻밤 묵고 갔다. 최공은 관직이 영의정에 이르렀고, 완성부원군(完城府院君)으로 호는 지천(遲川)이다. 이항복의 문하이다.

무오년(1618)

▌1월

1일 신유(辛酉)。햇무리가 나타남.

한 해가 이미 바뀌었지만 유배길 삼천리이니, 새해의 흥겨운 분위기는 벌써 다 사라지고 없었다. 만나보러 찾아온 옛 친구들은 반드시 눈물을 줄줄 흘리고서 돌아갈 때 세찬(歲饌: 설음식)을 많이 남겨놓았는데 평소보다 갑절이나 되었다.

3일。

시배(時輩: 당시 이이첨 세력)들이 몰래 사람을 시켜 백사공 및 기자헌의 집에 드나드는 인물들을 염탐하게 한 것은 사람들이 매우 두려워하도록 그렇게 한 것이었으나, 사대부로부터 하인배들까지 찾아뵈러 온 자들이 왁자지껄 문을 가득 메울 정도로 권세 있는 사람의 집보다 심하였다. 저물녘에 무인(武人) 기경헌(奇敬獻)이 찾아왔었는데, 백사공 막하의 옛 군사이었고 기자헌의 친족이었다. 백사공이 병으로 고양(高陽)에 있어서 사람을 보내어 병문안한 것이었다. 그 사람은 먼저 기자헌이 있는 곳에서 나와 돌아가려는 길인데, 몇 사람이 가로막으며 말했다.

"너는 기자헌 집에서 나와 오성(鰲城) 대감의 집으로 가려는 길이라 반드시 오고가는 편지가 있을지니, 모름지기 꺼내놓는 것이 좋으리라."

그 사람이 이에 자신의 사정을 말하였지만 머리털을 움켜쥐고 옷을 벗긴 뒤 온 몸을 샅샅이 뒤졌는데, 이것은 허균이 시킨 것이었다.

4일。햇무리가 나타나고 지진이 일어남.

우의정 한효순(韓孝純)이 모든 벼슬아치들을 거느리고 비로소 정청(庭請: 백관이 중요한 국사에 계교를 올리고 전교를 바라는 것)을 행하였다. 이이첨(李爾瞻)이 계초(啓草: 임금에게 상주할 글의 초안)를 얽었는데, 먼저 〈서궁(西宮: 인목대비)이 화를 쌓고 난을 빚어낸 일의〉 열 가지 죄악을 인용하고는 곧장 서궁을 폐출할 것으로 계사(啓辭: 논죄에 관하여 임금에게 올리는 글)를 삼았다. 이에, 류희분(柳希奮)이 조정에서 큰 소리로 말했다.

"무릇 정청은 으레 수규(首揆: 영의정)의 의논을 따라야 하오. 내암(萊庵: 정인홍)이 이미 서궁에게 조알(朝謁: 조정에서 임금을 만나는 것)을 거두고 분사(分司: 경연을 맡았던 관청)를 폐지하기로 의논하였으니, 다만 이것으로 계사(啓辭)를 삼아야 하오. 만일 이 의논이 불가하다고 한다면 마땅히 먼저 영의정 내암을 죄주고, 그 후에 그 계사를 다시 올려야 될 것이오."

양측이 의논하고 서로 논쟁을 벌였으나 밤이 되어도 결정을 내지 못하였다. 한효순이 조정에서 모임을 갖는 것이 쉽지 않다고 여겨 이이첨의 뜻에 굽혀 복종하여 마침내 폐출할 것으로 계사를 올렸던 것인데, 파하고 나니 닭이 벌써 울었다. 내암은 정인홍(鄭仁弘)의 호이다.

6일。

성상이 비망기(備忘記)를 내려 말했다.

"대신(大臣)은 비록 죄가 있더라도 변방에는 안치를 할 수 없는데, 더구나 현재 우려되는 일이 있는 곳임에랴. 길주(吉州)·북청(北青) 같은 곳에 다시 정배하라."

이때 노추(老酋: 누르하치)가 문희현(文希賢)에게 보낸 편지에 명나라를 침범하겠다는 말이 있어서 변방이 소란스러울 듯했기 때문에 이런 명이 있었던 것이다. 이에, 의금부에서 백사공은 북청으로 기자헌은 길주로 다시 아뢰었다.

7일。

압송관(押送官)으로서 가게 된 도사(都事) 이숭의(李崇義)가 성상에게 하직 인사하였지만, 날이 저물었기 때문에 그대로 머물렀다.

8일。

비로소 청파동(青坡洞)에서 출발하여 도성의 남쪽 길을 택해 산단(山壇)의 주변을 지나가는데, 연릉부원군(延陵府院君) 이호민(李好閔)[1] 부자(父子), 천안(天安) 군수 이유간(李惟侃), 첨정(僉正) 한여징(韓汝

澄) 등이 산단에서 백사공을 기다리고 있었다. 유배길을 떠나는 백사공을 위하여 제사를 베푸는데, 좌석에 있는 모든 사람이 눈물을 흘렸다. 이호민이 절구시(絕句詩)를 읊어 주었으니, 이러하다.

이곳에서 해마다 떠나는 이를 보내려고 此地年年送客歸
산단에 술잔 들어 강리로 제사지내누나. 山壇擧酒祭江籬
내 발걸음 가장 늦어 어느 곳 차지할꼬 吾行最晩當何處
다시는 고인이 찾아와도 이별 없으리로다. 無復故人來別離

백사공 역시 절구시를 지어 화답하였으니, 이러하다.

구름 끼니 소슬하고 대낮인데도 어두운데 雲日蕭蕭晝晦微
북풍 불어 멀리 떠나는 길손의 옷 찢누나. 北風吹裂遠征衣
요동 성곽이야 응당 예전 그대로이겠지만 遼東城郭應依舊
다만 영위는 가고 아니 돌아올까 염려로세. 只恐令威去不歸

합천(陜川) 군수를 지낸 김창일(金昌一)이 또한 남현(南峴) 아래까지 뒤쫓아 와 작별하였다. 저녁이 되어서 왕심리(往尋里) 역말에 당도하여 묵었는데, 백사공은 도성을 바라보며 시를 지었으니, 이러하다.

---

1 협주: 이름은 호민(好閔)이다. 관직은 연릉부원군(延陵府院君)에 이르렀다. 호는 오봉(五峯)이다.

한번 도성 문 나서니 만사가 마음에 없으나	一出都門萬事灰
옛적 놀던 묵은 터전은 고개 거듭 돌려지네.	舊遊陳迹首重回
하늘에는 남산의 산 빛이 보기 좋게 떠있고	浮天好在終南色
고운 나무 울창해 붉고 푸른 기운 서려있네.	佳氣葱蘢紫翠堆

9일。

날씨가 매우 추워 가야할 길이 암담하였다. 도성의 사대부와 하인에 이르기까지 전송하러 나온 자들이 그 수를 헤아릴 수 없었다. 길가에서 보는 이들도 백사공을 알거나 모르거나 할 것 없이 소매로 눈물을 훔치며 탄식하고 슬퍼하지 않는 이가 없었다.

호분현(胡墳峴)을 지나가는데, 영덕(盈德) 현감을 지낸 이인기(李麟奇)가 집이 고개 근처에 있어서 사람을 보내어 가는 길을 멈추게 하고는 작별의 말을 나누고 싶다면서 자리를 성대히 깔도록 하여 마치 조항(祖行: 길 제사)이라도 지낼 것처럼 했다. 백사공의 유배길을 따르느라 추위에 고생하는 사람들이 술이라도 있을까 기뻐하면서 서로 위로하며 기다렸지만, 영덕(盈德: 이인기)이 이르러서는 단지 생소한 이야기뿐이어서 자신들도 모르게 배를 그러안고 웃었다.

저녁이 되어서야 송산촌(松山村)에 이르러 묵었는데, 판관(判官) 조위한(趙緯韓)[2], 정랑(正郎) 이경직(李景稷)[3], 평사(評事) 최유해(崔有

---

2 협주: 관직은 지사(知事)에 이르렀다. 호는 현곡(玄谷)이다.

海)[4], 평사 이배원(李培元)[5], 참군(參軍) 최연(崔涜), 이대하(李大河)·이대순(李大淳) 형제 모두가 유배 길을 따르다가 이곳에서 백사공을 전송하였다. 첨지(僉知) 이익(李榏)과 갑산 부사(甲山府使)를 지낸 구인후(具仁垕)[6]가 먼저 이곳에 당도하여 기다렸다. 상중(喪中)에 있는 이원(李元)도 와서 종이와 엿을 바쳤다.

10일。

조위한·이경직 등 여러 사람들이 모두 작별 인사를 하면서 이미 각기 옷깃을 적셨는데 정랑 이경직이 가장 많이 울었다.

저녁이 되어서야 포천(抱川)에 이르자, 포천의 고을 사람과 친족들로 백사공을 맞으러 나온 자가 이미 길을 가득 메웠다.

11일。

백사공이 선조의 묘에 가서 하직하고 장차 출발하려는데 큰 눈이 하늘을 가득 메웠기 때문에 천지가 어두침침하여 갈 길을 분간하지 못할 정도였다. 친구들은 백사공이 유배길 떠나는 모습을 보

---

3 협주: 백사공에게 수학하였다. 관직은 판서에 이르렀다. 호는 석문(石門)이다.

4 협주: 관직은 승지(承旨)에 이르렀다.

5 협주: 관직은 감사(監司)에 이르렀다.

6 협주: 백사공의 편비(編裨: 참모 무관)를 지냈다. 관직은 우의정에 이르렀고, 능주부원군(綾州府院君)이다.

기에 답답하고 딱하여 잠시 머물러 눈이 그칠 때까지라도 기다리기를 청하였다. 그러나 백사공이 귀양길은 기한이 있으니 머무를 수가 없다면서 사양하고는 눈을 무릅쓰고 앞으로 나아가는데 행색이 매우 고통스러웠다.

첨지(僉知) 이유경(李惟慶)은 백사공이 유배길 가는 도중에 나와서 맞이하고 10여 리를 뒤따르다가 전송하였다.

저물녘에 장차 양문(楊門: 梁文의 오기)에 투숙하니, 기자헌(奇自獻)이 이미 먼저 들어와 있었다. 백사공은 귀양을 가는 두 사람이 같은 객관에 투숙하여 연루되는 것을 꺼려 마침내 영평(永平) 고을에서 투숙했는데, 고을 수령 안욱(安旭)이 나와서 접대하는 것이 자못 정성스러웠다.

12일。

날씨가 혹독히 추운데다 기자헌 대감까지 마주쳤으니 앞으로의 유배길에 인부와 말을 내는데 폐단이 있을까 염려하였는데, 우선 하루를 걸러 서로 출발하는 것을 어긋나도록 한 것은 또한 혐의를 멀리하려는 것이었다.

13일。

박신남(朴信男)·권숙(權鸘) 등이 눈물을 뿌리며 인사하고 돌아갔다. 아침에 영평(永平)을 출발하여 저녁이 되어서야 풍전역(豐田驛)

에 이르렀다. 철원 부사(鐵原府使) 윤영현(尹英賢)이 관아에서 나와 기다렸는데, 진정으로 접대할 뿐만 아니라 또한 노자까지 보내주었다.

14일. 추위가 여전히 혹독함.

아침에 풍전역을 출발하여 저물녘에 성창(省昌: 生昌의 오기)에서 묵었는데, 금화(金化)의 수령 조찬(趙瓚)이 도사(都事)를 역참에 내보낸 것은 혹여 땔나무와 꼴을 조처해야 할 일이 있을까 해서였으나 끝내 백사공을 보지 않았다. 사람들이 당시의 공론을 두려워함을 알 수 있다.

15일. 눈이 옴.

아침에 성창(省昌: 生昌의 오기)을 출발해 낮에 직목(直木)을 지나고 저물녘에 금성현(金城縣)으로 들어갔다. 현령 이준(李埈: 李隼의 오기)은 백사공을 매우 극진히 접대하면서 심지어 눈물까지 흘리며 탄식하고 슬퍼하였다. 이 사람은 성품이 매우 노둔해서 일찍이 백사공의 낭료(郎僚: 郎官)이었으나 많이 쓰이지 못하고 이곳까지 온 것이었다. 그의 속사정이 이와 같으니, 어찌 요립(廖立)이 제갈공명(諸葛孔明)이 죽었다는 소식을 듣고 울었던 것이 아니랴?

16일。

포천(抱川)의 친족으로 백사공을 길에서 전송한 사람은 다만 10여 명만이 아니었는데, 이보다 먼저 차츰차츰 떨어져 돌아가서 이곳에 이르러서 거의 다 갔고 유배 행렬에는 다만 자제와 하인 몇 명뿐이었다. 백사공이 여러 조카들과 헤어지면서 시를 지었으니, 이러하다.

통달한 선비는 천지도 잊는 법인데	達士遺天地
어이하여 내 마음이 슬프고 참혹한가.	如何意慘然
한 움큼의 눈물이 없는 건 아니지만	非無一掬淚
헤어지는 자리에서 뿌리기 부끄럽네.	恥灑別離筵

산골 날씨가 음침한데다 얼음까지 얼었고 험난한 길가에서 되돌아보니, 종남산은 이미 까마득하고 귀양살이 행색에 던져졌으니 어찌 서글픈 마음이 들지 않았으랴.

창도역(昌道驛)의 모잔(牟棧)[7]을 지나고 저물녘이 되어서 신안역(新安驛)에 투숙하였다.

17일。

회양 부사(淮陽府使) 이숙명(李淑命)이 관아에서 서리 내리는 새벽

---

7 협주: 곧 보리판(菩提坂)이다.

에 왔다. 기자헌(奇自獻) 대감이 어제 관아로 들어왔기 때문에 나가서 맞이하지 못하여 미안하다고 했는데, 말이 매우 정성스럽고 친절하였다.

막 출발하려는데 이돈시(李敦詩: 이시백의 字)[8]가 이천(伊川)에서 뒤따라오자 일행이 자신도 모르게 신발을 거꾸로 신고 나아가 맞이하였으니, 이 또한 발자국소리만 들어도 반가워한다는 마음이리라.

한낮이 되어서 소요령(逍遙嶺)의 꼭대기에 이르자, 사인(士人) 조원방(趙元方)이 북청(北靑)에서 돌아오는 길에 백사공의 수레를 보고서 통성명하고 절을 하고는 계속하여 북청에 관한 일을 아주 상세히 말한 뒤 유배길 위로함이 또한 정성스러웠는데, 조원방은 평소 교분이 없는 사람이었다.

저물녘이 되어 회양부(淮陽府) 안으로 들어가 인가에 묵었다. 유배객인 정언(正言) 강대진(姜大進)과 수재(秀才) 류문석(柳文錫)이 밤을 틈타 백사공을 찾아와서 뵙고 제각각 유배생활의 괴로운 형편을 말하는 것으로 위로하였다.

18일。

이른 아침에 회양(淮陽)을 출발해 은계역(銀溪驛)을 지나서 황어연(黃魚淵) 가에 도착하여 말을 쉬게 하였는데, 회양 부사가 이곳까

---

8 협주: 이름은 시백(時白)이다. 백사공에게 수학하였다. 관직은 영의정에 이르렀고 연양부원군(延陽府院君)이다.

지 와서 전송하였으며, 토산(兎山) 수령 류부(柳敷)[9]가 인사하고 돌아갔다.

낮에 철령(鐵嶺)을 오르니 고개는 거의 삼성(參星)을 어루만질 듯하고 새들만 다닐 만한 험한 길은 구름에 걸려 있는데, 백산(白山)은 아득하고 관북으로 가는 길은 멀기만 하였다. 북쪽으로 올라가는 행색은 이미 처량한데, 철령 아래에 있는 높은 산들은 하늘에서 떨어진 듯해 한 걸음씩 떼고 고개 돌리면 뒤에는 아직도 나무 끝에 걸려있는 듯했다.[10]

---

9 협주: 백사공의 생질이다.

10 협주: 백사공이 철령(鐵嶺)에 올라 노래를 지었으니, 그 가사는 이러하다.

> 철령 높은 재에 자고 가는 저 구름아
> 고신원루(孤臣寃淚)를 비삼아 가져다가
> 님 계신 구중궁궐에 뿌려 본들 어떠하리.

이 노래가 도성 안에 전해 퍼지니 궁인들이 모두 불렀다. 어느 날 광해군이 뒤뜰에서 잔치를 벌이고 놀았는데 술에 거나하게 취하여 이 곡조를 듣고는 누가 지었는지를 물었다. 궁인이 사실대로 대답하니, 광해군이 슬픈 기색으로 즐거워하지 않더니 이내 눈물을 흘리면서 술자리를 파하고 말았다. 그러나 끝내 불러 돌아오게 하지는 못하였다. 지금에 이르러서도 그 노래를 듣는 자는 감동하여 눈물을 흘리지 않는 자가 없다. 이러한 사실이 남원(南原) 사인(士人) 조경남(趙慶男)의 야사(野史)에 실려 있다.

우재(尤齋) 송시열(宋時烈)이 한역(漢譯)하여 시문을 지었으니, 이러하다.

> 鐵嶺高處宿雲飛
> 飛飛何處歸
> 願帶孤臣數行淚
> 作雨去向終南北岳間
> 沾灑瓊樓玉欄干

남구만(南九萬)이 일찍이 북쪽으로 갈 길이 있어 함관령(咸關嶺)을 지난 적이 있었는데 또한 백사공의 노래를 한역하여 시를 지었으니, 이러하다.

저물녘이 되어서 고산(高山)의 역점(驛店)에 투숙하였는데, 역점 주인이 말했다.

"오늘 두 대신(大臣)께서 연이어 오시니 필시 나라 안에 큰 일이 있는 듯하옵니다. 모두 모후(母后)에게 효성스럽다가 죄를 얻었다고 들은 듯도 합니다만, 유독 국모(國母)만이 일반 백성들과 다르나이까?"

말투가 점점 위태해져서 염려되어 제지하였다.

첨사(僉使) 조대림(曺大臨)은 집이 호서(湖西: 충청도)에 있었지만 일이 있어 도성에 들어왔다가 마침 백사공의 유배 행차를 만나 한 필의 말을 타고 수행하였는데, 행장을 주선하는데 있어 간난신고(艱難辛苦)를 꺼리지 않았다. 백사공이 조대림에게 돌아가라고 하면서 말했다.

"이미 철령을 넘었네. 나 또한 아무런 일이 없으나 길 위에서 그대를 수고롭게 한 것이 너무 많네. 이쯤에서 그치고 돌아가는 것이 좋겠네."

함관령 높고도 높은데	咸關嶺高復高
밤에 자고 새벽에 떠나니 찬 구름 날아가네.	夜宿曉去寒雲飛
외로운 신하의 원통한 이 눈물 너에게 부치려 하니	孤臣寃淚欲付汝
비가 되어 장안에 돌아가서	願帶爲雨長安歸
장안의 구중궁궐 속에	長安宮闕九重裏
혹시라도 임을 향해 한번 뿌렸으면 하노라.	倘向君前一霏霏

대개 철령(鐵嶺)을 함관령(咸關嶺)으로 여긴 것은 전해들은 것이 달라서이다.

조대림이 울면서 말했다.

“내 나이 70이지만 늙었다고 말하지 말게. 먼 길에 공(公)을 따르면서 단지 내 성의를 다하고 싶을 뿐이니, 따르다가 꺼꾸러지지만 않으면 족한데 어찌 간난신고를 꺼리겠는가? 하물며 갈 길은 아직도 먼데 공(公)의 병은 오히려 위중하니, 내 몸이 죽지 않는 한 맹세컨대 중간에서 돌아가지 않으려네.”

말이 심히 슬프고 절절하니, 듣는 사람이 감탄하였다. 백사공이 철령을 넘으면서 지은 시가 있으니, 이러하다.

외로운 신하는 제인관 건너지 못했는데	孤臣不度濟人關
일월은 환히 비추고 우주는 크기도 하네.	日月昭昭宇宙寬
청해는 성난 파도에 바람까지 드세지만	青海怒聲風氣勢
백산 외론 그림자 눈 속의 험준한 산이네.	白山孤影雪孱顏
은혜 더해지면 변방의 얼음 먼저 풀리고	恩加沙塞氷先泮
마음 강해지면 간험한 길 어렵지 않네.	心健關河路不難
오직 천리 밖에서도 임금 그리는 꿈꾸니	唯有憶君千里夢
새벽 달빛 따라서 조회의 반열을 따르네.	曉隨殘月趁朝班

19일。눈이 내림。

이돈시(李敦詩: 이시백의 字)가 인사하고 돌아가려는데, 길에서 서로 헤어지니 떠나든 머무르든 모두 눈물을 흘렸다. 아침 일찍 고산역(高山驛)을 출발해 부평 천변(富坪川邊)에 이르니, 허천경(許天慶)이 함흥(咸興) 감영에서 나와 영접하며 백사공의 행색을 보고 슬피 울기를 금하지 못하였다.

낮에 남산역(南山驛)에서 쉬고는 눈을 무릅쓰고 안변(安邊)으로 들어갔는데, 안변 부사(安邊府使) 오환(吳煥)이 부친상을 당하여 빈렴(殯斂: 시체를 관에 넣어 잠시 안치함) 중에 있어서 백사공은 이기남(李箕男)[11]을 보내어 조문하도록 하고 유배객이라 감히 조문하지 못하는 뜻을 전했다. 오환은 즉시 그의 아들을 보내어 감사하다고 하였다.

20일.

일행의 인부와 말들이 달려서 고개를 넘는데 지쳐 쓰러져 가누지 못하여 길에서 머물러 쉬었다. 북청 판관(北靑判官) 조원범(趙元範)이 한양에서 돌아오다가 백사공에게 들러 인사했는데, 대체로 듣자니 정청(廷請: 세자나 삼정승이 모든 벼슬아치를 거느리고 궁정에서 임금에게 아뢰고 하교를 기다리는 것)이 아직도 끝나지 않았다고 하였다.

고을 안의 사내와 아낙들로 백사공의 행색을 보러 온 자들이 저잣거리인 양 많았는데 모두가 탄식하고 슬퍼하였다. 그 중 한 늙은 아낙이 눈물을 글썽이면서 말했다.

"백발의 재상께서 죄가 있는 것도 아닌데, 어찌 먼 지방으로 귀양

---

11 협주: 공의 측실 소생이다. 관직은 지사(知事)이었다.

을 보낸단 말인가?"

21일。

아침에 남강(南江)을 건너고 낮에 원산(元山)에서 쉬었는데, 앉아서 보자니 어부가 작은 배를 저어 들어가 풍랑이 출렁이는 데서 낚시질하는데 마치 평지를 밟는 듯하였다. 바로 근래에는 인간세상이 편협하니, 어찌 낚싯배 속에 있는 자와 같을 수 있었으랴. 석화(石花: 굴)를 캐어 바치는 사람이 있어, 백사공 역시 한 번 입을 크게 벌리고 웃었다.

저물녘이 되어 덕원(德源) 관아에 투숙했는데, 고을 수령 홍준(洪畯)이 나와서 정성을 다하여 접대하였다.

22일。

날이 찬 것이 매우 심하고 가야할 길이 또한 끊겼지만, 어제 이미 말을 쉬게 한데다 또 지체하기가 미안하여 억지로 덕원(德源)을 출발하였다. 철관현(鐵關峴)에 당도해서 수레를 멈추고 바다를 보았는데, 눈 내린 뒤의 날씨가 말끔히 개어 바다 너머 하늘에는 구름 한 점이 없고 큰 바다는 드넓어 만 리나 가없었다. 백사공이 자신도 모르게 시원스레 회포를 펼쳐 말했다.

"이 늙은이에게 이번 유배행이 없었더라면 어찌 이런 세계를 볼 수 있으랴?"

낮에 문천(文川)에 들어가니 날씨가 더욱 혹독하게 추웠는데, 고을 수령은 교분이 없는데다 또 병으로 관아의 공무를 폐하였다. 일행 중에 고원(高原) 수령 안대기(安大奇)와 서로 아는 사람이 있어 백사공에게 자신의 의견을 말했다.

"지금 날씨가 고통스럽도록 추워 인부와 말들이 모두 얼어서 만약 저녁에도 쉴 곳을 찾지 못하면 밤에는 필시 병이 들거나 다칠 것입니다. 여기서 고원(高原)과의 거리는 그다지 현격하게 멀지 않은데다, 고을 수령 안대기는 평소 공에게 지우(知遇)를 입었으니 평생 감사히 여겨 떠받들 것입니다. 지금 공이 여기서 가면 반드시 데면데면하지 않을 것이니, 우선 이렇게라도 추위를 참고 앞으로 가서 묵는 것이 편합니다."

일행이 모두 그럴듯하게 여겨 곧바로 길을 떠나 앞으로 나아갔다. 전탄(箭灘)에 이르니 들판이 넓고 산이 나지막해 저녁바람이 더욱 매서워서 수레가 뒤집어지려 하고 말이 뒤뚱거려 한 걸음 내딛기가 또한 어려워, 일행이 추위에 울부짖는 것이 극에 달했다. 그렇지만 여전히 고원에 도착하면 반드시 고통을 가라앉힐 기쁨이 있으리라 생각하고 채찍질해 길을 재촉하였다.

고을에 도착하였는데, 마을은 아무 기척이 없이 조용하고 한 명도 맞이하러 나온 자가 없었다. 사람을 시켜 역관이 있는 곳을 물으니 음침한 골짜기에 방치된 집으로 문도 달려 있지 않았으며, 고을 수령이 어디 있는지 물으니 낮에 마신 술이 깨지 않아 관아의 문을 이미 닫은 데다 주방의 물품을 지급하는 것도 끝냈다. 땔나무와 꼴조차 또한 공급받지 못했는데 해가 이미 져서 어둑해진데다 기대어 마련할 길도 없어 일행의 돈을 찾아내고 그것으로 땔나무를 사게 하니, 고을이 들 한가운데에 위치해 있어서 한 묶음의 땔나무가 계수나무 같이 귀했다. 윗사람이든 아랫사람이든 모두 불을 피우지 못한 채 밤을 지냈는데, 백사공도 역시 냉골에서 선잠을 잤다. 심지어 수염과 귀밑머리에 얼음이 달라붙자, 시중드는 자들이 손에 입김을 불어 수염의 얼음을 녹여가며 밤을 지새웠다. 첨사(僉使) 조대림(曺大臨)은 비분강개하는 노인이라 목 놓아 통곡하였다. 고을 수령이 무인(武人)이라 비록 꾸짖을 것도 없지만, 누가 절박하고 괴로운 찰나에 그가 이와 같이 심할 줄을 생각이나 했겠는가.

23일。

땔나무와 꼴을 구하기가 어려웠기 때문에 일찌감치 서둘러서 출발했는데, 안대기(安大奇)가 덮개 있는 가마를 타고 취기를 띤 채 찾아왔다. 백사공이 수레를 도중에 멈추고 온화하게 말씀주고는 그가 인사하고 물러나기를 기다린 뒤에야 일어섰다.

장차 영흥(永興) 경계로 들어가려는데, 부사(府使) 조효남(趙孝南)이 혼자 말을 타고 와서 맞이하며 일행을 문안하고 위로할 때 안색에 슬퍼하는 모습이 마치 눈물을 줄줄 흘릴 듯하였다. 영흥 관아로 들어서자 접대하는 것이 모두 정성스러웠으니, 곤궁한 길에는 남의 선행에 쉬 감격하는 법인데 이 정다운 마음이 어떠했겠는가?

무인(武人) 윤숙(尹璛)이 찾아와서 백사공을 뵈었다. 윤숙 역시 억울하게 옥사에 걸린 무리로 유배를 온 것이 그의 죄가 아니었으며, 게다가 집안이 참혹한 화를 당하여 참담한 가운데 또 백사공을 찾아뵈었으니 자신도 모르게 울며 소리를 내었다.

관아에 관기(官妓)가 있었는데, 고인(故人) 판서(判書: 병조판서) 권징(權徵)이 일찍이 아꼈던 사람이었다. 반평생 수절하고 그 뜻이 늙어갈수록 더욱 견고했지만 평소 백사공의 큰아들을 알고 있었는데, 권징의 사위로서 이곳을 찾아와 뵈었기 때문으로 그때의 일을 말하자 백사공의 마음을 애써 위로하였다.

24일。

날씨가 추워 여전히 괴로웠다. 백사공은 어제 고원(高原)에서 몸이 상하여 기운이 자못 편치 못하자, 또한 고을 수령으로부터 겸손하고 정중하게 머물러 쉬어가라는 말을 들었다.

일행이 자못 안대기를 원망하며 번갈아 그를 헐뜯자, 백사공이 일행에게 깨닫도록 말했다.

"사람이 살면서 비록 곤궁한들 어찌 안대기에게 의지하겠는가? 또 그 위인을 보니 연달아 자녀들을 잃어 심성이 이미 온전치 못하고 언사와 행동도 예전의 안대기가 아닌지라 오히려 애처롭고 가여워 불쌍히 여길 겨를도 없는데, 어찌 유감스러워 하랴?"

25일。

아침에 용흥강(龍興江)을 건너 흑석령(黑石嶺)을 넘었는데, 영흥부사 조효남(趙孝南)이 이곳까지 와서 전송하였다. 낮에 초원(草原)의 덕진강(德津江: 德之灘)에서 쉬고 저녁에 초원역(草原驛)의 마을에 투숙하였다. 우관(郵官) 이담(李譚)은 마침 병이 중하여 나오지 못하고 사람을 보내어 백사공을 문안하면서 술과 음식을 보내왔는데 자못 은근히 정성스러웠다.

26일。

박신남(朴信男)의 가노(家奴)가 도성에서 왔는데, 바로 지사(知事: 중추부동지사) 장만(張晩)[12]이 백사공이 병으로 식사를 제대로 하지 못하는 것을 염려하여 약을 지어 보내려고 박신남에게 부쳐 전한 것이다.

일행이 집에서 온 편지를 받았고 뿐만 아니라 하늘 밖 소식까지 들어서 기뻐하였으니, 백사공의 조정을 떠난 정회 또한 상상할 수 있다. 박신남의 가노가 가지고 온 서신을 통해서 대체로 조정의 정청(廷請)이 아직 다 끝나지 않았고 게다가 기자헌(奇自獻)과 허균(許筠)을 대질시켜 시비를 밝히라는 청이 있었음을 들었는데, 이것은 기자헌이 예전에 허균이 흉모(凶謀)를 꾸며서 양궁(兩宮: 인목대비

12 협주: 백사공의 문하 선비이다. 관직은 옥성부원군(玉城府院君)에 이르렀다.

와 광해군)을 이간질하려 한다고 말한 적이 있었던 연유이니, 파발꾼 편으로 기자헌에게 편지를 보내 알렸다.

일행이 출발해 정평(定平)의 남촌(南村)에 도착하여 묶었는데, 부사(府使) 심언명(沈彦明)이 나와 접대하였다.

27일。

부사 심언명(沈彦明)이 술을 올리며 백사공을 위로하였다. 출발하여 함흥과 정평의 경계 근처에 이르자, 길 오른쪽에 네 사람이 있다가 나와 백사공의 수레를 붙잡고 말했다.

"잠시 동안만이라도 멈추시어 잠깐 얼굴 뵙기를 원하옵니다."

즉시 수레를 멈추자, 그들이 말했다.

"변방의 촌구석에서 태어나 자라며 덕과 의를 흠모한 지 오래였지만, 어찌 오늘 이렇게 길에서 서로 만날 줄을 알았겠습니까? 공(公)에게 이번 길이 있지 않았더라면 우리들은 장차 머리를 풀어헤친 채로 있었을 것이옵니다."

백사공이 말했다.

"국록을 축낸 지 오래되었으니 어찌 이번 유배길을 면할 수가 있었겠나? 덕이 없으면서 부지런했으니 그대들을 보기에도 부끄럽네."

이어서 그들의 성명을 물으니, 곧 정평(定平) 유생 한흥방(韓興邦)·한건(韓健)·이정지(李庭芝), 함흥(咸興) 유생 이구(李球) 등이었고,

모두가 순창(淳昌) 김니(金柅)[13]의 문하생들이었다.

낮에 학선정(鶴仙亭)에서 쉬었는데, 냇가(加乙罕川) 주변은 얼음이 맑고 잔디가 깨끗해 사랑스러웠다. 한참 동안 앉아 있는데, 감사(監司) 권진(權縉)[14]이 관노(官奴)를 시켜서 술과 음식을 보내와 일행이 나누어 마셨으니 참 좋은 인정이었다.

저녁에 만세교(萬世橋)를 지나 함흥성(咸興城) 서쪽에 도착하였다. 구경나온 사람들이 거리를 가득 메워 탄식하며 슬퍼하지 않는 사람이 없었으니, 시골사람들과 마을아낙네들이 오히려 오성(鰲城) 대감을 알고 있었다. 기생 덕산(德山)의 집에 머물렀는데, 방백(方伯: 관찰사)·도사(都事)·판관(判官)들이 연달아 찾아와 인사하였고, 고을의 사인(士人)들로 명함을 전하여 만나려는 자들이 다투어 서로 번갈아 찾아오면서 오히려 남보다 뒤질까 염려하니, 백사공의 귀양길을 따르던 노복들이 이를 영광스럽게 여겨 머나 먼 귀양길의 고통을 잊은 듯했다.

남우후(南虞候) 장진(張溍)이 공무로 인하여 이곳에 도착했다가 또한 찾아와서 백사공을 뵙고 일행을 접대하였다. 비록 감사(監司)와 판관(判官)들의 대접이 정성스럽고 후했지만, 또한 대부분 허천경(許天慶)이 중간에서 주선하였기 때문이다.

---

13 협주: 정평(定平)에 살았다. 문과에 급제하였다. 관직은 황해도 관찰사에 이르렀다.

14 협주: 뒤에 관직이 판서(判書)에 이르렀다.

28일。

감사가 말을 쉬게 하고 또 약을 조제하게 이곳에 머물도록 간절히 청하였다. 이의남(李義男)[15] 형제가 서흥(瑞興)에서 뒤따라 왔다. 떠돌이 사인(士人) 안적(安迪)과 고을사람 진사 한인황(韓仁滉)[16]이 명함을 가지고 알현하고서 물러갔다. 방백(方伯) 이하 세 명의 관원이 임시숙소에 출입하다가 날이 어둑해서야 돌아갔다. 함흥성(咸興城) 서쪽에 있는 한 늙은 과부가 반찬을 많이 보내며 마음을 다한 것이 간절했는데, 이 노파는 고인이 된 병사(兵使) 류형(柳珩)의 서모(庶母)로 류 병사가 평소 백사공에게 지우(知遇) 입은 것을 알고 정성을 다한 것이 이와 같았으니 그 덕에 감격한 것이 또한 깊었다.

29일。

아침에 함산(咸山)을 출발해 덕산(德山)에 도착하여 냇가에서 말을 쉬게 하였다. 함흥 사람인 전(前) 봉상판관(奉常判官) 이여해(李汝海)와 생원(生員) 서극온(徐克溫)이 술을 가지고 와서 백사공을 위로하였다. 저물녘이 되어서 역촌(驛村)에 들어가 묵었다.

---

15 협주: 백사공의 서종자(庶從子: 서얼 조카)이다. 첨지(僉知)이다.

16 협주: 과거를 거치지 아니하고 벼슬하였다. 관직은 현감에 이르렀다.

30일。

일행 중에 병을 앓았기 때문에 부득이 그대로 머물렀다.

▌2월

1일。 신묘(辛卯)。

병환 때문에 또 지체되었다.

2일。

일행이 함관령(咸關嶺) 정상에 이르자, 먹구름이 끼어 어둡고 으스스한 데다 혹독한 눈발이 하늘 가득하였다. 산 위의 잔도(棧道: 낭떠러지 사이에 사다리처럼 걸쳐놓은 다리)가 기울어져 위태했는데, 말이 거꾸러지고 사람들이 자빠지니 유배길 모습이 참으로 괴로웠다. 한인황(韓仁滉)·허천경(許天慶)이 백사공을 보호하며 이곳까지 따라왔다가 돌아갔다.

저물녘이 되어서 함원역(咸原驛)에 이르렀는데, 몇 가옥이 있는 작은 마을이 몹시도 어려운 형편이었다. 백사공이 시를 지었으니, 이러하다.

현석산 꼭대기에 쌓인 눈이	玄石山頭雪
날려 와서 역로에 흰 가루네.	吹來驛路霜

바람 따라 온 땅을 흐리게 하니 隨風迷大陸
차가운 해도 어렴풋 빛나지 않네. 寒日淡無光

3일。날씨가 추워 살갗을 도려냄。

아침에 함원역(咸原驛)을 출발해 저물녘이 되어서 홍원성(洪原城) 남쪽의 조생(趙生) 집에 들어갔는데, 조생은 홍원의 기녀이다. 재작년 윤선도(尹善道)가 귀양을 왔을 때, 조씨 기녀가 술을 가지고 가서 윤선도를 위로하였는데 언어에 매우 조리가 있었다. 윤선도가 그녀의 말에 감격하여 즉시 절구시(絕句詩)를 지어주었으니, 이러하다.

내가 진실로 때 아님을 말했으나 我言固非時
너는 내가 모르는 것을 아는구나. 爾知我不知
글을 읽었어도 너만 못하나니 讀書不如爾
가히 내 삶이 멍청이라 할 만하네. 可謂吾生癡

일컬은 이 말이 도성에까지 전해진 지 오래라서 백사공 역시 그 이름을 익히 알았는데, 유배 가는 중에 뜻하지 않게 만나 그녀와 이야기를 나누었다.

고령(高嶺) 이언척(李彦惕)이 북쪽에서 교체되어 돌아오는 길에 머물다가 백사공에게 인사하였다. 만호(萬戶) 박진일(朴震一)이 북청(北靑)에서 찾아와 백사공에게 인사하였다. 홍원에서 귀양살이하는 이구준(李耈俊)과 선전관 임숙(林埱)이 또한 찾아왔는데, 이구준은 백사공이 도성에서부터 오래 알고 지냈던 사이로 타향에서 부평초처럼 만나 슬픔과 기쁨이 둘 다 지극하니 정을 참기 어려웠다. 이윽고 음식을 올리니 모두가 한양에서 먹던 맛이라, 백사공도 어느새 가벼이 젓가락질을 하였다.

5일。

아침에 홍원(洪原)을 출발하자, 이구준(李耇俊) 어른의 아들 이유기(李裕基)가 뒤따라와 전송하였는데 송현(松峴)까지 왔다가 돌아갔다.

저물녘이 되어서 평포역(平浦驛)에 이르러 묵었다.

6일。

평포역(平浦驛)을 출발해 용안(龍岸)에 이르러 마을 주변에서 말을 쉬게 하였다가 쌍령(雙嶺)을 넘었다. 쌍령 아래에는 무인(武人) 이희룡(李義龍)·이언린(李彦麟) 등이 나와 백사공에게 인사하며 말했다.

"공(公: 이항복)께서 병조판서이셨을 때 저희들은 외람되이 발탁되어 변방의 군영에 보내져서 한평생 감격스러운 일이었는데, 어찌 오늘 이런 유배 행차가 있을 줄 알았겠습니까?"

파발 막(擺撥幕)의 앞에 이르자, 장차 수레를 멈추고 말을 교체하였다. 병사(兵使)[17]가 군관(軍官) 신계(申繼)를 보내어 행차를 따르도

17 협주: 곧 현즙(玄楫)이다. 갑자년(1624) 이괄의 난 때 참형되어 억울하게 죽었는데, 후에 조정에서 억울함을 씻어주었다.

록 하고 말을 전했다.

"냇가에 만나 뵐 수 있었으면 좋겠습니다. 이미 나와서 행차를 장시간 기다리고 있으니, 부디 잠깐 동안이나마 머물러주소서."

이로 인해 곧장 갔더니, 병사(兵使) 현즙(玄楫)이 이미 우후(虞候) 장진(張溍)과 휘장을 설치하고서 백사공을 기다리고 있었다. 백사공이 말에서 내려 휘장 밖에 가 앉았다가 술 몇 잔을 드리자 일어섰다. 병사가 우후로 하여금 행차를 호위하여서 먼저 관아로 들어가도록 하니, 날이 저물어서야 북청(北靑)에 도착하였다. 백사공이 지은 시가 있으니, 이러하다.

옛 돈대 소나무 팻말엔 북청이라 쓰였는데	古堠松牌記北青
판교 서쪽 둔덕에선 마중 나오는 이 적네.	板橋西畔少人迎
뭇 산들은 기필코 호걸을 가두려고 하는지	群山定欲因豪傑
돌아보니 일천 봉우리가 갈 길 막아버렸네.	回望千峯鎖去程

강윤박(姜胤朴)의 집에 지내게 되었는데, 병사(兵使: 현즙)가 이미 백사공이 지낼 곳을 수리하고 주방에 필요한 기물 등을 마련하도록 하고는 사환(使喚)까지 다 넉넉하지 않음이 없게 하였다. 백사공은 단지 밥 짓는 여자 하인[爨婢]과 땔감을 구할 노비[牧奴: 木奴의 오기인 듯] 각 1명씩 남겨두고 모두 되돌려 보냈으며, 사료 콩도 역시 많이 줄였다. 성종(成宗) 때 변방 먼 곳으로 귀양을 간 사대부들에게는 으레 그곳 관아에서 먹을 것과 입을 것 등을 제공하라는 교시(敎

출처 : doopedia.co.kr

示)가 있었는데, 이로 인하여 이미 일정한 관례가 되었기 때문에 백사공도 역시 받아들인 것이었다. 판관(判官) 조원범(趙元範)이 찾아와서 인사하였고, 병사(兵使)도 술을 몇 순배 올리고는 자리를 파하였다. 북병사(北兵使) 이수일(李守一)이 사람을 보내어 백사공을 위로하였다.

7일。

고을의 나이든 어르신들이 다투어 와서 인사하였다. 높은 사람이나 낮은 사람을 막론하고 오면 반드시 직접 맞이하면서 온화한 기색을 띠었으니, 백사공을 본 자들은 마치 하늘의 신선을 만난 듯이 덕을 사모하여 우러르느라 분주하지 않음이 없었다. 유생(儒生) 전학령(全鶴齡)·이정수(李廷秀)·김몽진(金夢辰) 등 60여 명이 찾아와서 인사하며 말했다.

"마침 석전제(釋奠祭)로 인하여 몸과 마음을 깨끗이 하고 향교에 있어서, 처음 오신 날에 길에서 맞이하여 인사하지 못한 것이 몹시 겸연쩍고 안타까웠습니다. 몇 년 전에는 변방을 나누어 맡을 무관과 문관을 선발하는 중임을 받들어서 규칙을 시행함에 맑고 밝게 한 적이 있는데, 지방관들은 법을 받들고 백성들은 생업을 편안히 여겨 해마다 또한 풍년이었는지라, 그 당시 조정에 정사(政事: 벼슬아치의 임명과 해임에 관한 일)를 맡은 사람이 누구인지 물으니, 상공(相公: 대감)께서 양쪽(문관과 무관)의 인사를 총괄하는 자리에 있었습니다. 몇 년 전 그때 이후로는 재상들이 자주 바뀌고 탐하는 풍토가 다투어 일어나 백성들에게 부과하는 세금이 일정치 않고 홍수와 가뭄까지 잇달아 일어났고, 차꼬를 채우거나 결박을 지어서 실어 나르느라 길에 가득하여 원망의 기운이 하늘을 찔렀는데, 상공(相公)의 안부를 물었지만 이미 재상 자리에서 떠난 데다 국사가 그르치는 일이 많았습니다. 이 때문에 상공의 진퇴는 국사가 다스려지고 어지러워지는 것에도 관련을 맺고 있으며, 백성들이 희망을 거는 것에도 번번이 간절히 이마에 손을 얹어 기다리고 있음을 아는데, 어찌 오늘 다시 이 변방에 유배오실 줄 생각이나 했겠습니까? 이생에서 상공의 풍모를 뵐 수 있으니 비록 저희들에게는 다행이라 하더라도 온 나라의 백성들에게는 어떻겠습니까?"

유생들의 말에 대단히 조리가 있었다.

해질녘에 전(前) 전적(典籍) 유경상(劉敬祥)이 찾아와서 인사하였는데 사람됨이 잘 기억하고 옛날 있었던 일[故事]을 잘도 이야기하였으니, 이것이야말로 북쪽 변방에서의 전고(典故: 典據로 삼을 만한 옛일)이다. 심서(沈諝) 형제가 찾아와서 인사하였다.

8일。

병사(兵使: 현즙)가 술잔을 올려 백사공을 위로하였는데, 우후(虞候: 장진)·판관(判官: 조원범)도 왔다. 주인 기생 만옥(晩玉)은 북쪽 변방의 오래된 창기(娼妓)이다. 그리고 이 청강(李淸江: 李濟臣)[18]이 북병사(北兵使: 함경북도병마절도사)였을 때 총애를 받았던 사람인데, 이것으로 미리 주선하여 백사공을 만났다. 백사공은 그녀가 청강(淸江)의 사랑을 받았다는 것이 기뻤고, 그녀를 대우하는데 아무런 차이가 없었다. 그녀 역시 익살도 있고 재치도 있었으며 사람의 뜻을 잘 헤아리고 풍류를 즐기는 옛 놀이도 잘 하였다.

그녀의 남편 강윤박(姜胤朴)은 치산(治産)을 잘하여 집이 매우 풍

---

18 협주: 이름은 제신(濟臣)이다. 백사공의 선배이었으나 친분이 가장 두터웠다.

족하였고 남자하인들이 뜰에 가득하였는데, 취하도록 마시고 실컷 먹으며 소일하느라 인간 세상에 걱정되고 두려운 일이 있는 줄 알지 못했다. 이에 백사공이 장난삼아 그의 집 외짝 문에다 글을 써 붙였다.

"사람이 살면서 반드시 온갖 고초 겪으며 재상될 것까지는 없고, 단지 강윤박처럼만 될 수 있다면 족하다."

9일。

병사(兵使: 현즙)·판관(判官: 조원범)·우후(虞候: 장진)가 찾아와 인사하였다. 병사가 강윤박의 집이 협소하여 백사공이 오래 거처하기에 불편하다고 생각해 유생(劉生)[19]의 집을 수리하도록 하면서 직접 지휘하고 감독하였는데, 비록 미세한 일일지라도 그대로 지나치지 않고 반드시 성의껏 하였다.

10일。

판관(判官: 조원범)이 술을 올리며 백사공을 위로하였다. 병사(兵使: 현즙)·우후(虞候: 장진)·심서(沈諝) 형제가 또한 찾아왔다. 심서 형제는 한양의 선비들 친족이 심옥(沈獄: 1613년 계축옥사, 칠서지옥)에 연루되어 갑산(甲山)으로 유배와 있었기 때문에 어머니와 떨어

---

19 협주: 곧 강윤박(姜胤朴)의 사위이다.

진 지가 세월이 오래되어서 살았는지 죽었는지 서로 확실히 알 수 없었다. 그들의 노모가 자식에 대한 어미의 정을 견디지 못하고 한양에서 이곳까지 와 아들이 있는 곳으로 가려고 하자, 병사(兵使)가 가련하게 여겨 심서 형제들로 하여금 나와서 서로 만나게 하였고, 그대로 성 주변에 머물러 있으면서 모친이 돌아갈 때까지 모시도록 허락하였다. 마침 머물고 있는 곳이 나와 이웃해 있었기 때문에 날마다 서로 만났다.

이 날 성천 부사(成川府使) 박엽(朴燁)이 사람을 보내어 백사공을 위로하고 객지에서 필요한 물품을 보냈다.

11일。

고을의 유생(儒生) 이정수(李廷秀)가 술과 음식을 가지고 와서 백사공을 위로하였으며, 전적(典籍) 유경상(劉敬祥)이 또한 찾아왔다.

12일。

고을의 품관(品官) 10여 명이 찾아와서 인사하고 돌아갔다. 병사(兵使)의 아들 현태허(玄太虛)가 찾아와서 인사하고는 자신이 지은 시 2수를 꺼내어 살펴봐주기를 청하였다.

14일。

품관(品官) 김몽진(金夢辰)·이희룡(李羲龍) 등이 찾아와서 인사하였다.

15일。

병사(兵使: 현즙)가 술을 올렸을 때 우후(虞候: 장진)·판관(判官: 조원범)·심서(沈諝) 형제가 또한 왔는데, 대개 양구(楊口)[20]를 이별하기 위해서였다.

16일。

유생(儒生) 조용생(趙龍生)·조인생(趙麟生) 등이 찾아와서 인사하였다.

17일。

양구(楊口: 이성남)·첨사(僉使) 조대림(曺大臨)이 인사하고 한양으로 돌아갔다. 양구는 북쪽으로 아버지를 모셨지만 남쪽으로 어머니와 떨어져서 이번 길의 형세가 장차 분주하고 피곤한 것 같았다.

길에서 인사하고 헤어질 즈음에 비록 몸 상할까 염려되기는 하나 백사공은 억지로라도 밝은 낯빛을 보였는데, 양구가 떠나가려고 문을 나서자마자 눈물이 샘솟듯 하였다.

---

20 협주: 양구(楊口)는 백사공의 장남이다. 이름은 성남(星男)이다. 관직은 통정대부(通政大夫)에 이르렀고 철원 부사(鐵原府使)를 지냈다. 병조참판(兵曹參判)에 추증되었으며 오흥군(鰲興君)이다.

일행 가운데 백사공을 모시고 남아있을 자들이 모두 청강(淸江)가까지 나가 양구를 송별하였는데, 떠나가는 사람이나 머무는 사람이나 눈물을 뿌려 수건을 적시지 않는 사람이 없었고, 길에서 그것을 보는 사람도 또한 한탄하였다.

18일。

승지(承旨) 정홍익(鄭弘翼)이 북청(北靑)을 지나가게 되었는데, 백사공이 이기남(李箕男)을 보내어 길가에서 정홍익이 가는 곳을 묻게 하였더니 저녁에서야 백사공이 머무는 곳에 도착하였다.

19일。

병사(兵使: 현즙)·우후(虞候: 장진)가 찾아왔고, 전적(典籍) 유경상(劉敬祥)이 찾아와서 인사하였으며, 방백(方伯)이 쌀과 반찬을 보내왔다.

20일。

유생(劉生: 강윤박의 사위)의 집으로 옮겨서 살게 되었는데, 마당이 넓고 침방이 정결하여 거처할 만하였으니, 이것은 모두 병사(兵使)가 유의했던 것이다.

군기시 정(軍器寺正) 김덕성(金德誠)이 장차 지나가자, 이기남(李箕男)을 보내어 길에서 만나보도록 하였다.

22일.

심서(沈諝) 형제가 백사공을 모시고 온종일 계속해서 이야기하였다. 북쪽 땅은 모진 추위로 살아가는 백성들이 살려고 애쓸 수가 없는데다 수령들이 탐욕스럽고 포악하여 백성들의 재물을 빼앗고자 하는 것이 끝이 없었다. 근래에 대쪽같이 맑고 백성을 사랑한 관리를 말할 때면 지난번 병사(兵使) 류승서(柳承緖)[21]와 갑산 부사(甲山府使) 구인후(具仁垕)를 최고라 여겼는데, 이들은 모두 백사공이 천거해서 등용된 사람들이다.

23일.

이성 현감(利城縣監) 이후여(李厚輿)가 쌀과 반찬을 보냈는데, 백사공은 전별 물품으로 생각하여 사양하지 않고 받았다.

25일.

마을의 유생(儒生) 이정수(李廷秀)·이정립(李挺立) 등이 찾아와서 인사하였다.

21 협주: 백사공의 편비(褊裨: 褊將)이었다. 후에 인동(仁同)에 임시로 살면서 여헌(旅軒) 장현광(張顯光)과 성리학을 논하였다.

26일.

마을의 유생(儒生) 전내훈(全鼐勳)[22]이 간단한 예물을 가지고 와서 한유(韓愈)의 문장을 배우기를 청하였다. 전내훈은 마을에서 나이가 어리지만 가장 총명하고 민첩한 아이였다. 백사공이 시험삼아 전내훈을 가르치니, 자못 문리를 통해 이미 한 가지를 일러주면 나머지도 이해하니 백사공이 돌보는 마음으로 지도하였다.

27일.

병사(兵使: 현즙)·우후(虞候: 장진)가 찾아왔다. 가을파지 첨사(加乙坡知僉使) 이사욱(李士郁)이 군관을 보내어 백사공을 문안하였다. 정자(正字) 김지수(金地粹)·첨사(僉使) 이신의(李愼義)가 유배지로 가게 되었는데, 백사공이 이기남(李箕男)을 보내어 만나보도록 하였다.

29일. 밤에 눈이 1자 남짓 내림.

수인(獸人)이 호랑이를 추적하고 있는 것을 병사(兵使)에게 고하자, 병사는 즉시 기병(騎兵) 몇 명을 거느리고서 사냥하러 나가려고 군복 차림으로 찾아와 백사공을 뵈었다. 백사공이 멀리 벌판을 바라보니 기병들이 앞 다투어 내달리는데, 눈발이 날리더니 쌀쌀한

---

22 협주: 자는 태좌(台佐)이고, 본관은 기장(機張)이다. 직장(直長) 전천덕(全天德)의 아들이다. 기사년(1629) 문관에 급제하였고, 관직은 찰방(察訪)에 이르렀다.

바람이 불자 아득히 구름 너머로 사라졌다. 조금 있다가 표범 한 마리를 잡아서 돌아오자, 백사공이 자신도 모르게 기운이 감돌아서 말했다.

"이런 일은 사람으로 하여금 족히 호기를 발동하게 하니 오히려 서생(書生)이 백발이 되도록 책을 읽는 것보다 낫소."

병사가 자못 우쭐해지며 기분이 좋아졌다.

3월

1일。무신(戊申)。날씨가 조금 따뜻함.

백사공이 마당을 산보하다가 울타리 가에 앉았는데, 병사(兵使)가 조보(朝報) 한 통을 보냈다. 비로소 정청(廷請: 세자나 삼정승이 모든 벼슬아치를 거느리고 궁정에서 임금에게 아뢰고 하교를 기다리는 것)이 이미 끝났고 인목대비(仁穆大妃)의 존호(尊號)를 없애고 다만 서궁(西宮)으로 칭하도록 하는 교시가 내려졌음을 안 뒤에 백사공이 말했다.

"근래에 나라에서 역모를 다스리는 것이 자못 엄하지만 그러한 흔적이 모두 보이지 않는구나. 지금 인목대비를 폐위하자고 청한 이 무리들은 실로 대역무도(大逆無道)한데, 내가 사귀었던 무리들도 또한 정청(廷請)에 참여한 자가 많으니 심히 한스러운 일이구나."

옆에 모시고 있던 자가 물었다.

"아무개 아무개는 모두 공(公)과 가장 친분이 가까운 사람들인데,

훗날 서로 만나게 되면 장차 어떻게 그들을 대접하려 하시는지요?"

백사공이 말했다.

"모두 협박에 못 이겨 따른 자들로 그들의 사정과 형편이야 비록 가련할지라도 이미 그 역모에 참여하였으니 사귄 친분은 이미 끊어졌네. 다른 때에 만나더라도 그저 범연히 서로 대하는데 불과하네."

2일。

백사공이 다시 풍(風)을 맞았다. 도깨비들이 우글대는 땅은 변방 근처에 있고 풍토까지 몹시 고약한 곳이다. 늙고 병든 몸으로 멀리 이곳에 유배를 왔으니 설령 식사를 아주 잘해도 염려하지 않을 수 없는데, 하물며 또 다시 풍(風)을 맞았음에야 어찌 염려하지 않기를 바랄 수 있겠는가? 답답하고 안타까움이 끝이 없었다.

이보다 먼저 10여 일 전에 백사공이 자못 심한 갈증을 느껴서 시큼하고 찬 음식 먹는 것을 좋아하자, 시중드는 사람들이 그것은 섭생하는데 좋지 않다고 자주 경계하니, 백사공이 말했다.

"한 평생 약을 먹고 음식을 절제한 것은 단지 아무 탈 없이 늙기만을 바라서일 것인데, 지금 이미 벼슬살이에 출세하여 명성을 세웠고 다행히도 나이 또한 70이 다가오니 이것 외에 다시 무엇을 바라서 억지로 괴로이 섭생하고 먹고 싶은 것을 끊겠는가? 오늘 다시 풍(風)을 맞았지만 또한 사는 것과 죽는 것일랑 염두에 두지 않네."

3일。

어제 그다지 중하지 않아서 저녁에는 오히려 거동할 수도 있고 말을 약간 더듬거리면서도 했다.

저녁나절에 병사(兵使)가 술과 음식을 보냈는데, 대개 답청절(踏青節)을 위해 마련한 것으로 객지에 있는 백사공의 병과 마음을 위로하기 위해서였다.

4일。

심서(沈諝) 형제가 온종일 시중들었고, 마을사람 이정립(李廷立)·전천도(全天道)·전천칙(全天則)이 찾아와서 인사하였다.

5일。

단천 군수(端川郡守) 이정신(李廷臣)이 쌀과 반찬을 매우 풍족하게 보냈다.

6일。

병사(兵使: 현즙)·우후(虞候: 장진)가 찾아왔고, 이희룡(李羲龍)·이정수(李廷秀)·조주민(趙周民)이 찾아와서 인사하였다.

7일。

볼하 첨사(乶下僉使) 신응재(辛應材)가 사람을 보내어 문안하러 왔다.

8일.

몸조리를 하고 있던 중 판관(判官) 조원범(趙元範)이 만경 현령(萬頃縣令)으로 임명되어 옮기려고 길을 떠나려 하면서 백사공을 찾아와서 작별인사를 하니, 백사공이 말했다.

"이곳에 와서 서로 만나 정리가 매우 깊었는데, 홀연히 이렇게 헤어지게 되니 마음이 심히 허전하나 부디 가는 길에 아무런 탈이 없도록 하게."

이렇듯 말하여 이별을 섭섭하게 여기는 마음이 은근하였다. 조원범은 말하는 것에 가장 서툴러 평소 잘못된 언행으로 당시에 이름났는데, 늘 백사공 앞에서만큼은 사람들과 서로 농담하고 즐겁게 웃기도 하였다. 게다가 성격이 유약하고 해이하여 관직에 있으면서 비록 정사(政事)를 잘 다스린 것은 없을지라도 사람들에게 그다지 모나게 구는 일이 없어 사람들 모두 그를 싫어하지 않았다.

조원범을 대신해서 새로 오는 조정립(曺挺立)은 곧 정인홍(鄭仁弘)의 제자였는데, 지난 계축년(1613)에는 간관(諫官)으로 백사공을 공격했던 자취가 심하게 있으며, 또 백사공을 유배 보낼 때에도 헌납(獻納)이었다.

일행 가운데 피차간에 꺼리고 미워하는 것이 있음을 염려하여 서로 어울려 말하자, 백사공이 말했다.

"그는 남의 말에 따라 떠들던 무리이지만 원래 은혜나 원수진 일이 없고 오늘 타향에서 부평초처럼 떠다니다 만나니, 나를 대접하는 것이 조원범보다 더욱 후할지도 어찌 알겠느냐? 또 그는 관직에 있고 나는 귀양살이하는 사람이어서 본디 구분이 있으니 원래 서로 간여하지 못하는데, 설사 나를 서운하게 한들 무슨 염려할 바가 있겠는가? 다만 너희들에게 바라노니 언행을 삼가고 조심하여 의심과 거리가 생기지 않도록 했으면 좋겠다."

전적(典籍) 유경상(劉敬祥)·조인립(曺仁立)·조의립(曺義立) 등이 찾아와서 인사하였다.

9일。

요사이 계속해 몸을 조리하고 있었는데, 거산 찰방(居山察訪) 나무송(羅茂松)이 거산역(居山驛)에서 찾아와 인사하였다.

10일。

병사(兵使)가 장차 함흥(咸興)으로 가야해서 찾아와 인사하였다.

11일。

판관(判官) 조정립(曺挺立)이 부임하였다. 수성 찰방(輸城察訪) 정양윤(鄭良胤)·온성 판관(穩城判官) 김호(金昈)도 한꺼번에 북청(北靑)에 도착하였다. 이들은 모두 정사년(1617)에 대간(臺諫)으로 있으면서 정청(廷請)을 중지하고 또 대신들을 극지(極地)로 유배를 보내자는 논의에 이르러 장차 회피하려 했던 흔적이 자못 남아 있어서 주상이 특별히 이번 임지로 보냈다.

12일。

정양윤(鄭良胤)·김호(金昈)가 백사공을 찾아와서 인사하며 말했다. "작년에는 우리들이 대감을 이곳으로 보냈는데 금년에는 대감이 우리들을 이 길에서 만나고 있으니, 인간사가 손바닥을 뒤집듯이 잘 엎고 뒤집힙니다만 지난해의 일은 어찌 우리들의 본심이었겠습니까? 다만 차마 한꺼번에 죽지 못했을 따름이고 악을 행하는 것이 또 뜻밖에 일어났는데, 오늘 이번 행차가 있게 되어서 대감이 계신 곳의 문턱을 어찌 우리들이 밟을 수 있겠습니까? 처음에는 얼굴을 감싸고 종적을 숨겨 곧장 가고 들르지 않으려 했으나, 다시 생각해 보니 사정이 다를 수가 있고 일을 용서할 수도 있어서 감히 당돌하게 왔습니다."

움츠리며 부끄러워하고 후회하는 기색이 말 밖으로 넘쳐났다. 수성 찰방(輸城察訪) 정양윤(鄭良胤)이 말했다.

"지난겨울 대감을 탄핵하던 날에 소생(小生)은 자리를 함께했던 사람에게 말하기를, '대신(大臣)을 논죄할 때는 원래 한번 모이는 규정이 있는데도, 오늘 곧바로 위리안치(圍籬安置)를 거행함은 너무 지나친 일이 아니오?'라고 했지만, 당시 공론이 한창 날카로울 때인지라 누가 나의 말을 호응하였겠습니까? 지척에서 서로들 낭패당하는 것을 보았으니, 죽어서도 진실로 그 책임을 메우기 어렵습니다.”

이렇게 말하자, 백사공이 말했다.

“그 일은 나 또한 들어서 알고 있네만, 지나간 일이고 시간이 흘렀으니 다시금 말할 필요가 없네. 다만 오늘 그대들이 온 것은 게다가 무슨 까닭인지, 각기 자신의 뜻을 말하게.”

온화하게 마음 터놓고 이야기하다가 떠나갔다.

우후(虞候: 장진)가 찾아왔고, 갈파지 첨사(乫波知僉使) 허지(許漬)가 찾아왔다.

13일。

판관(判官) 조정립(曺挺立)이 백사공을 찾아와서 인사하였는데, 그의 말은 정양윤(鄭良胤)·김호(金昈)보다 매우 간곡하지 못했으나, 물러나서 감찰(監察)[23]을 보고는 자신의 부끄러운 마음을 다 털어놓았다.

14일。

전홍일(全弘逸)·손윤문(孫允文)·김일진(金一珍) 등이 찾아와서 문후인사를 하였고, 우후(虞候: 장진)가 찾아왔다.

---

23 협주: 백사공의 막내아들로 이름은 이정남(李井男)이다. 관직은 예빈시 정(禮賓寺正)에 이르렀고, 이조참판(吏曹參判)에 추증되었다.

15일。

수성 찰방(輸城察訪) 정양윤(鄭良胤)·판관(判官) 김호(金昈)가 임소로 가기 전에 백사공을 찾아와서 인사하였다.

이날 저녁에 병사(兵使)가 함흥(咸興)에서 돌아와 곧바로 백사공이 있는 곳을 찾아와 인사하였다.

17일。

판관(判官: 조정립)이 병사(兵使: 현즙)를 보러 영청(營廳)으로 오면서 길을 비키게 하며 청문(廳門)에 이르자, 병사가 오만불손하다고 여겨 길을 비키게 하는 벽로(辟路)의 말을 하지 못하도록 언급하였다. 판관이 병사 앞에서는 추켜올리고 돌아서서는 욕하니, 윗사람과 아랫사람 사이에 틈이 이미 벌어질 조짐이 있었다. 병사가 백사공을 찾아와서 이 일을 언급하였지만, 백사공은 서로간의 옳고 그름을 가리지 않았다.

18일。

판관(判官: 조정립)이 술을 올리려고 찾아와 인사하였는데 선정(善政)의 명성이 우뚝하게 빼어났고 전(前) 판관(判官: 조원범)이 백사공을 대접한 마음 또한 관심을 쏟고 보살폈다.

21일。

병사(兵使: 현즙)·우후(虞候: 장진)와 함께 마을사람 한응복(韓應福)·김몽진(金夢辰)이 찾아와서 인사하였다.

22일。

이성 현감(利城縣監) 이후여(李厚輿)가 찾아와서 인사하고 이어 술과 음식을 올렸는데, 병사(兵使: 현즙)·판관(判官: 조정립)이 모두 왔다.

23일。

혜산 첨사(惠山僉使) 조기(趙琦)가 우락어(雨落魚)를 보냈는데, 편지도 아울러 있었다.

24일。

병사(兵使: 현즙)가 여러 고을의 병사들을 모아 남강(南江: 南大川) 교장(敎場)에서 대규모로 훈련하자, 이규남(李奎男)[24]과 이기남(李箕男)이 훈련하는 것을 구경하러 갔다가 북병사(北兵使: 李守一)가 말을 타고 잘 달리는 것을 보고 와서 백사공에게 매우 과장하여 말했다.

---

24 협주: 백사공 측실의 아들이다. 주부(主簿)이다.

27일.

개천 군수(价川郡守) 심종민(沈宗敏)이 임소에 있으면서 사람을 보내어 안부를 물었고 아울러 선물을 보냈다.

28일.

봄철이 벌써 막바지이었다. 병사(兵使)가 서쪽 시냇가에 임시거처를 마련하였는데, 물을 끌어와 못을 만들고는 띠로 덮은 정자 하나를 지어서 백사공이 마음 편하게 쉴 곳으로 삼으니 거처하기에 매우 조용하고 편안하였다. 백사공이 다시 풍(風)을 맞은 후로 바람을 싫어하여 한결같이 문을 닫아걸고 문밖을 나가지 않은 지 거의 한 달이 되었다. 오늘 비로소 서쪽 시냇가의 정자로 나갔는데, 산과 강이 비를 맞은 뒤라서 신록이 시내에 넘실대고 물가에 버들이 이미 봄빛에 아양을 떨고 있었다. 백사공은 마음이 몹시 안 좋아서 말했다.

"응당 동강(東岡)에도 밭 갈고 씨 뿌렸으면 이미 들판을 뒤덮었겠구나."

29일.

판관이 찾아와서 인사하였는데, 경성 판관(鏡城判官) 남이준(南以俊)은 역시 조정립(曺挺立)의 무리였다. 병 때문에 길에서 지체되었다가 지금 비로소 이곳에 도착하자 곧바로 백사공을 찾아왔다.

4월

1일。무인(戊寅)。

경원 부사(慶源府使) 정여린(鄭如麟)이 사람을 보내어 안부를 물었고 아울러 선물을 보내왔다.

2일。

백사공이 서쪽 시냇가의 정자에 나가 앉았는데, 심서(沈諝) 형제가 온종일 모셨다.

4일。

명천 부사(明川府使) 권경(權暻)이 편지를 보내어 안부를 물었고, 보내온 것도 있었다.

5일。

병사(兵使)가 와서 백사공에게 청하여 말했다.

"오늘 날씨가 화창합니다. 여기서 5리 떨어진 곳에 암반이 있어 흐르는 개울물이 심히 맑고 언덕 가에는 꽃들이 흐드러지게 한창 피어 있어서 한번 감상할 만합니다. 바라건대 고결한 공(公)을 모시고 잠시 바깥나들이를 하고 싶습니다."

백사공이 말했다.

"귀양살이하는 사람은 단지 굳게 칩거해야 하나니, 어찌 번거로이 바깥나들이를 하겠소?"

6일。

병사(兵使: 현즙)·판관(判官: 조정립)이 서쪽 냇가의 정자에서 화전놀이를 하였다.

7일。

주인 기녀 경선(慶仙)[25]이 찾아와서 백사공에게 인사하고 이야기를 나누었는데, 백사공이 장남삼아 말했다.

"북쪽 지방의 풍속은 말을 타고 달리기를 좋아하던데, 여자들도 역시 말을 잘 부린다고 하니 너 또한 능하냐?"

즉시 응답하여 말했다.

"그것은 제가 잘 하는 일이오니, 시험 삼아 공(公)을 위하여 한번 활짝 웃으시게 해드리겠습니다."

곧바로 일어나 사내아이종을 불러 말을 몰아오도록 하고는 전립(氈笠: 벙거지)을 쓰고 짧은 채찍을 쥐고서 몸단속을 한 뒤 안장에 오르는데, 민첩하기가 마치 물 찬 제비 같았다. 서쪽 시냇가로 달려나가는데 수많은 돌이 무더기를 이루었지만, 손수 말고삐를 몰고

25 협주: 만옥(晩玉)의 딸이다.

채찍질을 하여 마음대로 달렸다. 몸을 날리며 말을 길들이는 것이 매우 익숙하니, 백사공이 손뼉을 치며 기뻐하여 말했다.

"비록 공손태랑(公孫泰娘: 公孫大娘)의 칼춤일지라도 어떻게 이보다 더 낫겠는가? 사람으로 하여금 저도 모르게 기운이 솟게 하누나."

그러면서 시 한수를 지어 읊었는데, 그 시는 이러하다.

간들간들 어여쁜 날씬한 몸매의 아가씨가	裊裊娉娉荳蔻長
훌쩍 물 찬 제비가 용 타고 오른 듯하네.	翩然輕燕踏龍翔
아가씨들 봄놀이하다가 다투어 와서 보니	女郎拾翠爭來看
물 건너 동풍이 좋은 향기를 보내는구나.	隔水東風送異香

10일。

감찰(監察: 막내아들 李井男)과 이기남(李箕男: 측실의 둘째아들)이 대부인(大夫人: 이항복의 부인 안동권씨)을 근친(覲親)하러 도성으로 돌아갔다. 북쪽 변방에서 봄은 다 지나가고 귀양살이 생활의 시름이 복잡한 데다 또 부자가 헤어지려 하니, 어찌 태연하기만 하고 정이 없을 수 있겠는가? 백사공 역시 이러한 때에 슬픈 마음이 일어나지 않을 수 없었으니, 두 아들 심정의 참혹함은 차마 볼 수가 없었다.

병사(兵使: 현즙)·우후(虞候: 장진), 심서(沈諝) 형제가 모두 청강(淸江) 가까지 나가서 떠나는 이를 위해 제사를 베푸는데, 주인 기생 경선(慶仙)이 가장 마음아파 하였다. 이러한 작별이 백사공 앞에서 번번이 벌어질 때마다 문득 눈물을 글썽이다가 흘렸는데, 백사공도 역시 근심스러운 낯빛으로 말했다.

"부자 사이는 그리운 정 견디기 어렵거늘, 저들은 무슨 감정이 있어서 매번 우리 부자의 마음을 아프게 한단 말인가?"

슬픈 감정이 이와 같은데, 하물며 아비와 자식된 자임에랴.

12일。

길주 목사(吉州牧使) 현극(玄極)[26]이 사람을 보내어 백사공의 안부를 물었고 객지 생활에 필요한 물품을 보내왔다.

13일。

회령 판관(會寧判官) 이정준(李廷俊)이 문안 편지를 보냈으며 선물도 있었다.

15일。

북병사(北兵使: 李守一)가 이사달(李思達)[27]을 보내어 안부를 물었으며, 생선과 야채들을 보냈다.

16일。

이성(利城)의 유생(儒生) 이배(李培)·신정준(辛廷俊)이 찾아와서 인

26 협주: 곧 병사(兵使) 현즙(玄楫)의 형이다.

27 협주: 백사공의 서재종질(庶再從姪)이다.

사하였다.

18일.

김선남(金善男)이 삼수(三水)에서 나왔다.

19일.

심서(沈諝) 형제와 박진일(朴震一: 북청 만호)이 온종일 백사공을 받들어 모시면서 지분자(地盆子: 땅딸기)의 좋고 나쁨을 따지며 말했다. 이에 백사공이 말했다.

"내가 듣건대 지분자는 곧 북쪽 지방에서 신선의 맛이 나는 것이라 하던데, 인간 세상에 그러한 풀이 있는데도 보지 못했으니 또한 심히 데면데면하였네. 나는 설령 내일 석방된다 할지라도 일단 그대로 있으면서 그 지분자가 익는 때만 기다려 직접 갑산(甲山)에 가서 한 번 맛보고 돌아가려는데, 지금 심서(沈諝) 형제의 말을 들으니 나도 모르게 놀랐네."

박진일이 말했다.

"누군가를 미워하게 되면 그 사람 집의 담장까지도 미워진다고 하였는데, 심서(沈諝) 형제는 함께 삼수갑산(三水甲山)으로 유배를 와서 고생을 겪은 것이 이미 극에 달했으니, 불행히도 지분자는 또한 심서(沈諝) 형제의 담장이 되고 말았습니다."

20일。

병사(兵使)가 와서 인사하며 말했다.

"성 안의 외딴 곳에 지은 누정이 있는데, 그 편액(扁額)은 도경당(倒鏡堂)입니다. 작은 연잎이 연못에 막 돋아나고 버들눈이 망울 맺은 데다 배꽃이 향기롭습니다. 사방에 사람이 거주하지 않아 주변이 매우 고요하고 후미집니다. 이곳이 우리 고을에서 경치가 뛰어난 누정인데, 오늘의 아름다운 경치가 또한 바로 제때인 것 같습니다."

백사공이 미소를 지으며 말했다.

"내 다리가 스스로 감당할 수 있을 때도 이 시냇가 정자를 벗어나지 않았소이다."

병사(兵使)가 오히려 술잔을 올려서 고달프게 하였다.

백사공은 위기에 처한 나랏일에 관하여 충성으로 상소하였지만 유배당하였는데, 비록 진심에서 우러나와 의로운 일을 했다고 받들지라도 담담하였다. 그러나 간신들이 나라를 그르치고 있는데도 임금이 마음으로 깨닫지 못하여 홀연히 200년 동안 예의를 지켜온 나라가 하루아침에 금수와 같은 풍속으로 변하는 데다, 또 토목 공사가 한창 심해 두 채의 궁궐을 함께 중건하여 삼공(三空: 국가의 재정 고갈)이 된 지 이미 오래여서 오랑캐들이 틈을 엿보아 침입하려는 위태로운 형상이 눈앞에 닥쳤음을 늘 염려하였다. 곡진하게 나라를 돌아보는 걱정이 간절했지만 속 타는 울분을 풀지 못하고 마음속에서 스스로를 태워 소갈증(消渴症)이 되고 말았으니, 찬물 들이키는 것을 절제하지 못하여 입으로 항상 얼음을 삼키고 있었다.

병사(兵使)가 백사공의 마음을 미루어 헤아려 알고서 답답하게 여겨 걱정하고 작은 술잔을 자주 올려 서로가 즐겁도록 힘썼다. 백사공은 병사가 자주자주 올리는 술잔이 싫었지만 그의 정성에 감격하여 받아 마시고 사양하지 않았다.

21일。

류후립(柳厚立)이 황어(黃魚) 수십 마리를 산 채로 잡아서 냇가에 있는 정자의 못에 풀어놓았는데, 느릿느릿 꼬리치는 것을 백사공은 매우 즐거워하며 감상하였다.

23일。

이희룡(李羲龍)이 잉어 두 마리를 산 채로 가져와 냇가에 있는 정자의 못에 풀어놓았는데, 지느러미를 움직여 물결을 가르는 것을 보는 것이 마음에 매우 쾌활하였다. 이것으로 백사공은 한때를 소용하는 방탕으로 삼았다.

24일。

승려 일진(一眞)이 북쪽 지방에서 찾아와 백사공을 만나고 말했다.
"공(公)께서는 저를 기억하십니까?"

백사공은 그를 살피고서 말했다.

"그대는 향림사(香林寺)의 옛 스님이 아니시오?"

스님이 시축(詩軸: 시를 적은 두루마리) 하나를 올렸는데, 곧 백사공이 과거에 급제하지 않았을 때 유기계(俞杞溪: 俞泓)의 시에 차운했던 절구시(絶句詩)였다. 이어서 40년 전의 일을 말하는데 어제의 일처럼 역역하니, 백사공은 찌푸렸던 눈살을 어느새 펴고 기쁘게 듣는 것이 마치 쌍수어(雙樹語: 부처님 말)를 듣는 것 같았다.

25일。

병사(兵使: 현즙)·판관(判官: 조정립)이 시냇가에 있는 정자에서 술을 올렸는데, 판관이 못가에 서서 물고기가 노니는 것을 보며 말했다.

"이 물고기 또한 호량(濠梁)의 물고기이니, 능히 공(公)께서 즐기는 바를 알겠나이까?"

백사공이 웃으며 말했다.

"그대 또한 호량의 길손일러니, 사람이야 능히 물고기가 노니는 것을 즐기지만 물고기는 사람이 즐기는 바를 즐거워하지 않는다네."

27일。

비가 왔다. 지난 봄 내내 비가 내리지 않아 혹독한 무더위가 기승을 부려서 들판이 타들어갔는데, 오늘 비로소 비가 내리자 환호하는 소리가 들판에 가득하였다. 병사(兵使) 또한 시냇가에 있는 정자로 술을 올리면서 비 내리는 것을 경사스럽게 여겼다. 백사공이 장난삼아 말했다.

"비가 때맞춰 내린 것인가? 공(公: 兵使)의 정성이 능히 하늘에 이른 것인가? 만약 정성이 하늘에 이르러 감동시켰다면 나 또한 배우고 싶소이다."

병사(兵使)가 어제 기우제(祈雨祭)를 지내고서야 비가 내렸기 때문에 이와 같이 말한 것으로 백사공이 뜻한 바가 따로 있었다.

29일。

이정립(李挺立)·손윤문(孫允文)·전천칙(全天則) 등이 찾아와서 인사하였다.

▌윤4월

1일。 정미(丁未)。

병사(兵使: 현즙)·판관(判官: 조정립)이 감사(監司: 權縉)의 환갑잔치에 가는 길에 찾아와서 인사하였다.

3일。

찰방(察訪) 김진(金璡)이 한양에서 왔는데, 그대로 백사공을 찾아와 인사하여 대략 한양의 소식을 들었다.

4일。

우후(虞候: 장진)·찰방(察訪) 김진(金璡)·거산 찰방(居山察訪) 나무송(羅茂松)이 찾아와서 인사하였다.

8일。

단천(端川)의 관기(官妓) 순진(舜眞)은 북쪽 변방의 이름난 기생이었다. 지금은 거산 찰방(居山察訪) 나무송(羅茂松)이 아끼는 사람인데, 거산역(居山驛)에서 와 백사공에게 인사하며 말했다.

"첩(妾)이 비록 천한 기생이지만 일찍이 공(公)의 명성을 듣고서 한 번 찾아뵙고 이야기를 나누며 한가롭게 시간을 보내고 싶었으나, 한 사람이 아껴주어서 발걸음하기가 어려워 오늘까지 미루었답니다."

말주변이 매우 좋고 총명하여 백사공으로 하여금 얼굴에 웃음을 띠게 하였으며, 이어서 술과 안주를 올렸는데 거산 찰방 나무송도 또한 그 자리에 있었다. 술이 몇 순배 돌자 순진이 말했다.

"젊었을 때는 시를 노래로 조금 부를 줄 알았는데 지금은 이미 모두 잊어버렸지만, 한번 노래를 불러서 공(公: 백사공)의 얼굴 표정을 밝게 하여 활짝 웃으시게 하겠사옵니다."

그리고는 굴원(屈原)의 〈이소(離騷)〉·두보(杜甫)의 〈북정(北征)〉 및 고금 유배 신하들의 시들을 노래하였는데, 글자마다 멀리까지 들리도록 맑은 데다 소리가 극히 슬프고 가슴 아프니 더욱 더 백사공에게 더할 수 없는 애처로움을 보태었다. 백사공이 몹시 즐거워 하지 않자, 즉시 노래 곡조를 바꾸어서 곧 〈장진주(將進酒)〉·〈적벽부(赤壁賦)〉를 읊었고 또 퇴계(退溪) 이황(李滉)의 〈도산별곡(陶山別曲)〉을 노래하였는데 소리가 심히 화창하였다. 백사공이 말했다.

"한 가락의 소리를 변화시켜 능히 사람으로 하여금 슬프게도 하고 즐겁게도 하니 진실로 오묘한 재주로다."

노래를 멈추고 술잔도 거두고서 서로 더불어 이야기를 나누었는데, 온아하고 아름다운 맑은 눈길로 응대하는 말이 물 흐르는 듯한 데다 세상살이와 사물의 이치에 대하여 막힘이 없자, 백사공이 혀를 차며 깊이 감탄하고 칭찬하여 말했다.

"이는 인간세상의 여자 요물이 아니라 필시 천상의 선녀 부류일 것이다."

10일。

거산 찰방(居山察訪) 나무송(羅茂松)이 작별인사를 하고 거산역(居山驛)으로 돌아갔고, 순진(舜眞)도 또한 와서 작별인사를 하고 돌아갔다. 백사공이 말했다.

"노랫소리의 여운이 사라지지 않고 가늘게 이어져 홀연히 귓가에 맴도는구나. 들보를 감도는 고운 여운이 삼일 동안 끊어지지 않고 이어진다는 것은 참으로 헛말이 아니로구나."

이어서 사람들에게 말했다.

"내가 북청에 와서 세 가지 흥겨운 일이 있었으니, 그 첫째는 철관현(鐵關峴)에서 바다를 본 것이고, 그 둘째는 경선(慶仙)이 말 타고 달리는 것이며, 순진(舜眞)이가 시를 노래한 것이 그 셋째이다."

13일。

병사(兵使: 경상 우병사) 남이흥(南以興)이 천리 먼 곳에서 심부름꾼을 보내어 백사공의 귀양살이 하는 근황을 물으면서 남쪽 지방의 특산물을 보내왔는데, 모두 북쪽 지방에서는 귀한 것이었다. 그 특산물들을 보니, 그가 백사공을 생각하는 마음을 상상할 수 있었다.

15일。

마을의 품관(品官)들이 백사공을 위해서 술을 올렸다. 병사(兵使: 현즙)·우후(虞候: 장진)·판관(判官: 조정립)이 또한 찾아왔다.

16일。

큰 비가 와서 앞 시냇물이 불어났다. 부귀(富貴)[28]를 시켜서 병사(兵使)에게 국화를 구해오도록 하여 정자 주변에 가득 심었고, 또 작은 텃밭을 마련하여 채소 과일을 많이 씨 뿌리고 직접 어린 하인에게 가르쳤다. 아침저녁으로 물을 주면서 소일할 수 있는 곳으로

28 협주: 백사공 집안의 하인이다.

삼았다.

18일。

김몽진(金夢辰)·조의립(曺義立) 등 20여 명이 백사공을 위하여 시냇가에 있는 정자에서 술을 올렸다. 병사(兵使)·판관(判官)·우후(虞候)도 역시 찾아왔다.

19일。

감사(監司: 權縉)가 장차 북쪽으로 순찰하려고 함흥(咸興)에서 찾아와 만났다.

22일。

감사가 이성(利城)으로 향하였다.

23일。

전적(典籍) 유경상(劉敬祥) 이하 유생(儒生) 30여 명이 찾아와 인사하였다.

25일。

박천 군수(博川郡守) 이익(李榏)이 사람을 보내어 백사공의 안부를 물었고, 객지에서 필요한 물품을 많이 보내왔다.

26일。

판관(判官: 조정립)이 시냇가에 있는 정자에서 술을 올렸으나, 백사공은 평소에도 술을 마시지 않았고 이전에 비록 여러 차례 술자리가 베풀어졌을 때도 다만 술잔만을 잡고 주고받는 척만 하였을 뿐이라서 끝내 한 모금도 입에 대지 않았다.

27일。

한양에서 서신이 도착하였는데, 모두 백사공의 옛 친구들이 보낸 서찰이었다. 백사공은 자신도 모르게 뜯어서 세 번이나 반복하여 읽고 말했다.

"검문(劍門)에서는 오직 북녘 사람이 오는 것을 기뻐한다는 구절이 참된 경지로 볼 만하다."

이어서 동지(同知) 김류(金瑬)[29]·동지 문희성(文希聖)의 서신을 사람들에게 보여주며 말했다.

"이 사람들은 모두 글씨를 잘 써서 명성을 얻었는데, 우열이 어떠한가?"

사람들이 김류가 낫다고 하자, 백사공이 말했다.

"그러하다."

---

29 협주: 김류는 백사공의 도체찰사(都體察使)였을 때 종사관이었다. 관직은 영의정에 이르렀고 승평부원군(昇平府院君)이었다.

또 김류가 쓴 글의 뜻은 군색한 데가 없이 순탄하고 원활하여 또한 훌륭한 문장이라고 말하였다. 그리고 그 사람의 기골이 비범하여 마치 티끌세상 속의 사람이 아닌 것 같다고 자세히 말하였다.

28일。

백사공이 일찍이 사람들에게 말한 적이 있다.

"근래 판관(判官) 조정립(曺挺立)의 사람됨을 보니 성품이 평온하고 담박한 듯해 잘못을 거짓 꾸미거나 변명하지 않으며, 사람 사이에서도 또한 잘난 체하며 모가 나는 행동을 하지 않으니, 마치 이름난 선비들 속에 두어도 멀리해야 하는 손님이라고 할 정도로 해롭지 않다. 다만 초야에서 나온 데다 견문이 거칠고 졸렬하여서 위험천만한 구덩이로 떨어진 것이니, 세상에는 이와 같은 자가 어찌 다시 한두 명만 헤아릴 뿐이랴?"

29일。

사람들이 당대의 문장가라고 말할 수 있는 자를 물으면, 반드시 연릉(延陵) 이호민(李好閔)·월사(月沙) 이정귀(李廷龜)[30]·현옹(玄翁) 신흠(申欽)[31] 등 여러 사람을 말하였다. 대감이 세상을 떠난 후에 비명

30 협주: 이름은 정귀(廷龜)이고, 호는 월사(月沙)이다. 관직은 좌의정에 이르렀다. 후에 백사공의 묘지(墓誌) 및 묘표(墓表)·음기(陰記)를 지었다.

31 협주: 이름은 흠(欽)이고, 호는 현헌(玄軒)이다. 관직은 영의정에 이르렀다. 후에 백

(碑銘)과 전기(傳記)를 누가 맡도록 해야 하겠느냐고 물으니, 백사공이 말했다.

"비명(碑銘)은 현옹 신흠이 해낼 수 있을 따름인데, 비명의 관건이 되는 요점은 오히려 나보다도 뛰어나다."

▌5월

1일。무자(戊子)。

우후(虞候: 장진)가 갑산(甲山)으로 들어가려는 길에 찾아와서 인사하니, 백사공이 말했다.

"이미 함께 반년 동안이나 어울려 지내서 따뜻한 감정과 참된 뜻이 여느 누구와는 다른데, 지금 오랜 이별을 하겠다고 말하니 암담해지며 혼이 다 녹아날 듯한 회포를 떨쳐버릴 길이 없소이다."

2일。

감사(監司: 權縉)가 북쪽 지방을 순찰하고 돌아오는 길에 백사공을 찾아왔다.

사공의 신도비명(神道碑銘)을 지었다.

3일。

감사가 인사하고 본영(本營: 함흥)으로 돌아갔다.

4일。

전라 좌수사(全羅左水使) 이흥립(李興立)이 심부름꾼을 보내어 백상공의 안부를 물었고 여름철에 쓸 물품을 보내왔다.

5일。

백사공이 조상의 무덤을 생각하며 지은 시가 있으니, 이러하다.

충효가 가법으로 전하여 이 몸에 미쳐서는 忠孝傳家及此身
아비 어미가 너 사람 되라 번갈아 훈계했네. 爺孃相戒汝爲人
북쪽 변방의 오늘 하늘과 바다가 잇닿았는데 龍荒此日天連海
까마귀가 좋은 날이라 우는소리 매양 듣누나. 每聽林烏哭令辰

6일。

이성 현감(利城縣監) 이후여(李厚輿)가 찾아와서 술을 올리며 백사공을 위로하였다.

7일。

병사(兵使)가 보내온 조보(朝報)에 명나라 군문(軍門) 왕가수(汪可

受)의 격서(檄書)가 있어서 비로소 오랑캐 기병이 이미 중원(中原)을 침범한 것을 알게 되었다. 조정에서는 징병을 해서는 아니 된다는 논의가 있었는데, 이잠(李岑)을 군문(軍門: 楊鎬 經略軍門)에 보내어 형편을 살피고 현지에서 주선하기로 하였다. 이에 백사공이 말했다.

"사태가 이미 어떻게 해볼 수 없는 지경이다. 우리나라에서 중원(中原)을 구하려는데, 어찌 군사를 요청하는 격문(檄文)을 기다려서 일으킨단 말인가?"

이때부터 나라를 염려하는 마음에 더욱 더 스스로 속을 태워서 갈증(渴症)이 점점 더 심해져 밤낮으로 얼음물을 마셨으니, 걱정되는 마음을 말로 다할 수 없었다.

8일。

병사(兵使)가 와서 변방의 일을 의논하며 지극히 동요하였는데, 백사공이 말했다.

"오랑캐의 기세가 비록 급박해도 우리나라를 침범하기에는 아직 멀었소. 다만 명나라의 문책이 반드시 오랑캐의 침범보다 먼저일까 염려되오."

9일。

병사(兵使)의 군관(軍官) 노흥록(魯興祿)으로 하여금 양위진식환(養胃進食丸)을 조제해오도록 하였다. 홍원성(洪原城)의 기생 조생(趙

生)이 찾아와서 인사하였고, 이사근(李思近)[32]이 이성(利城)에서 찾아왔다.

10일。

홍원 현감(洪原縣監)이 찾아와서 인사하였고, 이성(利城)의 유생(儒生) 등 20여 명이 술자리를 마련하여 인사하였다.

11일。

병사(兵使)가 장차 변방 요새인 갑산(甲山)으로 떠나려고 할 때에 홍원 현감(洪原縣監) 허(許) 아무개가 와서 떠남을 전별하려고 서쪽 시냇가에 있는 정자에서 술잔을 올렸다. 술을 나누는 자리에서 또 징병하는 일에 미치자, 백사공이 더욱 못마땅함을 견디지 못하고 억지로 술 한 잔을 마셔서 취기가 올라 얼굴이 붉어졌다. 홍원 현감이 자리에서 일어나 술잔을 올리자, 백사공이 또한 반 잔 정도 마셨는데 술을 도로 이내 토하고 이내 잠자리에 들어가 잠이 들었다. 호흡을 가다듬는 것이 그다지 심하게 가쁘지는 않았지만, 눈은 감겨져 있고 입은 벌려져 있는 데다 코는 골고 손은 떠는 것이 다시 정신을 차릴 기미가 있지 않았다. 갖가지로 흔들어 깨웠으나 오히려 혼미한 상태로 깨어나지 않은 채 밤을 새우고 아침이 되도록

32 협주: 이사달(李思達)의 형이다.

똑같았다.

12일。

어제부터 잤으나 아직도 열이 있고 전혀 소생할 길이 없었지만, 단지 끊어지지 않은 것은 한 가닥 코고는 소리뿐이었다. 병사(兵使: 현즙)·판관(判官: 조정립)·홍원 현감(洪原縣監) 허(許) 아무개가 밖에서 밤을 새웠다.

13일。 경자(庚子)。

첫 닭이 울 때에 세상을 떠났다. 땅을 치고 하늘을 향하여 부르짖어도 어찌할 수가 없었다. 마을의 여러 노인들과 여염(閭閻: 평민)의 남녀들이 달려와 울부짖지 않은 자가 없었는데, 마치 자신의 친족이 상을 당한 듯하였다. 사시(巳時: 오전 10시 전후)에 습(襲: 새 옷 갈아입힘)을 하고 오시(午時: 낮 12시 전후)에 소렴(小斂: 수의를 갈아입히고 이불로 쌈)을 하였는데, 염을 하면서 다음 날을 기다리지 않은 것은 날씨가 극히 무더웠기 때문이니 부득이한 까닭이 있었다. 염이 끝나자, 별실(別室: 측실 오씨)이 기절하여 살아날 길이 아주 없어서 온가족이 허둥지둥 진정하지 못했지만 저녁때에 간신히 소생하였다. 이날 병사(兵使)가 급히 역마를 보내어 부음(訃音)을 알렸다.

14일.

감사(監司: 權縉) 및 판관(判官: 함흥 판관) 박진장(朴晉章)이 부음을 듣고 함산(咸山: 함흥)에서 와 곡하였다.

15일.

오시(午時: 낮 12시 전후)에 관렴(棺斂: 시신을 염습하여 관에 넣음)하였는데, 관(棺)의 목재는 두께 3치의 유삼(油杉)을 사용하였고, 습(襲)과 염(斂)을 할 때는 모두 본가의 의복을 사용하였으며, 다른 상구(喪具)들은 모두 병사(兵使: 현즙)·통판(通判: 조정립)의 도움을 받았는데 지극정성으로 제반 물품을 마련하여 조금도 미진한 것이 없었다.

감사(監司: 權縉)·판관(判官: 朴晉章)이 제수를 올렸다. 평양 서윤(平壤庶尹) 정세미(鄭世美)가 편지를 보내어 안부를 묻고 또 객지에서 필요한 물품을 보내왔으나, 살아있을 때에 도착하지 않았으니 더욱 슬펐다.

16일.

진시(辰時: 아침 8시 전후)에 성복(成服: 사망한 지 4일째 되는 날 상복을 입음)하였다. 심서(沈諝)·심의(沈誼) 형제는 병이 들기 시작했을 때부터 성복하기까지 병구완하고 초상을 치르면서 조금도 게으름이 없이 조심하고 슬퍼하느라 분주하였으니, 마치 자제들이 급난을 당하여 의지할 수 있는, 참으로 이 세상에 살아 있는 부모가 없을 때의 골육지친과 같았다.

감사(監司: 權縉)·판관(判官: 朴晉章)이 모두 되돌아갔지만, 박진일(朴震一: 북청 만호) 역시 떠나지는 않고 초상(初喪)이 난 일을 보며 밤낮으로 비통하게 곡하였다. 북청(北靑)의 품관(品官)과 유생(儒生) 40여 명이 또한 습(襲)과 염(斂)을 할 때부터 성복(成服)하기까지 밤낮으로 바깥에 있었다. 병사(兵使: 현즙)는 정성을 다하며 분주하였고 통판(通判: 조정립)도 초상 물품을 마련하였는데, 모두 말할 수가 없다.

17일。비가 내림。

병사(兵使: 현즙)가 박진일(朴震一: 북청 만호)을 감관(監官: 감독관)으로, 민덕룡(閔德龍)·강윤박(姜胤朴)·최영호(崔永浩)를 도색(都色: 色吏의 우두머리)으로 삼아서 상여(喪輿) 도구를 맡아보도록 하였다.

18일。비。

이성 현감(利城縣監: 李厚輿)이 그의 고을에서, 김선남(金善男)이 갑산(甲山)에서 와 곡하였다.

19일。

병사(兵使: 현즙)가 제사 음식을 성대히 마련해 와서 곡하고, 다음날 갑산(甲山)으로 들어갔다.

21일。 비。

이사달(李思達: 이항복의 庶再從姪)이 부음을 듣고 경성(鏡城)에서 왔는데, 병사(兵使)가 보낸 조문(弔問) 편지와 부의(賻儀: 부조 물품)를 가져왔다.

22일。

교수(教授) 유경상(劉敬祥)이 마을의 유생(儒生) 40여 명을 데려왔는데, 제문(祭文)을 지어 와서 바치며 극심하게 슬피 곡하여 사람들에게 감동을 주었다.

23일。

감사(監司: 權縉)가 영리(營吏: 감영에 속한 아전) 전득혼(全得渾)을 보내어 초상 치를 도구들을 마련하도록 하였다. 밤에 내리던 비가 아침이 되어서야 그치자 앞 냇물이 불어 두 사람이 물에 빠져 죽었다. 그래서 백사공 아들들의 일행이 지금 어느 곳에 도착하여 비 때문에 지체되고 있는지 염려스러웠다. 또한 이규남(李奎男)이 상차(喪次: 초상 치르는 곳)에만 있느라 음식을 끊어 혼절해 쓰러지고 기력이 너무 약한데다, 안에서는 별실(別室: 측실 오씨)이 여러 번 반복해서 혼절하여 생사를 분별할 수 없으니, 피붙이 하나 없는 타향인데다 사방에 친구 하나도 없이 홀몸으로 슬프게 곡하는데 마치 자욱이 가린 안개 속에 있는 듯했다.

24일。

선전관(宣傳官) 최복명(崔復明)이 통판(通判: 조정립)이 있는 관아에 볼일이 있어 한양으로부터 와 곡하고 이어서 한양의 편지들을 내놓았는데, 이것들은 모두 여러 친구들이 멀리서 백사공의 귀양살이 근황을 위로하는 편지였다. 그 편지들을 영궤(靈几: 위패 놓은 자리) 앞에 펼쳐 놓으니 비통함이 더욱 간절하였다.

생원 임철(任轍)이 일 때문 이곳을 지나다가 들어와서 곡하였다.

25일。

무더위가 더욱 극심하고 장맛비가 열흘이나 계속되는데, 여러 아들들의 일행이 어젯밤 꿈에서도 제때에 아직 도착하지 않으니, 정말로 답답하고 괴로운 마음을 말할 수 없었다.

병사(兵使: 현즙)가 파발 편으로 지분자(地盆子: 땅딸기) 한 광주리를 보내며 말했다.

"이것은 백사공께서 살아계실 때에 일찍이 한 번 맛보고 싶어 하셨던 것이다. 마침 오는데 길가에 벌겋게 익은 것을 보고서 가르침을 주셨을 때의 옛일이 홀연히 생각나 몹시 서글퍼짐을 이기지 못하고 감히 이것을 따 보내니 부디 영연(靈筵: 혼백을 모신 자리)에 놓아주게."

여기서 갑산(甲山)과의 거리가 수백 리나 되는 곳인데도 아침에 출발해 저녁에 이르렀으니, 그가 백사공을 향한 정은 살아계실 때나 돌아가셨을 때나 조금도 차이가 있지 않음을 충분히 상상할 수 있어서 감사하고도 감사하였다.

영노(營奴: 감영의 관노) 덕남(德男)이 한양에서 되돌아와 한양에서 보내온 편지들을 받으니 비로소 부고(訃告) 소식이 들어갔음을 알았는데, 임금이 특명으로 관작(官爵)을 회복시키고 내려오는 길을 호송하되 전례(典例)에 따라 예식을 갖추어 장사를 치르도록 하라는 전교(傳敎)가 있었다. 곧바로 영궤(靈几: 혼백을 모신 자리)에 알리고 명정(銘旌: 관직과 성씨를 적은 기)을 고쳐 세웠으니, 곧 판서(判書) 심돈(沈惇)[33]이 써서 보낸 것이었다.

26일。

양구(楊口: 백사공의 장남 李星男)와 여러 형제들이 초경(初更: 저녁 8시 전후)에 분주히 도착하였는데, 통곡하며 가슴을 치는 것이 임종할 때와 똑같이 하니 사방 이웃의 남녀들이 무리를 지어서 와 보았다.

생원 이이남(李頤男)[34]·이시진(李時震)[35]·찰방(察訪) 이천준(李天俊)[36]·인의(引儀) 박신남(朴信男)이 백사공의 여러 아들들을 보호하며 함께 왔다.

---

33 협주: 후에 이름을 열(悅)로 고쳤다. 관직은 영의정에 이르렀다.

34 협주: 백사공의 5촌 조카이다. 관직은 현감에 이르렀다.

35 협주: 백사공의 7촌 조카로 생원이다.

36 협주: 백사공의 조카사위이다.

27일。

통판(通判: 조정립)이 와서 백사공의 여러 자제들을 조문하였고, 품관(品官)들이 끊임없이 와서 조문하였고, 이성 현감(利城縣監) 이후여(李厚輿)도 또한 와서 절하고 갔다.

28일。

홍원 현감(洪原縣監) 허(許) 아무개가 와서 제물을 올렸고, 경흥부사(慶興府使) 박진영(朴震英)·첨사(僉使) 이윤서(李胤緖)가 함흥(咸興)에서 와 곡하였다.

29일。

음산하고 어두운 기운이 오랫동안 걷히지 않았다. 백사공의 여러 자제들이 성복(成服)하였는데, 거산 찰방(居山察訪) 나무송(羅茂松)이 와서 곡하였고, 주인 기생 만옥(晩玉)이 성대하게 제물을 차려 와서 곡하였다. 기자헌(奇自獻) 대감도 부음을 듣고 사람을 보내어 조문하고 또 부의(賻儀)도 있었다.

30일。

홍원 현감(洪原縣監) 허(許) 아무개가 감사의 분부에 따라 삭전(朔奠: 초하룻날 올리는 제물)을 준비해 왔다.

6월

1일。 무오(戊午)。

3일。

기자헌(奇自獻) 대감이 만시(挽詩: 죽은 이를 애도하는 마음으로 지은 시)를 보내왔고, 이어서 백사공의 여러 자제들을 위문하였다.

4일。 비。

상여 도구가 제때에 만들어 완성하지 못하여 여츤(旅櫬: 객사한 자의 棺)이 오랫동안 지체되었던 데다, 비가 또한 계속 내리니 답답한 마음을 견딜 수가 없었다.

이지남(李智男: 이항복의 庶弟)[37]이 서흥(瑞興)에서 부음을 듣고 달려왔다. 통판(通判: 조정립)이 와서 상주(喪主)들을 만나고 그대로 눌러 앉아 상여 도구 만드는 일을 감독하였다.

5일。

함흥 진사(咸興進士) 한인황(韓仁滉)이 제문을 지어 와서 제물을 올렸고, 또한 한인록(韓仁祿)[38]·이여해(李汝海: 봉상 판관)·한대신(韓大

37 협주: 이의남(李義男)의 동생이다.

38 협주: 문과에 급제하였다. 한림(翰林)으로서 추천되어 북평사(北評事)에 제수되었

信) 등 14명이 부의(賻儀)를 보내왔는데, 모두 백사공과는 평소에 교분이 없었던 자들이니 단지 백사공을 흠모하는 정성에서 나온 것이었다.

6일。

경원 부사(慶源府使) 정여린(鄭如麟)이 편지를 보내어 서로 애도하고 아울러 부의(賻儀)를 보내왔다.

7일。

이돈시(李敦詩: 李時白의 字)가 이천(伊川)에서 부음을 듣고 달려왔다. 내외 친척(內外親戚) 및 문하생과 옛 친구들 가운데 백사공의 은혜와 지우(知遇)를 입은 자들이 어찌 다만 한두 사람이겠는가마는, 유독 이 사람은 천리 길을 마다하고 달려와 곡한 것은 비단 정 때문만이 아니라 또한 용기와 의리가 있는 사람이다.

8일。

병사(兵使: 현즙)가 갑산(甲山)에서 와 백사공의 여러 자제들을 조문하고서 또한 발인(發引: 장사 지내러 가기 위하여 상여가 집에서 떠남)할 때 호위하겠다고 하였다.

다. 관직은 시정(寺正)에 이르렀다.

11일.

한양에서 보낸 편지가 파발 편으로 부쳐져 왔는데, 오랑캐의 서찰로 인하여 도성 안이 크게 동요하고 있다고 하였다. 장례를 치러야 할 일행도 역시 매우 소란스러웠는데, 많은 사람들의 의심이 수만 가지나 되고 여러 사람들의 눈도 놀라서 뚫어지게 보고 있어서 장차 우려할 만한 상황이 생길 것 같았다. 이시진(李時震: 백사공의 7촌 조카)·이천준(李天俊: 백사공의 조카사위)이 먼저 포천(抱川)으로 갔다.

13일.

병사(兵使)가 와서 제물을 올리고 곡하였는데 매우 비통해 하였다.

14일.

이성 현감(利城縣監: 李厚輿)이 상여 운구를 위한 차사원(差使員: 임시 파견 관원)으로 왔다.

15일.

빈소를 헐어 관(棺)을 상여로 옮긴다는 것을 고하자, 거산 찰방(居山察訪) 나무송(羅茂松)이 제문을 지어 와서 제물을 올렸고, 판관(判官) 조정립(曺挺立) 역시 제문을 지어 와서 제물을 올렸다.

이날 편지 한 통을 써서 파발 편을 통해 오늘 아침에 발인하는 이유를 지사(知事: 중추부지사) 장만(張晩)에게 알렸고, 본가에도 전했다.

16일.

비가 내렸기 때문에 출발하지 못하고 앞 시냇가로 옮겨 머물렀다.

17일.

비가 계속 와서 냇물이 불어 건널 수가 없었다. 북청(北靑)의 여러 유생들이 한꺼번에 와서 제물을 올렸다. 본가의 하인 수봉(守奉)이 한양에서 왔는데 만시(挽詩) 수십 통을 가져왔다.

18일.

비로소 청강(淸江)에 이르러 건너고서 저녁이 되어서야 평포역(平浦驛)에 도착하였지만, 길은 험하고 상여는 무거운데 앞으로 가야 할 길이 아득하니 번민하는 마음에 끝이 없었다. 병사(兵使: 현즙)·판관(判官: 조정립)이 상구(喪柩: 상여)를 호송하여 또한 이곳에 이르렀다.

19일.

홍원(洪原)에 들어서자, 이구준(李耉俊: 유배객) 어른이 제문을 지어 와서 제물을 올렸고, 홍원의 수령 또한 와서 제물을 올렸으며, 관기(官妓) 조생(趙生) 역시 예주(醴酒: 단술)와 햇과일을 가지고 와서 소복을 입고 들어와 올렸다.

이날 밤에 등잔심지의 불똥이 땅에 떨어져 궤연(几筵) 앞의 땅에 깐 자리에까지 불길이 번져 타 나갔다. 불길이 갑자기 일어나자, 마침 이사근(李思近)이 먼저 발견하고 고함을 질러 알려서 겨우 끌 수 있었지만, 한마디로 혼이 나서 얼이 빠졌다.

20일。

아침에 홍원(洪原)을 출발하여 일찌감치 함원(咸原)에 들어갔는데, 저문 해가 여전히 높이 떠있었지만 앞에는 함관령(咸關嶺)이라는 큰 고개가 있었기 때문에 멈추고서 묵었다.

북청(北靑)의 품관(품관)·유생(儒生)·하인배(下人輩)들로 홍원의 평포(平浦)에까지 전송 나온 사람들을 일일이 다 기억할 수가 없고, 심지어 기생 온향(溫香)·운선(雲仙)·경해(景海)·경선(慶仙) 등은 발인(發引) 전에 단 하루라도 상가(喪家)를 떠난 적이 없이 여러 가지의 일을 맡겨도 지극정성으로 한데다 또 곡하면서 상구(喪柩: 상여)를 따라 홍원까지 와서 전송하고는 돌아갔다. 백사공이 남긴 덕은 사람들로 하여금 감동시켜 이와 같이 할 수 있도록 하였다.

21일。

낮에 함관령(咸關嶺)을 넘었는데, 고개가 매우 험준하여 몹시 가파른 산비탈과 험한 좁은 벼랑길에 이를 때마다 넋이 나가고 심장이 오그라졌지만 마침내 무사할 수 있었던 것도 신명(神明)의 가호가 있었기 때문이다.

일단 홍원(洪原) 경계로 들어갔는데, 쉴 곳을 설치하고 깨끗하게 치워놓아 힘을 다하지 않음이 없었으니 또한 홍원 현감의 정성에 힘입은 것이었다.

저녁에서야 덕산(德山)에 도착하여 묵었는데, 함흥(咸興)에서 출참(出站: 필요한 錢穀과 驛馬를 보내줌)하였다.

22일。

심서(沈諝) 형제 · 박진일(朴震一) · 김선남(金善男)이 상구(喪柩: 상여)를 호송하여 이곳까지 와서는 통곡하고 인사한 뒤 돌아가니 참혹하고 비통한 마음을 더욱 견딜 수가 없었으며, 북청(北青) 사람 이대생(李大生) 또한 이곳까지 따라왔다가 돌아갔다.

낮에 함흥(咸興)으로 들어갔는데, 판관(判官) 박진장(朴晉章)이 제문을 지어 와서 제물을 올렸다. 고을 사람 전 정랑(前正郎) 한인록(韓仁祿) · 전 판관(前判官) 이여해(李汝海) · 진사(進士) 한인황(韓仁滉) 등 28명이 제문을 지어 와서 제물을 올렸다. 감사(監司)의 막하에 있는 무인(武人) 오응남(吳應男) · 이예범(李禮範) 등 7명이 또한 와서 제문을 올리고 곡하였는데 매우 슬펐다.

이날 저녁에 비바람이 거세게 몰아쳤다. 잠깐 사이에 평지에서도 물이 무릎까지 차니, 영구(靈柩)가 놓인 지대가 낮아서 장차 보전

할 수 없을 것 같아 비를 무릅쓰고 무학당(武學堂)으로 옮겨 안치하였다.

23일.

앞 강물이 불어나서 출발할 수가 없었는데, 감사(監司: 權縉)가 제문[39]을 지어 와서 제물을 올렸다.

24일.

배로 강을 건너 저물녘에 정평(定平)으로 들어갔다. 부사(府使: 沈彦明)가 제문과 풍성한 음식을 가지고 와서 올렸는데, 제물이 극히 풍성하고도 정갈하였고 비통한 마음 역시 곡소리에 묻어났으며, 일행을 접대하는 것도 풍부하고 후하였다. 정평 고을 유생 이구(李球) 등 10명이 또한 제문을 지어 와서 제물을 올렸다.

---

39 협주: 제문은 이러하다.

나라위해 공훈 세운 청백리로	勳勞淸白
도덕과 문장을 이룩하셨나니,	道德文章
늙바탕의 충성스러운 직언은	晩節忠言
만세토록 강상의 표준이어라.	萬古綱常
가을서리 여름햇볕 같은 충정과 기운	秋霜烈日
죽은 후에도 밝은 빛을 띠고 있을지라.	歿有耿光
불어난 강가에 서서 상여 끈 부여잡고	臨江執紼
공경히 산초로 담근 술을 올리나이다.	敬奠椒漿

25일。

초원(草原)에 도착하여 담군(擔軍: 상여 운반 인부)을 교체하였는데, 앞으로 갈 길에는 강이 두 개나 있고 비 내리는 것이 그치지 않아서 지체될 근심이 생길까 염려해서였다. 비를 무릅쓰고 길을 재촉하여 저물녘에 영흥(永興)에 도착하였는데, 부사(府使) 조효남(趙孝南)이 와서 제물을 올렸다.

26일。

비를 무릅쓰고 고원(高原)에 도착하였는데, 이날 밤에 비바람이 크게 불어 큰 나무들이 모두 쓰러졌다.

27일。

앞으로 가야 할 길에 물이 불어나 출발할 수가 없었다. 고원 군수(高原郡守) 이응성(李應星)이 지난달에 파직되어 한양으로 돌아가다가 다시 그대로 유임한다는 명이 있어서 문천(文川)까지 왔는데, 상구(喪柩: 상여)가 자신의 관할 고을에 들어왔다는 소식을 듣고는 짐바리를 죄다 팽개치고서 한 필의 말을 타고 강물을 건너 도착해 즉시 제물을 올리니, 그 마음 또한 감동할 만하였다. 평생 교분이 없었던 사람도 오히려 죽어서 고향으로 돌아가는 날에 능히 조문을 한 것은 안대기(安大奇)와 비교하건대 몇 만 배 나을 뿐만이 아니었다.

28일。

물이 불어난 것으로 인해 아랫길의 어려운 관문을 경유하여 문천(文川) 경계에 도착하였다. 군수(郡守) 이구징(李久澄)이 직접 경계까지 나와 담군(擔軍: 상여 운반 인부)을 두루 살펴보고 일행을 호위해서 문천군에 들어와서는 즉시 제물을 올렸다. 제문이 매우 절실하여 당시의 꺼림을 피하지도 않았고, 곡하는 것도 매우 애통하였으며, 부의(賻儀)한 것도 많았다.

29일。 비。

함경도 도사(咸鏡道都事) 김혜(金慧: 金惠의 잘못인 듯)가 장차 부임하는 길에 문천군(文川郡)에 들러 제문을 지어 와서 제물을 올리고 곡하는 것이 매우 슬펐다.

저녁에 출발하였는데 중도에서 큰 비바람을 만나 천신만고 끝에 겨우 덕원(德源)에 이르자, 덕원 부사(德源府使) 홍준(洪畯)이 와서 제물을 올렸다.

▌7월

1일。 정해(丁亥)。

비를 무릅쓰고 안변(安邊)에 도착했는데, 안변 부사(安邊府使) 권여경(權餘慶)이 이미 한양으로 떠나서 덕원 부사(德源府使)가 겸관(兼

官)으로 나왔다. 부사가 비록 부재중이었지만 이미 고을사람들로 하여금 상여 행차를 후하게 보살피도록 하였기 때문에 제물을 올리거나 담군(擔軍: 상여 운송 인부)들을 돌보는데 또한 조금이라도 소홀하지 않았고 남긴 부의 또한 후하였다.

2일。

비바람이 여전히 거세게 불어 출발할 수가 없었다. 단천 군수(端川郡守) 이정신(李廷臣)이 한양에서 오는 길에 술과 과일을 가지고 와서 제물로 올리며 곡을 매우 애통하게 하였는데 슬픈 마음을 가누지 못하는 듯하였다.

3일。

홍수에 가로막혀 또 지체되어 답답한 마음을 견딜 수가 없었다. 안변(安邊)의 사인(士人) 이동현(李東賢)이 와서 곡하고 백사공의 여러 자제들을 조문하였다.

5일。

물이 빠져서 길이 비로소 다닐 수 있게 되었다. 안변부(安邊府)를 출발해 저녁이 되어서야 고산역(高山驛)에 이르렀다. 바라보건대 철령(鐵嶺)의 나무가 하늘을 찌르고 새들만 다닐 만한 험한 길이 매달려 있는 듯했으니, 여기가 바로 백사공이 항상 죽어서야 돌아갈 길이라고 걱정하였었다. 오늘 불행히도 백사공의 상구(喪柩: 상여)가 이곳에 도착하니, 백사공의 말씀을 생각느라 더욱 절로 슬프고 우울하였다.

6일.

무사히 고개를 넘어 고개 정상에 멈추고 제사를 지내며 담군(擔軍: 상여꾼)들도 쉬도록 했다. 회양(淮陽)에서 상여꾼들이 와서 교체할 것으로 생각했지만, 고요하기만 할 뿐 사람의 그림자라고는 없었다. 조금 있으니 회양 부사(淮陽府使: 李淑命)가 보낸 문장(文狀: 관아의 문서)에 이르기를, 담군은 관문(官門)에서 교체한다고 하는 규정이었다. 안변(安邊)에서 온 상여꾼들은 멀리서 와 고개를 넘느라 힘이 이미 지쳤다. 앞으로 회양부(淮陽府)에 도착하려면 아직도 40여 리가 남은 데다 날도 이미 저물어 몹시 낭패스러웠다. 먼저 차사원(差使員) 조영홍(趙永興)을 보내어 회양의 상여꾼을 빨리 오도록 재촉하게 하고 이어서 출발해 고개를 내려왔다. 길이 험하여 한 걸음조차 가는데도 자빠지거나 엎어지거나 하고 산 속의 해도 쉬 서쪽으로 져서 형편상 앞으로 나아가 도달하기가 어려워 부득이하게 죄장곡(罪藏谷)에서 노숙하며 밤을 지새우기로 하였다.

회양 부사가 이 일을 듣고 허둥지둥 달려왔고 상여꾼도 일제히 왔지만, 밤이 깊었으니 어찌하겠는가. 안변에서 상구(喪柩)를 호송해온 별감(別監) 이계륜(李桂輪)·김광확(金光確)이 또한 갖은 힘을 다

쏟아서 애썼다.

7일。

회양(淮陽)에 들어가자, 부사(府使: 李淑命)가 제물을 올렸고, 정언(正言) 강대진(姜大進)·수재(秀才) 류문석(柳文錫)도 또한 와서 곡하였다. 허천경(許天慶)이 곡하고서 인사하고 돌아갔는데, 북청(北靑)에서 여기까지 오는 동안 주선하느라 분주하였으니 그가 정성을 다하고 마음을 다한 것이 또한 지극히 감격스럽다.

8일。

대낮이 되어서 신안(新安)에 도착하니 통천(通川)에서 출참(出站: 필요한 錢穀과 驛馬를 보내줌)하였는데, 군수(郡守) 김극건(金克建)이 제물을 들이고 부의(賻儀)도 보냈다. 저녁에는 기순격(奇順格)이 길주(吉州)에서 와 조문하였다.

이날 조영흥(趙永興: 差使員)이 또한 회양(淮陽)에서 교체되어 돌아갔다.

9일。

배로 모탄(牟灘)을 건너니, 새들만 다닐 만한 험한 두 개의 길이 무사하였다. 일행이 애초에 걱정했던 것이 오직 이곳이었는데 다행히도 잘 지났으니, 마음이 비로소 안정되었다.

권칙(權伕)[40]이 한양에서 와 맞이하였다.

창도(昌道: 역참)에 도착하여 상여를 쉬게 하였는데, 평강(平康)에서 출참(出站: 필요한 錢穀과 驛馬를 보내줌)하였다. 그러나 현감(縣監) 이선득(李善得)은 병을 핑계대고 나오지 않았으며, 그가 제물을 준비하여 보낸 것도 변변찮기가 말할 수 없었다.

해질 무렵의 어둑어둑한 때 금성(金城)에 들어갔는데, 북방어사(北防禦使: 함경방어사) 유몽룡(劉夢龍)이 장차 부임하러 가는 길에 상구(喪柩: 상여)를 기다리고 있다가 오자마자 들어와 곡하였다.

10일。

금성 현령(金城縣令) 이준(李埈: 李隼의 오기)이 제물을 올렸고, 회양 부사(淮陽府使) 이숙명(李淑命)은 차사원(差使員)으로 상구(喪柩: 상여)를 호송하여 여기에 도착하자 곡하고서 인사하고 돌아갔다.

저녁이 되어서 금화(金化)에 이르렀는데, 현감(縣監) 한선일(韓善一)이 제물을 들이고 슬피 곡하였다. 간성 군수(杆城郡守) 조휘(趙暉: 趙暄의 오기)·양양 부사(襄陽府使) 정엽(鄭曄)[41]이 제수들을 보내와 제물로 올렸는데, 간성 군수는 부의(賻儀)도 아울러 보내왔고 양양 부사는 또한 제문(祭文)·만시(挽詩)를 지어 보냈다. 한양에 사는 사인(士人) 심연(沈演)이 일 때문에 이곳을 지나다가 들러 조문하였다.

---

40 협주: 백사공의 측실에서 난 딸의 남편으로 문과에 급제하였다. 군수(郡守)이다.

41 협주: 호는 수몽(守夢)이다. 관직은 참찬(參贊: 우참찬)에 이르렀다.

11일。

조대림(曺大臨)이 호서(湖西: 충청도)에서 와 상구(喪柩: 상여)를 맞이하였다.

낮이 되어서 풍전(豐田)에 도착하여 담군(擔軍: 상여꾼)을 교체하였고, 철원 부사(鐵原府使) 윤영현(尹英賢)이 제물을 들였으며, 수성 찰방(輸城察訪) 이확(李確)이 부임하러 가다가 들러 곡하였다.

저물녘이 되어서 양문참(楊門站: 梁文站의 오기)에 도착하였는데, 영평 현령(永平縣令) 조언범(趙彦範)이 제물을 들였다.

이태남(李泰男)[42]·백대기(白大琦)가 금화(金化)에 도착하였고, 이계남(李桂男)[43]·이탁남(李擢男)[44] 형제가 양문(楊門: 梁文의 오기)에 도착하였다.

여츤(旅櫬: 객사한 자의 棺)이 북쪽 지방에 있을 때에는 매번 길이 멀어 전진하기가 어려운 것이 걱정이었지만 오고 또 오다 보니 무사하여 곧 선산 가까이에 왔다. 유배 떠날 때에 행차를 전송했던 친척들이 갑작스럽게 최질(衰絰: 삼베옷)을 입고서 맞이하니, 만나는 일마다 비참하여 거의 마음을 가눌 수 없었다. 토산 수령 류부(柳敷: 이항복의 생질) 역시 왔다.

42 협주: 백사공의 5촌 조카로 관직은 현감(縣監)에 이르렀다.

43 협주: 백사공의 조카로 관직은 현령(縣令)에 이르렀다.

44 협주: 오산군(鰲山君)이다.

12일.

정랑(正郎) 이경직(李景稷)과 포천(抱川)의 여러 친족들이 모두 상여가 오는 도중에 맞이하여 곡하는 소리가 하늘에 사무치니, 길 지나가던 사람들도 역시 눈물을 흘렸다.

종수원(種樹院)에 도착해 상여를 멈추자, 포천 좌수(抱川座首) 홍사학(洪思學) 등이 제물을 들이고 슬프게 곡하였다.

미시(未時: 오후 2시 전후)가 되어 산소에 들어가니, 금양위(錦陽尉) 박미(朴瀰)[45]와 윤인옥(尹仁沃)[46]·권익경(權益慶) 등 모두 이미 산소에 도착해 있었다. 즉시 빈소에 안치하고 제사를 지냈는데, 동지(同知) 이성길(李成吉)이 와서 곡하였다.

13일.

오진(吳璡)이 부음을 듣고 나주(羅州)에서 도보로 왔으며, 조대익(曺大益)은 진주(晉州)에서 왔다.

상(喪)을 치르는 모든 도구는 한양에서 윤인옥(尹仁沃: 백사공의 사위)이 주관하였고, 산소는 이경하(李擎廈)[47]가 감독하면서 온갖 필요한 것들을 모두 대지 않는 것이 없었다. 송지(松脂: 松津)에 이르러서

---

45 협주: 표종손(表從孫: 이항복의 생질녀가 낳은 아들)으로서 백사공에게 수업을 받았다. 호는 분서(汾西)이다. 뒷날 백사공의 연보(年譜)와 가장(家狀)을 지었다.

46 협주: 백사공의 사위이다.

47 협주: 백사공의 재종손(再從孫)이다. 관직은 군수(郡守)에 이르렀다.

는 지사(知事) 장만(張晩)이 평소 백사공을 잘 아는 지방관에게 간편히 구했는데도 또한 이미 풍족하였다.

14일。

이전방(李傳芳)[48]이 한양에서 와 곡하였다. 전라 우수사(全羅右水使) 이계선(李繼先)이 북청(北靑)에 있는 백사공의 안부를 물으러 보내온 사람이 이곳에 도착하여 부음을 듣고 편지와 물품을 전달하지 못한 채 여기에 남겨두었다. 이런 일을 만나면 비통함이 더욱 심하다.

15일。

어제부터 큰 비가 내렸다. 연릉(延陵) 이호민(李好閔)이 아들 이경엄(李景嚴)을 보내 제문(祭文)을 전하고 제물을 올렸으며, 이유길(李有吉) 또한 와서 곡하였다.

16일。

장사지내는 일이 이미 촉박하였지만 무덤을 만드는 일이 아직 절반에도 이르지 못했는데, 빗줄기가 이와 같으니 걱정으로 답답한 마음을 견디기 어려웠다. 그나마 든든한 것은 이경하(李擎廈)가 비바람을 피하지 않고 주선해 일꾼을 모집하고 정한 날짜에 일을

48 협주: 백사공의 재종곤제(再從昆弟: 6촌간 형제)이다. 생원(生員)이다.

마치도록 재촉하는 것이었다.

파주 목사(坡州牧使: 楊州牧使의 오기인 듯) 류순무(柳舜懋)가 비를 무릅쓰고 와 제물을 올렸다.

17일。

경기 감사(京畿監司: 柳希亮)가 일꾼 100명을 뽑아 양주(楊州) 감영의 아전 함세운(咸世雲)을 시켜 압송하게 하였다.

18일。

양주(楊州) 땅으로 일꾼 4명을 보내어 석회(石灰)를 떠오도록 하였다.

19일。

양주(楊州)에서 보낸 일꾼 20명이 와서 보이자마자 석회를 운반하고 떼를 뜨도록 하였다.

박천 군수(博川郡守) 이익(李榏)이 편지를 보내어 백사공의 여러 자제들을 조문하고 부의(賻儀)도 보냈다.

20일。

상중(喪中: 이덕형의 졸년 1613)에 있는 이여규(李汝奎: 李如圭의 오기)와 이여황(李汝璜: 李如璜의 오기)[49]이 한양에서 와 곡하였다.

21일.

삭녕(朔寧)에서 온 일꾼 10명이 산역(山役: 산에서 무덤 파고 봉분 만드는 일)을 하러 갔다.

22일.

인의(引儀) 박신남(朴信男: 이항복 측실 소생 둘째아들의 장인)과 현예상(玄禮祥)·윤대경(尹大慶) 등이 한양에서 와 곡하였다.

23일.

상중(喪中: 아버지 具宬의 졸년 1618)에 있는 구인후(具仁垕)가 평구(平丘) 여막(廬幕)에서 와 곡하였다.

24일.

기백(畿伯: 경기도 관찰사) 류희량(柳希亮)이 와서 제물을 올렸다.

25일.

외관(外棺: 덧관)을 만드는 장인(匠人) 김화수(金花守)가 와서 비로소 만들기 시작하였는데, 외관의 두께가 세 치였다.

---

49 협주: 모두 한음(漢陰) 문익공(文翼公) 이덕형(李德馨)의 아들이다. 백사공과 한음은 벗을 사귀는 도리가 가장 각별하였다.

27일.

사토장(莎土匠: 무덤을 만드는 사람) 백곤(白鵾)이 비로소 무덤을 만들었다.

28일.

풀을 베고 상주(喪主)가 산지(山地)에 가서 묘역에 푯말을 세운 뒤 산신에게 고하는 의식을 거행하였다.

29일.

관이 들어갈 구덩이를 팠는데, 겨우 6자 정도 파니 둥근 거북이처럼 생긴 돌만 있었다. 이보다 먼저 백사공이 지관(地官: 풍수) 박상의(朴尙毅)로 하여금 이 산에 터를 잡아 묏자리를 잡도록 하고는 벽돌에 새겨 묻게 하였으니, 오늘날의 처지를 생각한 것이었다. 그러나 세월이 오래되고 수목들이 자라 산 모습을 바꾸어놓아 벽돌 묻은 곳을 찾지 못하여 다시 지관(地官) 오세준(吳世俊)을 불러 묏자리를 잡았으니, 진혈(眞穴: 백사공이 잡아둔 묏자리)을 찾지 못한 것이 한스럽다.

30일.

비로소 관을 묻을 구덩이 주위에 석회를 넣고 다졌다.

송사량(宋思梁)은 일찍이 노원(蘆原)에 오래 산 시골노인으로 나이가 70세에 가까운데 술과 과일을 가지고 와서 곡하였다.

8월

1일. 정사(丁巳).

관을 묻을 구덩이 주위에 석회를 다졌다.
신임(愼任)이 한양에서 와 제물을 올렸다.

3일.

이상(貳相: 右贊成) 이충(李冲)이 조옥건(趙玉乾)에게 제물을 보내어 대신 올리도록 하면서 또 만시(挽詩)를 지어 주었다. 이명준(李命俊)[50]이 멀리 영남(嶺南)으로 유배 갔기 때문에 그의 아들 이현기(李顯基: 이명준의 장남)로 하여금 제문을 지어서 올리도록 하였다. 판서(判書) 신흠(申欽)·동지(同知) 이귀(李貴)[51]도 또한 유배지에서 아들을 보내어 제문을 올리도록 하니, 동양(東陽) 신익성(申翊聖)[52]·이돈시(李敦詩: 이시백의 字) 또한 각기 제문을 올렸다. 천안 군수(天安郡守) 이유간(李惟侃)·첨지(僉知) 심륜(沈崙: 沈惀의 오기인 듯)·권익경(權益慶: 이항복의 장인인 權慄의 양자)·정(正: 예빈시 정) 이현영(李顯英)[53]·금양위(錦

---

50 협주: 백사공의 문인(門人)이다. 관직은 참판(參判)에 이르렀다. 호는 잠와(潛窩)이다. 정사년(1617)에 유배지에 있으면서 백사공이 삼수(三水)로 유배 간다는 소식을 듣고 유배지를 바꾸라는 상소를 올리려고 했으나, 유배지가 이미 북청으로 바뀌었기 때문에 끝내 올리지 않았다.

51 협주: 관직은 연평부원군(延平府院君)에 이르렀다. 시호는 충정공(忠定公)이다.

52 협주: 즉 동양위(東陽尉)로 익성(翼聖)이다.

53 협주: 관직은 판서(判書)에 이르렀다. 호는 창곡(蒼谷)이다.

陽尉) 박미(朴瀰)·정랑(正郎) 이경직(李景稷)·한림(翰林) 장유(張維)[54]·좌랑(佐郎) 이명한(李明漢)[55]·진사(進士) 이소한(李昭漢)[56]이 각기 제문을 가지고 와서 올렸다. 평사(評事) 최유해(崔有海)[57]·동지(同知) 이상길(李尙吉)·이중기(李重基)·이석기(李碩基)·신삼준(愼三俊)·이홍기(李弘基)·류충걸(柳忠傑)·첨지(僉知) 한여직(韓汝溭)·정랑(正郎) 권첩(權怗)·권흡(權恰)·신량(申湸)·박황(朴潢)·심창(沈昶)·박순(朴遷)·정두경(鄭斗卿)[58]·권숙(權鷫)·최연(崔渷)·평사(評事) 이배원(李培元)·최정(崔棖)·권주(權霔)는 모두 멀리서 와 곡하였는데, 대개 장사(葬事)에 참여하기 위해서 온 것이다.

4일。경신(庚申)。

관(棺)을 광중(壙中)에 내렸으니, 이로부터 이승과 저승으로 영원히 갈리는 것이다. 하늘이 무너지는 슬픔을 이루다 말할 수 있으랴. 무덤의 깊이는 9자인데 , 그 아래에 석회 1자를 깔아 외관(外棺: 덧관)을 안정시키고 그 이외에는 송지(松脂: 송진)를 태워 깔아서 넓이를 5치로 하여 관(棺)과 평평하게 하였으며, 외관 덮개 위에만 송지

---

54 협주: 호는 계곡(谿谷)이다. 관직은 우의정과 신풍부원군(新豐府院君)에 이르렀다. 뒷날 백사공의 행장(行狀)을 지었다.

55 협주: 관직은 판서(判書)에 이르렀다. 호는 백주(白洲)이다.

56 협주: 관직은 참판(參判)에 이르렀다. 호는 현주(玄洲)이다.

57 협주: 창곡(蒼谷) 이하는 모두 백사공의 문하(門下)이다.

58 협주: 백사공에게 수학하였다. 관직은 참판(參判)에 이르렀다. 호는 동명(東溟)이다.

532근을 썼고 체로 거른 가는 석회 320섬을 땅을 평평히 하는 데에만 썼다. 명정(銘旌)은 비를 무릅쓰고 먼 곳에서 와 색이 바랬기 때문에 동지(同知) 김류(金瑬)에게 다시 쓰도록 해서 묻었으며, 금양위(錦陽尉: 박미)가 신주(神主)를 썼다. 신시(申時: 오후 4시 전후)에 장례가 끝났음을 알리고, 저녁에 초우제(初虞祭)를 지냈다.

5일。

비 때문에 반혼(返魂: 신주를 모셔 오는 일)을 할 수가 없어서 재우제(再虞祭)를 지냈다. 장례에 참석했던 손님들이 모두 돌아갔지만, 이경직(李景稷)·이시백(李時白)·최욱(崔煜)[59]·조대익(曹大益)은 머물면서 반혼하기를 기다렸다.

6일。아침에는 비, 저녁에는 갬。

반혼(返魂)을 동강(東岡: 망우리 소재)으로 하였다. 반혼할 장소를 처음 논의할 때는 여러 사람들의 의견이 하나로 정해지지 않자, 상주(喪主)가 말했다.

"선군(先君: 이항복)께서는 평소 도성 안을 좋아하지 않으셔서 만년에 동강(東岡)에다 터를 잡으시고 고요함을 지극히 사랑하셨습니다. 매번 이곳에서 노래도 하고 통곡도 할 만한 것으로 생각하셨

59 협주: 백사공의 손녀사위이다. 문과에 급제하였다. 관직은 장령(掌令)에 이르렀다.

으며, 장차 임종할 땅으로 여기셨습니다. 불행히 유배를 가셨어도 한결같은 생각은 여전히 동강에서 떠나지 않으셨고, 말씀하시는 동안에도 매번 옛날 살던 곳의 그리움이 묻어났습니다. 살아계셨을 때의 뜻을 본받고 따라 선친께서 좋아하시던 집으로 반혼하는 것이 인정상 맞을 것입니다."

그래서 마침내 동강으로 반혼한 것이니, 후손 가운데 선생과 어른들은 대부분 상주(喪主)의 뜻으로 득의(得宜)를 삼았다.

7일。

삼우제(三虞祭)를 지냈다. 우연히 백사공이 남긴 서적을 펼치다가 조그마한 종이를 발견했는데, 곧 박상의(朴尙毅)가 산에 대해 말한 것을 기록한 것이었다. 그것은 산세의 기복을 꼼꼼하게 따진 것으로 역시 오세준(吳世俊)이 묏자리를 정한 것과 똑같은데다, 또한 그 조그마한 종이에 무덤자리가 6자이고 자란석(紫卵石)이 있다고 하였으니 무덤혈도 역시 진혈(眞穴)이었다. 술법(術法: 풍수)이 비록 미천한 일이라 하더라도 땅속에 있는 보이지 않는 것을 능히 아는 것이니 어찌 사람을 현혹시키지 않겠는가. 장사(葬事)를 박상의와 서로 모의하여 한 것이 아닌데도 때마침 조금도 차이가 없었으니, 오세준도 역시 용렬한 지사(地師)는 아니다.

불행하게도 변고가 유배지에서 생겼는데, 북청 지역은 황폐하고 고달픈데다 먼 지방 사람들이 무지하였으며, 또 벼슬하고 있는 자들은 대부분 무인(武人)이었다. 처음에는 장례를 치를 도구가 없는데도 기댈 곳이 없어 염려하였지만, 부음(訃音)이 일단 전해지자 남북의 아주 먼 변경에서 권관(權管: 종9품의 무관)과 같은 수호장(守護將)에서부터 점차로 수령들까지 다투어 부의(賻儀)를 보내지 않는 이가 없었으니, 안변(安邊)에서 부의로 보낸 베가 이미 20동(同: 피륙 1000필)에 이를 정도로 많다. 그 사람들이 백사공을 늘 우러러 그리워하는 것을 또한 여기에서 알 수 있다. 장례를 치른 후에 알지 못하는 선비 한 사람이 혼자 말을 타고 단출한 차림으로 띠 풀을 깔고서 조촐한 제수를 차려 무덤 앞에 와서 곡하고는 단지 시문(詩文) 한 장만 남겨둔 채로 상주(喪主)도 보지 않고 갔다.[60]

상주(尙州) 사인(士人) 정이홍(鄭以弘) 등 10여 명이 평소 백사공을 알지 못하는데도 각기 부의(賻儀)를 보냈고, 또 무인(武人) 김시약(金是若)이 멀리 진주(晉州)에서 제물을 가져와서 올리고 갔으니, 이러한 것은 모두 근래에 들어보지도 못한 일이었다.

그 후로 북청의 인사(人士)들이 백사공의 덕행과 의리를 추모하

---

60 협주: 백사공의 증손자 이세필(李世弼)이 갑인년(1674) 겨울에 사학(四學)에서 상소를 올린 우두머리가 되어 죄를 입고 영광(靈光)에서 귀양살이를 하였다. 사인(士人) 최하석(崔河錫)이란 자가 영암(靈巖)에서 찾아와 말했다.

"저의 조부의 이름은 정(珽)으로 관직은 재랑(齋郎)에 이르렀지만 벼슬살이에 뜻을 접었습니다. 백사 선생과는 평소에 얼굴이나 알 정도로 사귄 교분조차 없었지만, 북청(北靑)에서 반혼하여 장례 치른 후에 조촐한 제수를 가지고 가서 묘앞에 곡하고는 주인을 보지 않고 그냥 떠났다고 하였습니다."

비로소 조촐한 제물을 올리고 묘에 곡한 사람이 바로 최정(崔珽)임을 알게 되었다.

기 위하여 성 밖에 있는 노덕사(老德社)에 서원을 창건하고 사우(祠宇)를 세워 오로지 백사공을 향사(享祀)하였는데, 해마다 봄가을로 제사지내는 것이 조금도 쇠하지 않았으며 노덕서원(老德書院)이라 불렀다.

【미주】

정공(鄭公)의 이름은 충신(忠信)이고, 자는 가행(可行)이다. 무과(武科)에 급제하여 관직은 평안도 병마절도사(平安道 兵馬節度使)와 부원수(副元帥: 정묘호란 당시)에 이르렀다. 이괄(李适)의 난을 토벌해서 평정한 공으로 진무공신(振武功臣) 1등에 녹훈되고 금남군(錦南君)에 봉해졌다. 만력(萬曆) 병자년(1576)에 태어나서 숭정(崇禎) 병자년(1636)에 죽었으며, 시호는 충무(忠武)이다. 정공(鄭公)에게 아들 정례(鄭砅)가 있어서 이어받아 금평군(錦平君)에 봉해졌다.

정공(鄭公)은 본래 광주(光州) 정병(正兵)에 소속되어 있었으며, 임진왜란 때는 나이가 17세이었다. 도원수(都元帥) 장렬공(莊烈公) 권율(權慄)이 인물을 구하였으니 행조(行朝: 임시 조정)에 달려가서 임금을 문후할 수 있는 자였는데, 정공(鄭公)이 스스로 떨쳐 가기를 청하여 장계(狀啓)를 가지고서 왜군의 적진을 뚫고 의주(義州)로 들어갔다.

이때 증조부 문충공(文忠公: 이항복의 시호)이 바야흐로 병조 판서(兵曹判書)로 있었는데, 한번 보고서도 그가 뛰어난 인재임을 알아보고 불러서 옆에 두어 입혀주고 먹여주었다. 글을 배우도록 가르치니 선진(先秦) 시대의 고문(古文)을 능히 읽을 수 있었고, 문하(門下)의 명사(名士)들과 두루 사귀었으니 연양(延陽: 이시백)·신풍(新豐: 장유)·완성(完城: 최명길) 등도 모두 같은 또래로 여기고 사람의 지위를 고려하지 않았다.

무오년(1618)에 문충공을 모시고 북청(北靑)의 유배지에 따라가서 〈북천일기(北遷日記)〉을 지었다. 문충공이 돌아가시자, 문충공을 위해 심상(心喪) 3년을 입었다.

문충공이 일찍이 말한 적이 있었다.

"책을 끼고 있으면 한 시대의 고사(高士: 절조 있는 인물)가 되는데 해가 되지 않을 것이다."

그 뒤에 정공(鄭公)은 사신이 되어 건주(建州)에 들어가 오랑캐의 정세를 살피게 되었는데, 그 오랑캐 추장이 시험하고자 한 방에 유폐시켜서 그를 굶주리게 하자 밤새도록 책을 외우는데 소리가 낭랑하였으니 바로 좌전(左傳)이었다.

보하 첨사(甫下僉使: 甫乙下僉使의 오기)였을 때 절구시(絕句詩)를 지었으니, 이러하다.

천년 지난 흔적엔 간간이새 날아들고	千年往迹鳥飛間
문숙공의 비에는 푸른 이끼만 끼었네.	文肅公碑碧蘇斑
우습구나, 옥문관으로 돌아온 반정원후여	可笑玉門班定遠
얼마나 많이 고생하며 살아오길 바랐던가.	幾多辛苦乞生還

그의 시를 읽으면 그의 기개를 미루어 헤아릴 수 있다. 사람이 키가 작지만 두 눈동자는 번뜩이고 광채가 빛을 발하였다고 한다.

만력 정사년 광해군이 모후를 폐위할 때 백사 이문충공이 올린 헌의 친필 초고
萬曆丁巳光海將廢母后時, 白沙李文忠公獻議手草

신(臣)은 8월 9일에 다시 중풍(中風)을 얻어 몸은 비록 죽지 않았으나 정력은 이미 쇠했사옵니다. 하늘을 쳐다보고 구름을 바라보면서 죽을 것을 알고 스스로 영결(永訣)한 지 지금 거의 반년이나 되었는데도 아직 병석에 있습니다. 무릇 공적인 일에 관해서는 형편이 우러러 대답하기가 어렵사오나, 이 일은 국가의 대사이온지라 남은 목숨이 미처 끊어지지 않았는데 어찌 감히 병으로 핑계를 삼아서 잠자코만 있겠나이까? 누가 전하를 위하여 이런 계교를 획책했는지 모르겠사옵니다. 임금 앞에서 요순(堯舜)의 도가 아니면 진달하지 않는 것이 옛날부터 내려오는 올바른 가르침입니다. 순(舜)임금은 불행하게도 완악한 아비와 어리석은 어미가 항상 순임금을 죽이고자 하였는데, 우물을 파도록 하고는 흙으로 덮어버리거나 곳간을 수리하도록 하고는 불을 질러버리거나 하였으니 위중한 상태가 극에 달하였습니다. 그래도 순임금은 울부짖으면서 자신을 원망하고 부모를 사모할 뿐, 부모에게 옳지 않은 점이 있다고는 보려고 하지 않았습니다. 진실로 아비가 설사 사랑하지 않더라도 자식은 효도하지 않을 수 없는 것이기 때문에 《춘추(春秋)》의 의리에는 자식이 어미를 원수로 대한다는 뜻이 없습니다. 하물며 공급(孔伋: 공자의 손자 子思)의 아내 된 이는 백(白: 공급의 아들 이름)의 어미가 된다 하였으니, 참된 효도의 중한 것이 어찌 친모와 계모의 차이에 있겠습니까? 이제 효로써 나라를 다스려야 온 나라의 안이 점차 교화되어 가는 가망이 있을진대, 이러한 말을 어찌하여 전하의 귀에까지 이르게 한단 말입니까? 지금 하셔야 할 도리는 순임금의 덕을 본받아 효로써 화합하여 차츰차츰 다스려 나가면서 대비의 노여움을 돌려 자애롭게 하는 것이옵니다. 어리석은 신(臣)이 바라는 것이옵니다. 삼가 상께서 재결하소서.

북천일록을 판각하는 발문

옛적 만력(萬曆) 정사년(1617)에 증조부 백사(白沙) 문충공(文忠公: 이항복의 시호)이 광해조(光海朝)의 혼란한 정국이었을 때 모후(母后: 인목대비)를 원수로 삼아서는 안 된다고 하면서 춘추대의(春秋大義)를 밝혔다가 무오년(1618)에 유배를 가서 북청(北靑)에서 세상을 떠났다. 금남군(錦南君) 정충신(鄭忠信)은 문하의 선비로서 실로 채찍을 쥐고 수레를 몰아 산 넘고 물 건너 험한 길을 가서는 끝내 조금도 게으르지 않았으며 마침내 심상을 입었으니, 그가 한 일에 의거하여 상고하면 거의 옛날 열사(烈士)의 무리에 가깝다. 그가 엮은 〈북천일록(北遷日錄)〉이 있는데, 문충공이 귀양살이를 했을 때의 일을 자못 상세히 기록하였다. 그 후로 57년(67년의 오기)이 지난 을축년(1685)에 정래상(鄭來祥)이 북청 판관(北靑判官)으로 있으면서 문충공의 풍모를 사모하여 장차 〈북천록(北遷錄)〉을 간행하려고 하였는데, 방백(方伯: 함경도 관찰사) 이수언(李秀彦)이 이를 듣고서 기뻐하며 즉시 공인(工人)들을 모아 돕게 하였다. 이세귀(李世龜)가 이에 감히 조금 정돈하고 북천일록 원문 사이에 나누어 주(註)를 붙여서 정공(鄭公)의 행적 전말을 대략이나마 볼 수 있게 하고, 또 〈정사수의수초(丁巳收議手草)〉를 새겨 덧붙이도록 그 판목(板木)을 노덕서원(老德書院)에 보관하게 하였다.

아아, 이세귀가 이 〈북천일록〉에 대해서 또 감회가 있다. 옛날 정자(程子) 문하의 여러 제자들이 정자의 말씀을 기록하였는데, 정자는 자신의 마음을 이해하지 못하고 단지 그 뜻만을 기억한 것으로 여겼다고 하였으니, 군자의 말과 행동을 간략하게 기록하기가 이처럼 어려운 것이다. 이 편집본을 가만히 보건대, 즐기며 웃는 것에는 상세하나 훈계하며 말하는 것에는 소략하였고, 중요한 일에는 소략하나 자잘한 일에는 세밀하였는데, 일찍이 정공(鄭公)의 재주와 식견이 비록 출중하게 뛰어났을지라도 군대에서 몸을 떨쳐 일으켰으니, 처음에는 선비 집안의 출신 부류가 아니었기 때문에 자세히 살펴서 신중히 쓰는 것이 잘하는 바가 아니라서 그런 것이리라. 그렇다면 이 북천일록은 과연 문충공의 마음을 이해한 것이라고 생각할 수 있겠는가? 문충공의 마음을 이해하지 못하고 그 뜻만을 기록했다면 어찌 착오가 없다고 보장할 수 있으랴. 또한 어떻게 증거를 대어서 후손들에게 보일 수 있겠는가.

아아, 문충공의 세상은 이미 멀어졌으나 의리는 더욱 빛나니 그의 덕을 우러러보는 자가 더욱 많아져 시골의 아낙네와 어린이까지도 오히려 문충공의 언행 가운데 일단을 능히 말로 전할 정도였으나, 더러는 이리저리 전해지다가 이치에 닿지 않는 것을 억지로 끌어다 붙여서 문충공의 진면목을 잃은 것도 또한 있다. 그러나 덕을 숭상하는 선비들은 오히려 매우 감격하여 칭찬하며 감탄하기를 스스로 그칠 수 없었다. 더구나 이 북천일록에 대해서 비록 유감이 없을 수 없지만, 요체는 인륜을 지키려는 큰 절개와 임금을 사랑하는 충성스러운 분개로 삼강오륜의 소중함을 증대시킨 것에 있으니, 진실로 해와 별처럼 천하에 밝게 내걸어서 산 넘고 물 건너는 길가의 인심과 물정 및 자잘한 부류들에 이르기까지 자세하게 다 갖추었고 또한 세태 변화의 추이를 자세히 살펴 천리(天理: 도덕법칙)가 떳떳한 본성에 뿌리를 두고 있음을 알게 하여 끝내 한때의 화복(禍福)으로 사람의 입을 막아서 죽이고 없앨 수가 없다는 것이었다.

후세에 보는 사람이 어찌 여기에서 개탄하고 흥기함이 없이 그 충의가 절절한 마음에 감동하여 분발하지 않겠는가? 나는 천년 뒤에도 반드시 책을 덮고 눈물을 흘리는 사람이 있을 것임을 안다. 그 또한 세상의 교화에 보탬이 되는 것이 있는데도 세상에 전하지 않으면 아니 될 것이다. 이 북천일록은 한 집안의 사사로운 말이 아니니, 마침내 그 후지(後識)를 쓴다.

숭정(崇禎) 후 을축년(1685) 5월 하순

월성(月城) 이세귀(李世龜)가 절하고 삼가 쓰다.

발문
跋

이상은 금남(錦南) 정충신(鄭忠信)이 기록한 〈백사선생북천록(白沙先生北遷錄)〉 1책이다. 백사 선생의 증손자 이세귀(李世龜)가 교열(校閱)하고 정정(訂正)한 데다 〈정사헌의(丁巳獻議)〉 및 금남이 행한 일의 전말을 덧붙였기 때문에 이 〈백사선생북천록〉은 비로소 완전한 책이 되어 유구한 후세에까지 전할 수 있게 되었다.

백사 선생은 모후(母后: 인목대비)가 장차 폐위될 것을 애통히 여기고 발분하여 헌의(獻議: 의견을 올림)했다가, 정사년(1617) 12월에 북청(北靑)으로 유배를 가서 이듬해 5월에 세상을 떠나고, 그해 8월에 포천(抱川)의 선영 옆으로 운구되어 장사를 지냈다. 금남은 백사 선생의 문하 선비로서 백사선생이 귀양살이를 가는 생사의 갈림길에서부터 따라가 힘들고 어려움을 무릅쓰고 주선하며 처음부터 끝까지 곁을 떠나지 않았고, 백사 선생을 위하여 부모상처럼 3년상을 입었다. 처음 귀양살이를 떠날 때부터 장례를 마칠 때까지 내내 몇 달 동안에 있었던 일들을 자세히 살피고 상세히 기록하였다. 크게는 한때의 세태변화에 대한 전체적인 요점 및 백사 선생이 지녔던 충의의 큰 도리에서부터 말이나 행동에서 즐기며 웃는 사소한 것과 세상인심이 후하게 대하고 박하게 대하는 것에 이르기까지 자세하게 남김없이 모두 기록하였다. 그런데 가령 산 넘고 물 건너는 길이 험하여 언덕과 습지를 포복한 것은 가슴을 아프게 해서 눈물을 훔치는 자가 있게 할 만하니, 참으로 고심하고 정성을 기울여 백사공의 의리를 사모하는 마음이 무궁하였던 것이리라.

아아, 백사 선생의 큰 절개가 우주에 환히 드러난 것은 당초 헌의(獻議) 1편에 담겨 있었으니 진실로 이 북천일록이 필요가 없을 듯하지만, 백대의 먼 훗날에 백사 선생의 풍모를 들으려는 자가 눈으로 직접 뵙는 듯하고 몸으로 직접 겪는 듯해 백사 선생의 가르치는 말씀을 직접 듣는 듯해서 경모하는 마음이 일어 목메어 우는 것을 그치지 못한다면 이 북천일록이 도움 되는 바가 없다고 할 수 없을 것이니, 어찌 그대로 사라져 전하지지 않도록 하겠는가? 그 기록한 바가 더러는 자질구레한 데다 상스럽고 속된 것에서 벗어나지 못하는데 이르니 마치 백사 선생의 뜻이 아닌 듯한 것은 보는 자가 마땅히 스스로 변별해야 할 것이라서 함께 두는 것도 해롭지 않을 것이다.

때는 병인년(1686) 초여름

정헌대부 이조판서 겸 홍문관대제학 예문관대제학 지성균사

완산 이민서가 발문을 쓰다.

북천일록

—

원문과 주석

北遷日錄 序

昔我宣廟[1]中興時，則有元功大臣，曰白沙先生李公恒福[2]，字子常。逮光海[3]不辟[4]，將廢母后[5]，公獻議[6]守正，謫于關北，歿于

---

1 宣廟(선묘): 宣祖. 조선 제14대 왕(재위 1567~1608). 어렸을 때의 이름은 李鈞이었으나 후에 李昖으로 바꾸었다. 시호는 昭敬이다. 처음에는 많은 인재를 등용하여 국정 쇄신에 노력했고 여러 典籍을 간행해 유학을 장려했다. 후에 정치인들의 분열로 당파가 나타나 당쟁 속에 정치기강이 무너져 혼란을 겪었다. 재위 후반에 왜군의 침입(임진왜란 1592~1598)과 건주야인(여진족)의 침입도 받았다.

2 李公恒福(이공항복): 李恒福(1556~1618). 본관은 慶州, 자는 子常, 호는 弼雲·白沙. 임진왜란 때 선조를 따라 의주로 갔고, 명나라 군대의 파견을 요청하는 한편 근위병을 모집하는데 주력했다. 1598년 陳奏使로 명나라를 다녀왔다. 1602년 鰲城府院君에 진봉되었다. 1617년 仁穆大妃金氏가 西宮(경운궁, 곧 덕수궁)에 유폐되고, 이어 폐위해 평민으로 만들자는 주장에 맞서 싸우다가 1618년에 관작이 삭탈되고 함경도 북청으로 유배되어 그곳에서 세상을 떠났다. 죽은 해에 관작이 회복되고 이 해 8월 고향 포천에 예장되었다.

3 光海(광해): 光海君. 조선의 제15대 왕(재위 1608~1623). 이름은 李琿. 宣祖의 둘째 아들로 어머니는 恭嬪金氏이다. 임진왜란 이후 부국강병의 기틀을 다졌다. 하지만 仁祖反正으로 폐위되었다.

4 不辟(불벽): 임금답지 못함. 《書經》〈商書·太甲上〉에 이르기를 "임금이 임금답지 못하면, 너의 선조를 욕되게 할 것이다.(辟不辟, 忝厥祖.)"에서 나오는 말이다.

5 母后(모후): 仁穆大妃를 일컬음. 조선 제14대 왕 宣祖의 계비. 19세에 왕비가 되었으며 永昌大君을 낳았다. 광해군이 즉위하자 아들 영창대군과 부친 金悌南이 사사되고 폐서인되었다. 仁祖反正으로 복권되었다. 1608년 광해군이 즉위하자 광해군 대신 영창대군을 왕으로 추대하려던 小北의 柳永慶 일파가 몰락하고 大北의 鄭仁弘·李爾瞻 등이 득세하였다. 정인홍을 중심으로 인목대비의 廢母論이 주창되었다.

6 獻議(헌의): 신하들이 政事에 관한 의견들을 논의하여 그 결과를 임금에게 올림. 議는 사물의 이치와 올바른 방향을 밝히는 글로 간결하고 명확한 한문문체이다. 옛날의 옳은 사례를 이끌다가 오늘의 잘못을 밝히고, 근원을 따져서 말류의 잘못을 바로잡을

配所。其前相從於生行死歸之際者，乃錦南君鄭忠信[7]可行也。

悉記其跋涉之勞，羈管[8]之苦，疾病之厄，死喪之戚，以遺後觀。噫! 今觀其所記，直以憤懣悲哀之意，隨遇而直書之耳。非有暇於言語之妙·文章之美，而所以增夫天常民彝之重，使人感發而興起者，一何多也? 母子之倫，君臣之義，固其大者。至若人品之邪正，世道之升降，無常之物態，不泯之公議，死而有榮耀，生而爲羞辱，人倫藻鑑[9]之明，知遇許與之報，無不一備於是書，後之君子觀於此，亦可知量時而處己者矣。人之所貴乎書，爲此而已。雖先生大人， 著爲世訓者， 要不出此。詎可與韎韐者[10]流競病之語[11]，同類而共評之哉?

余聞，宣祖大王播越[12]龍灣[13]也，將欲渡江而內附[14]，問群臣之

수도 있다. 번거로운 논리보다 분명한 사리로 펴내야 한다.

7 鄭忠信(정충신, 1576~1636): 본관 錦城, 자는 可行, 호는 晩雲. 임진왜란 때 權慄 휘하에서 종군했고 만포첨사로 국경을 수비했다. 李适의 난 때 黃州, 서울 鞍峴에서 싸워 이겼고 정묘호란 때 부원수가 되고 조정에서 후금과 단교하려는 데 반대해 유배되었다.

8 羈管(기관): 구류하여 양육함. 구금함.

9 藻鑑(조감): 사람을 겉만 보고도 그 인격을 알아보는 식견.

10 韎韐者(매겹자): 무관을 일컫는 말. 韎韐은 검붉은 빛의 가죽으로 만든 무릎가리개이다.

11 競病之語(경병지어): 險韻을 가지고 시를 짓는 것을 말함. 梁나라 曹景宗이 凱還할 때에 梁武帝가 잔치를 베풀고 聯句를 시험했던바, 험운인 경병 두 자만 남았을 때 조경종이 최후로 참여하여 바로 지어 쓰기를, "떠날 땐 아녀들이 슬퍼하더니, 돌아오매 피리와 북 다투어 울리네. 길가는 사람에게 묻노니, 곽거병 그 사람과 과연 어떤고?(去時兒女悲, 歸來笳鼓競. 借問行路人, 何如霍去病?)" 한 데서 온 말이다.

12 播越(파월): 임금이 난을 피하기 위해 도성을 떠나 다른 곳으로 피란함.

13 龍灣(용만): 평안북도 의주의 옛 이름.

願從者，則唯公請以身執羈靮[15]。及公之竄北也，唯錦南相隨不去，經紀[16]其生死。嗟乎！公自能竭其忠於君父，所以食其報於錦南。詩不云乎？“唯其有之，是以似之.”[17] 信然哉。

且余於此，又有感焉。古之居輔相[18]之職者，必以知人爲先。晉之管庫，唯趙文子[19]知之，擧之爲大夫，漢之亡虜[20]，唯蕭相國[21]知之，薦之爲大將，此其明鑑透識，自得於天。夫豈有方術之可傳，學習之可能哉？錦南以光州之一賤士，當丱角之年，穿賊中達行在[22]，公乃能得之於擧目俄頃之間，敎訓成就，終爲國器。不但得其力於一身之窮途，又能滅滔天之賊，成重恢之烈，

---

14 內附(내부): 귀순함. 망명함. 한 나라가 다른 나라 안으로 들어가 붙다는 뜻이다.

15 執羈靮(집기적): 말의 굴레와 고삐를 잡음. 임금을 호종하겠다는 뜻이다.

16 經紀(경기): 뒷바라지를 해줌. 돌봄.

17 唯其有之, 是以似之(유기유지, 시이사지): 《詩經》〈小雅·裳裳者華〉에 나오는 말.

18 輔相(보상): 국왕을 도와서 나라를 다스리는 일을 하는 재상을 지칭함.

19 趙文子(조문자): 춘추시대 晉나라 大夫. 이름은 武. 趙孟이라고도 한다. 《禮記》〈檀弓下〉의 “晉나라 사람들은 문자가 사람을 볼 줄 안다고 여겼다. …(중략)…晉나라에서 천거한 인재 중에는 신분이 천한 관고가 70여 명이나 있었다. 그러나 살아서는 그들과 이익을 주고받지 않았으며, 죽을 때에는 아들을 그들에게 부탁하지 않았다.(晉人謂文子知人…(중략)…所擧於晉國, 管庫之士七十有餘家. 生不交利, 死不屬其子焉.)”고 하였다.

20 亡虜(망로): 韓信을 가리킴. 漢나라 초의 무장. 楚나라의 項梁과 項羽를 섬겼으나 중용되지 않자 漢나라로 도망을 왔는데, 蕭何가 劉邦에게 천거하여 대장군에 임명되었다.

21 蕭相國(소상국): 蕭何. 중국 前漢 때 高祖 劉邦의 재상. 한나라 유방과 초나라 항우의 싸움에서는 關中에 머물러 있으면서 고조를 위하여 양식과 군병의 보급을 확보하기도 했다. 韓信, 張良과 더불어 三傑이라 하였다.

22 穿賊中達行在(천적중달행재): 정충신이 17살에 행재소로 간 사실은 崔昌大의 〈鄭將軍忠信傳〉과 洪良浩의 〈鄭忠信傳〉에 자세함. 졸역, 『후금 요양성 정탐서』(보고사, 2020)가 참고 된다.

爲世干城[23], 社稷是賴。今之無此眼目, 而當國大任者, 雖或有區區願忠之志, 其於以人事君[24]也, 何以哉? 噫!

時崇禎紀元後四十二年丙寅。

大匡輔國崇祿大夫。議政府左議政。兼領經筵事監春秋館事。

南九萬[25]書。

23 干城(간성): 방패와 성. 나라를 지키는 군대나 인물을 이르는 말이다.

24 以人事君(이인사군): 《書傳》<周官>의 주석에 "옛적 대신은 사람을 천거함으로써 임금을 섬겼다.(古者大臣, 以人事君.)"에서 나오는 말.

25 南九萬(남구만, 1629~1711): 본관은 宜寧, 자는 雲路, 호는 藥泉·美齋. 1660년 이조정랑에 제수됐고, 이어 집의·응교·사인·승지·대사간·이조참의·대사성을 거쳐, 1668년 안변부사·전라도관찰사를 역임했다. 숙종 초 대사성·형조판서를 거쳐 1679년 좌윤이 되었으며, 같은 해 尹鑴·許堅 등의 방자함을 탄핵하다가 南海로 유배되었다. 이듬해 庚申大黜陟으로 남인이 실각하자 도승지·부제학·대사간 등을 역임했으며, 1680년과 1683년 두 차례 대제학에 올랐다. 1684년 우의정, 이듬해 좌의정, 1687년 영의정에 올랐다. 이즈음 宋時烈의 훈척비호를 공격하는 소장파를 주도해 少論의 영수로 지목되었다. 1689년 기사환국으로 남인이 득세하자 강릉에 유배되었으나 이듬해 풀려났다. 1694년 甲戌獄事로 다시 영의정에 기용되고, 1696년 영중추부사가 되었다.

白沙先生北遷日錄

錦南鄭忠信可行撰。

皇明萬曆四十五年丁巳【卽光海君九年也.】

十一月

一日。壬戌。

自癸丑[1]以後, 時人主金墉[2]事, 事已逼迫。右參贊[3]筠[4], 使金闓[5]

---

1 癸丑(계축): 癸丑獄事. 1613년 大北派가 永昌大君 및 반대파 세력을 제거하기 위하여 일으킨 옥사. 1608년 선조가 죽고 광해군이 즉위하자, 鄭仁弘·李爾瞻 등 대북파는 선조의 嫡子이며 광해군의 이복동생인 永昌大君을 왕으로 옹립하고 반역을 도모하였다는 구실로 小北派) 우두머리이며 당시 영의정이었던 柳永慶을 賜死하는 등 소북파를 몰아낸 사건이다. 대북파에서는 계속하여 선조의 繼妃이며 영창대군의 생모인 仁穆大妃와 그의 친정아버지 金悌男을 몰아낼 궁리를 하고 있었는데, 때마침 鳥嶺에서 銀商人을 죽인 이른바 朴應犀의 옥사가 일어났다. 범인 일당은 영의정을 지낸 朴淳의 서자 應犀, 沈銓의 서자 友英, 목사를 지낸 徐益의 서자 洋甲, 平難功臣 朴忠侃의 서자 致毅, 북병사를 지낸 李濟臣의 서자 耕俊, 朴有良의 서자 致仁, 서얼 許弘仁 등이었다. 모두 조정 고관의 서얼들로서 출세의 길이 막힌 데 불평을 품고 온갖 악행을 자행하다가 그 사건을 일으킨 것이다. 대북파는 이들을 문초할 때 김제남과 반역을 도모하였다고 허위 자백케 하여 김제남을 죽였고 영창대군을 庶人으로 만들어 강화도에 유배하였는데, 후에 江華府使 鄭沆으로 하여금 그를 燒死하게 하였다.

2 金墉(금용): 城의 이름이나, 폐위되어 쫓겨나는 것을 말함. 晉나라 司馬師가 魏主 曹芳을 폐한 뒤 이곳으로 옮겼고, 진나라 楊后와 愍懷太子가 賈后가 폐위됨에 미쳐 이곳에 유폐되었으며, 趙王倫이 惠帝를 폐위하여 찬탈한 뒤 이곳에 거하게 하였다. 인목대비

·李茳[6], 誘聚湖嶺無賴之徒, 僞若儒生者, 自家供給, 相繼投疏。

是月八日。

幼學尹惟謙[7]首疏, 以擧義杜亂萌事, 呈政院。繼有幼學鄭晩,

는 1618년 西宮에 유폐된다.

3 右參贊(우참찬): 左參贊의 오기. 허균은 1617년 12월이 左參贊이 되었다.

4 筠(균): 許筠(1569~1618). 본관은 陽川, 자는 端甫, 호는 蛟山·鶴山·惺所·白月居士. 아버지는 徐敬德의 문인으로서 학자·문장가로 이름이 높았던 同知中樞府事 許曄이다. 임진왜란 직전 일본통신사의 서장관으로 일본에 다녀온 許筬이 이복형이다. 문장으로 이름 높았던 許篈과 許蘭雪軒과 형제이다. 허균은 1613년 癸丑獄事에 평소 친교가 있던 서류출신의 徐羊甲·沈友英이 처형당하자 신변의 안전을 도모하기 위하여 李爾瞻에게 아부해 大北에 참여했다. 1617년 좌참찬이 됐다. 폐모론을 주장하다가 폐모를 반대하던 영의정 奇自獻과 사이가 벌어졌고 기자헌은 吉州로 유배를 가게 됐다. 그 아들 奇俊格이 아버지를 구하기 위하여 허균의 죄상을 폭로하는 상소를 올리니 허균도 상소를 올려 변명했다. 1618년 8월 남대문에 격문을 붙인 사건이 일어났다. 허균의 심복 玄應旻이 붙였다는 것이 탄로 났다. 허균과 기준격을 대질 심문시킨 끝에 역적모의를 하였다 하여 허균은 그의 동료들과 함께 저자거리에서 능지처참을 당하였다.

5 金闓(김개, 1582~1618): 본관은 尙州, 자는 啓叔. 아버지는 우의정 金貴榮이다. 許筠의 심복으로서, 1617년에는 仁穆大妃의 폐비를 앞장서서 주장하고, 그 여론을 일으키는 공작을 담당하였다. 1618년 허균이 역모의 혐의를 받고 처형당할 때 심문을 받다 杖殺되었다.

6 李茳(이강, 1573~1623): 본관은 永川, 자는 馨甫. 수찬으로 있을 때 李爾瞻과 許筠, 金闓 등과 어울려 仁穆大妃의 폐모론에 동조하였다. 1618년 허균의 역모에 연루되어 파직되었고 이어 圍籬安置되었다가 인조 즉위 뒤 처형되었다.

7 尹惟謙(윤유겸): 尹惟謙(생몰년 미상)의 오기. 본관은 海難, 자는 謙甫. 아버지는 尹剛中, 외조부는 安重洪이다. 1616년 진사 尹善道가 예조판서 李爾瞻이 권세를 제멋대로 휘두르면서 과거시험에서도 부정을 저지르는 행태를 상소하였는데, 이때 윤선도와 친척 관계였던 尹惟謙의 이름도 상소문에 함께 언급되었다. 이 일로 윤선도는 절도에 유배되었지만, 윤선도의 이름은 전국적으로 유명해졌다. 1617년 朴夢俊·李之皓·鄭晩·鄭渾·鄭瀉·韓輔吉 등과 함께 올린 상소문이 禮曹로 보내졌다. 같은 해에 新榜에 오른 신분으로서 言路를 막는 奇自獻을 처벌해 달라는 상소문을 올렸다. 1618년 郭瓔이 이이첨을 공격하는

李皓·李璹·宋永緒·李㯿等踵之。館學儒生金尙夏[8]等上疏曰:“請貶降西宮{時仁穆王后, 在西宮.}尊號, 撤去分朝[9]侍衛, 貢獻朝謁, 以去禍本。次治奇自獻[10]容護逆首之罪事.” 此論, 大提學爾瞻[11]實主張。是筠承望奔走以成之。群議紛然, 首相奇自獻不能止, 入都堂[12]倡廣收廷議, 議先立義幟, 欲扶己見, 使之收及於原任大臣[13]鰲城府院君白沙李公。時公家食於東岡{東岡卽公無任別

상소를 올리면서 은근히 대론을 담당한 사람들을 모함하는 죄를 저질렀으니 폐출해서 종묘사직을 편안히 해야 한다는 상소문을 올렸다가 供招를 받고, 위리안치되었다.

8 金尙夏(김상하, 1591~?): 본관은 光山, 자는 大而. 1616년 증광시에 급제하였다.

9 分朝(분조): 조선 宣祖 때 임진왜란에 의하여 임시로 두었던 조정. 이때 조정을 갈라 義州의 行在所를 ‘元朝廷’이라 하고 세자가 있는 곳을 ‘分朝’라 하였다. 즉 분조는 선조가 요동으로 망명할 것에 대비하여 임금을 대신하여 나라를 다스리라는 왕명에서 나온 小朝廷이었다.

10 奇自獻(기자헌, 1562~1624): 본관은 幸州, 초명은 自靖, 자는 士靖, 호는 晩全. 1608년 柳永慶 등의 소북파가 永昌大君을 옹립하려 하자, 이를 탄핵하고 광해군을 즉위시키는 데 공헌하였다. 1613년 영창대군 피살의 부당함을 주장한 鄭蘊이 극형을 받게 되자, 강력히 반대해 유배에 그치게 하였다. 1614년 영의정에 올랐으며, 1617년 폐모론이 일어나자 옳지 못하다고 간언하다 門外黜送되고 洪原에 유배되었다. 그러다가 다시 吉州로 이배되었으며, 풀려나와 강릉으로 돌아가 은거하였다.

11 爾瞻(이첨): 李爾瞻(1560~1623). 본관은 廣州, 자는 得輿, 호는 觀松·雙里. 권세를 장악한 이이첨은 정인홍과 함께 심복을 끌어들여 대북의 세력을 강화하는 한편, 臨海君(李珒)과 柳永慶을 사사되게 하는 등 소북 일파를 숙청하였다. 1612년 金直哉의 誣獄을 일으켜 宣祖의 손자 晋陵君 李泰慶 등을 죽였다. 1613년 강도죄로 잡힌 朴應犀 등을 사주하여, 永昌大君을 옹립하려 했다고 무고하게 하여 영창대군을 庶人으로 떨어뜨려 강화에 안치시키고 金悌男 등을 사사시켰다. 1614년 영창대군을 살해하고, 1617년 仁穆大妃의 폐모론을 발의해 1618년 대비를 西宮(경운궁. 곧 지금의 덕수궁)에 유폐하는 등 生殺置廢를 마음대로 자행하였다.

12 都堂(도당): 조선 시대에 둔, 행정부의 최고 기관. 1400년에 둔 것으로, 영의정·좌의정·우의정이 있어 이들의 합의에 따라 국가 정책을 결정하였으며, 아래에 六曹를 두어 국가 행정을 집행하도록 하였다.

墅, 在京城東二十五里.}, 不預朝政者已五載。

二十五日。

中樞府經歷李士遜, 持廷議來問, 公卽獻議曰: "臣以八月初九日, 重得中風, 身雖不死, 精力已脫。瞻天望雲, 分死自訣, 今垂半歲, 尙在床褥。凡干公事, 勢難仰對, 此則國家大事, 餘命未絶, 何敢以病爲解, 默然而已乎? 不審誰爲殿下畫此計者? 君父之前, 非堯舜不陳, 古之明訓。虞舜[14]不幸, 頑父嚚母, 常欲殺舜, 浚井塗廩, 危逆極矣。號泣怨慕, 而不見其有不是處。誠以父雖不慈, 子不可以不孝, 故春秋之義, 子無讐母之意。況爲伋也妻者, 是爲白也母[15], 誠孝之重, 夫焉有間也? 今方以孝治國家, 一邦之內, 將有漸化之望, 此言奚爲至於紸纊[16]之下哉? 爲今之道, 體舜之德, 克諧以孝, 烝烝以乂[17], 迴怒爲慈。愚臣之望

---

13 原任大臣(원임대신): 예전에 대신을 지낸 벼슬아치를 이르던 말.

14 虞舜(우순): 舜임금. 어린나이에 어머니가 죽자, 아버지 瞽瞍는 후처를 얻었다. 순은 계모와 이복동생 象의 미움을 사 여러 가지 방법으로 살해당할 뻔한 사건들을 슬기롭게 극복하며 효행의 도를 다하였다.

15 爲伋也妻者, 是爲白也母(위급야처자, 시위백야모): 《禮記》〈檀弓 上篇〉의 "나의 아내 되는 자는 백의 어머니가 되고 나의 아내가 되지 않는 자는 백의 어머니가 될 수 없다.(伋也妻者, 是爲白也母, 不爲伋也妻者, 是不爲白也母.)"에서 나오는 말이다. 伋은 孔子의 손자 子思의 이름인데, 그가 처를 쫓고는 그 아들에게 한 말로, 계모도 아버지의 처이므로 전처의 아들에게 어미가 된다는 뜻이다.

16 紸纊(주광): 면류관의 양쪽으로 귀에 닿을 만큼 늘어뜨려 달아맨 누런 솜방울. 임금의 귀를 일컫는 말이다.

17 克諧以孝, 烝烝以乂(극해이효, 증증이예): 《書經》〈堯典〉에 나오는 말.

也."云。時議駭然, 三司[18]攘臂, 生員陳好善[19]·宣世徽[20]·崔尙質[21]連疏, 請按律, 以安宗社云。

十二月

一日。壬辰。

十日。

合啓曰: "臣等伏見李恒福·鄭弘翼[22]{東萊人, 字翼之, 號休軒。登

---

18 三司(삼사): 조선시대 언론을 담당한 사헌부·사간원·홍문관을 가리키는 말. 사간원과 사헌부를 兩司 또는 언론양사라 하고, 이들이 함께 상소를 올리는 것을 兩司合啓라 하였으며, 이 두 기관의 관원들을 臺諫이라 하였다. 후에 홍문관이 합세하면서 삼사가 되었고, 이 세 기관이 함께 상소하는 것을 三司合啓라 하였다.

19 陳好善(진호선, 1569~?): 본관은 驪陽, 자는 汝優. 1605년 증광시에 급제하였다.

20 宣世徽(선세휘, 1582~?): 본관은 寶城, 자는 士遠, 호는 沙村. 1606년 증광시에 급제하여 생원이 되었고, 1621년 알성시에 급제하여 진사가 되었다.

21 崔尙質(최상질, 1569~?): 본관은 忠州, 자는 文甫. 1589년 증광시에 급제하여 생원이 되었다. 1617년 館學儒生의 신분이었는데, 동료 金尙夏 등과 함께 임금에게 상소를 올려서, 西宮의 폐위를 건의하였다. 또한 郭禮成 등이 정사를 망치고 있다는 내용으로 탄핵을 하기도 하였다. 그러나 당시 역적으로 지목된 許筠의 일파로 몰려서, 鞠問을 당하였고, 그 결과 유배형에 처해졌다.

22 鄭弘翼(정홍익, 1571~1624): 본관은 東萊, 자는 翼之, 호는 休翁·休軒·休菴. 1602년 이후 정언·지평을 지냈는데, 사헌부지평으로 있을 때 대북파의 영수 대사헌 鄭仁弘이 成渾을 탄핵하자 이를 극력 변호, 정인홍을 공격하다가 권신들의 뜻에 거슬려 端川採銀官으로 좌천되었으며, 이어 魚川察訪을 지냈다. 1608년 이후 중앙에 돌아와 교리·성균관사예 등을 지내고, 1612년 성천부사가 되었다. 이듬해 벼슬에서 탈락되어 散班으로 지내다가 冬至使가 되어 명나라에 다녀와 分院承旨가 되었다. 1617년 仁穆大妃 폐모론이

丁酉文科, 以行司果獻議云: "伏以古昔帝王遭人倫之變者, 無如虞舜, 而能盡處變之道者, 亦莫如舜。當其嚚母煽禍, 欲害舜者百計, 而舜恭爲子職而已, 馴致烝烝之美, 此其所以爲人倫之至也。惟我聖上, 自在儲宮[23], 仁孝振聲, 擧國臣民, 咸仰錫類之至化。而不幸遭値人倫之變, 群臣佐下風者, 不能贊襄聖孝, 齊美帝舜, 而乃議此無前之事, 臣竊惑焉。伏願聖明遠法虞舜, 克盡誠孝, 兩宮之間, 和氣藹然, 則一國臣民, 咸囿於仁孝之化, 而聖德光于萬世矣。臣叨荷聖恩, 位躋二品, 雖極愚陋無識, 愛君徇國之誠, 恒切於中矣。今當獻議, 若愛惜微命, 不陳所懷, 則是負聖上洪造, 而自陷於不忠之罪矣。倘蒙聖明, 不以人廢言, 特賜財擇[24], 則臣雖萬死, 亦無憾矣." 珍島圍籬安置, 移配鍾城·光陽。癸亥反正, 以承旨召還, 進秩嘉善, 至副提學。天啓甲子卒, 諡忠貞公.}等收議, 引虞舜處變之道爲言。虞舜人倫之至[25], 固可法也。若以今日之事比之, 則大相不同, 虞舜匹夫也。雖見害於嚚母, 禍止一身, 舜之恭爲子職者, 舜之所以爲舜也。帝王, 宗社·臣民之所托也, 不幸遭變, 則禍及於宗社·臣民, 帝王處變之道, 不可與匹夫同之也, 明矣。設令舜旣在君位, 而嚚母之禍舜如此, 則舜雖以母待之, 爲舜臣者, 其可坐視舜之被害, 而不明嚚母之罪乎? 殺人微罪也, 皐陶猶執瞽瞍,

---

일어나자 이를 극력 반대, 극간하다가 진도·종성·광양 등지에 유배되었다.

23 儲宮(저궁): 동궁. 왕세자.

24 財擇(재택): 헤아려 채택함.

25 人倫之至(인륜지지): 성인군자의 면모. 《孟子》〈離婁章句 上〉에 "규구는 방원의 지극함이요 성인은 인륜의 지극함이다.(規矩, 方員之至也, 聖人, 人倫之至也.)"라고 하였고, 《荀子》〈解蔽〉에 "성인이란 인륜을 극진히 한 사람이다.(聖也者, 盡倫者也.)"라고 하였다.

而舜不得禁, 只以竊負爲計, 則君臣之間·子母之際, 以義以恩. 所處之道, 豈不大相懸哉? 巫蠱咀呪之變著矣, 外應逆謀之狀露矣。若使凶謀, 得行於當日, 則聖上在於如何地, 宗社臣民之禍, 亦何如也? 在聖上, 則雖有竊負之意, 爲聖上臣子者, 獨不爲皐陶之執乎? 今此廟堂收議, 斷以臣子所處之道, 相爲商確, 欲聞折衷之論而已。聖上則少無干與於其間, 而恒福·弘翼, 不及於廟堂之所問, 敢以脅勒之言, 有若獻議於聖上者然, 其意實難測也。義理晦塞[26], 正論久鬱, 何幸草野抗疏, 衆庶奮忠, 此正臣子同心協力, 明大義, 決大事, 以安宗社之秋也。而恒福·弘翼, 以失志怨上之人, 乘機抵掌, 敢逞右袒[27]之計, 張皇引諭, 言及無所與之聖躬, 必欲使陷於大逆之名。恒福於護逆求福之計則得矣, 忘讐負君之罪, 甚於自獻。至於恒福收議中, 所謂'伋也妻白也母'之說, 尤極痛憤。安有人臣, 而告君之辭, 若是其悖慢乎? 主辱臣死, 古人有言。此臣等之所以欲死而不忍聞者也。金德諴[28]以恒福·弘翼, 一也爲議。{金公, 尙州人, 字景和, 號醒翁。登己丑文

---

26 晦塞(회색): 밝았던 것이 캄캄하게 아주 콱 막힘.

27 右袒(우단): 오른쪽 어깨를 드러낸다는 뜻으로, 한쪽의 편을 드는 것을 이르는 말.

28 金德諴(김덕함, 1562~1636): 본관은 尙州, 자는 景和, 호는 醒翁. 광해군 때 군기시정에 이르렀으나 1617년 仁穆大妃에 대한 폐모론이 일자 이항복·정홍익의 의견을 좇아 반대하다가 南海에 유배되었으며, 명천·온성·사천 등지에 이배되었다. 1623년 仁祖反正으로 풀려나 집의와 예조·병조·형조·공조의 참의와 승지·부제학·대사성·대사간·여주목사·춘천부사를 거쳐 1636년 대사헌에 올랐다. 이때 왕에게 사치를 경계하고 金公諒의 신원을 반대해 인조의 미움을 사기도 하였다.

科。時爲軍器寺正, 引《春秋》及《禮記》伋妻白母之說, 草累百言, 及見文忠公收議, 歎曰: "吾所欲言者, 鰲相已盡之, 無足更贅。古人有請與范仲淹同貶之事[29], 是足一死矣。以臣一片愛君之心, 與李某鄭弘翼一也." 獻議, 南海圍籬安置, 移配穩城·泗川。癸亥反正, 以執義召還, 崇禎丙子卒。官大司憲, 後特贈, 諡忠貞.}其心同, 則其罪不可貳之。請李恒福·鄭弘翼·金德諴等, 並命絶島圍籬安置, 以洩臣民之憤." 答曰: "李恒福只削官爵, 鄭弘翼·金德諴依啓."

再啓曰: "李恒福右袒護逆之罪, 臣等論之略盡。而觀其收議之辭, 張皇脅制, 陵厲[30]悖慢之氣, 溢於措語之間, 以臣等之筆力, 不能形容其萬一, 徒爲氣塞憤鬱而已。弘翼·德諴, 以恒福之卒徒, 旣被其罪. 則恒福其可止於只削官職乎? 忘讐負君, 是何等罪惡, 而豈可以大臣末減[31]乎? 況辱君一款, 弘翼·德諴之所無. 而聖上之罪恒福, 反輕於弘翼·德諴, 弘翼·德諴必不服矣。亟命圍籬安置." 玉堂[32]初箚: "大槪奇·李·鄭·金, 厥罪惟均, 圍籬之律, 只行於疎賤, 不行於貴近, 將何以懲亂賊哉? 請快從公論, 以洩輿情[33]事." 答曰: "圍置, 則過矣."

三啓曰: "自獻倡之於先, 恒福應之於後, 雄唱雌和, 迭爲塤

---

29 宋나라 范仲淹이 정승 呂夷簡에게 거슬려 쫓겨날 때, 그의 당인 歐陽脩가 자기도 같이 귀양 보내 달라고 청한 것을 일컬음.

30 陵厲(능려): 凌厲의 오기. 기세가 강해 당해 내기 어려움.

31 末減(말감): 감면하여 가장 가벼운 형벌에 처함.

32 玉堂(옥당): 弘文館을 달리 이르는 말. 조선시대 왕의 자문 역할을 맡아보던 관청.

33 輿情(여정): 여론. 여러 사람들의 감정.

篪[34]。使右袒之輩, 抵掌而起, 以致主勢益孤, 異論日盛, 將成不測之禍, 俱不可勝言者. 無非自獻·恒福赤幟[35]嚆矢之所爲, 則其無君護逆, 以危宗社之罪, 一而二也, 二而一也。豈可以削爵付處[36], 當此二凶之罪哉? 亟命圍籬安置." 答曰: "已諭。勿用煩論."

十一日。

連啓。答曰: "放歸田里[37]."

十四日。

連啓。答曰: "中道付處[38]."

---

34 塤篪(훈지): 형제 혹은 친구 사이의 화목과 조화를 비유할 때 쓰는 표현. 《詩經》〈小雅·何人斯〉의 "맏형은 훈을 불고 둘째형은 지를 분다.(伯氏吹壎, 仲氏吹篪.)"는 말에서 나온 것이다.

35 赤幟(적치): 붉은 깃발을 세운다는 뜻으로, 領袖가 되는 인물이나 지위를 비유하는 말. 주동자. 영도자.

36 付處(부처): 오형의 하나로, 죄인을 먼 곳으로 보내 그곳에 거주하게 하는 형벌. 流配라고도 한다.

37 放歸田里(방귀전리): 조선시대에 벼슬을 삭탈하고 제 고향으로 내쫓던 형벌. 유배보다는 한 등급 가벼운 형벌이다.

38 中道付處(중도부처): 지정장소를 떠나지 못하도록 하던 형벌. 주로 관원에게 과해지는 형벌로서 가족과 함께 留住할 수 있으며, 기록상 부처되는 곳을 구체적으로 밝히지 않거나 기한이 명시되지 않는 것이 특색이다.

十六日。

連啓。答曰:“遠竄[39].”

十七日。

停啓[40].

十八日。

禁府, 以公配龍岡[41], 奇自獻配定平[42], 承旨白大珩[43]·韓纘

---

39 遠竄(원찬): 죄인을 멀리 유배를 보내는 형벌. 유배의 종류에는 加棘·圍籬·島配·遠竄·竄配·量移가 있었다. 가극은 유배 죄인이 거처하는 집 주위에 울타리를 설치하는 위리안치의 형벌에다 더하여 가시나무 혹은 탱자나무를 둘러막아 외부 세계와 격리하는 것이다. 대개 역모를 꾀하거나 인륜을 어긴 죄인 등에게 내렸던 형벌이다. 위리는 죄인의 배소에 가시울타리를 치는 형벌이다. 도배는 죄인을 섬으로 귀양을 보내는 형벌이다. 원찬은 遠配라고도 하는데 죄인을 멀리 유배를 보내는 것으로 거리를 정한다. 찬배는 定配라고도 하는데 배소의 거리가 원배보다 가깝다. 양이는 멀리 유배된 사람의 죄를 감등하여 가까운 곳에 적당히 옮기는 형벌이다.

40 停啓(정계): 임금에게 보고하는 죄인 문건인 傳啓에서 죄인의 이름을 삭제하는 일.

41 龍岡(용강): 평안남도 서남단에 위치한 고을.

42 定平(정평): 함경남도 남부에 위치한 고을.

43 白大珩(백대형, 1575~1623): 본관은 水原, 자는 而獻. 일찍이 鄭仁弘의 문객이 되어 이로 인하여 탁용되었다. 1612년 李爾瞻의 천거로 형조정랑에 임명되었고, 北靑判官을 지냈다. 1616년 황해도 관찰사로 재직할 당시 이이첨과 적대적 관계에 있었던 해주목사 최기를 濫刑罪로 투옥하여 옥사하게 하였다. 1617년 동부승지가 되었으나 사헌부에서 천성이 음패하다는 이유로 탄핵을 받았다. 1618년 형조참의에 이어 강원도 관찰사가 되었으나 사헌부의 탄핵으로 파직당하였다. 이이첨의 심복으로 韓纘男 등과 폐모론의 주동이 되었고, 또 1622년 섣달 그믐날 귀신쫓는 굿을 핑계로 인목대비를 살해하려 계획하고 李偉卿과 함께 西宮인 경운궁으로 들어가 일을 도모하려다가 실패하였다. 1623년 인조반정으로 李貴에게 한찬남·이위경·鄭夢弼 등과 함께 붙잡혀 참수당하였다.

男[44], 手擲配單於地, 曰: "此輩負何等罪惡, 而乃配以便地爲?"

十九日。

兩司, 以知義禁[45]李慶涵[46]爲循私配歇地, 罪削黜, 改以極邊爲啓。

二十一日。

以公配昌城[47], 奇自獻配朔州[48]。

二十二日。

公自東岡, 入青坡[49]村舍, 已首路矣。過忘憂嶺[50], 賦詩曰:

---

44 韓纘男(한찬남, 1560~1623): 본관은 淸州, 자는 景緖. 1613년 부응교가 되어 교리 李昌俊과 함께 여러 차례 소를 올려 永昌大君의 외할아버지인 金悌男의 처벌을 적극 주장하였다. 1615년 호조참의·사예·좌우부승지·대사간을 거쳐 이듬해 재차 좌승지가 되어 李爾瞻의 사주를 받아 해주옥사를 일으켰다. 1617년 도승지로 승진하고, 1620년 대사헌을 거쳐 형조판서에 이르렀으나, 1623년 仁祖反正으로 誅殺되었다.

45 知義禁(지의금): 조선시대 의금부의 정2품 문관 벼슬.

46 李慶涵(이경함, 1553~1627): 본관은 韓山, 자는 養源, 호는 晩沙. 광해군 때 병조참판으로 있을 당시 李恒福이 廢母論을 반대한 죄로 귀양 가게 되어 金吾(義禁府)에서 配所를 논의하다가 "李公 같은 사람을 어찌 死地에 던지랴?"라고 말하며 탄식했다고 하여 이것을 문제로 하여 승지 白大珩 등의 탄핵을 받고 삭직되었다.

47 昌城(창성): 평안북도 서북부에 위치한 고을.

48 朔州(삭주): 평안북도 서부에 위치한 고을.

49 青坡(청파): 서울특별시 용산구 청파동.

50 忘憂嶺(망우령): 서울특별시 중랑구 망우동과 경기도 구리시 교문동 사이에 있는 고개.

獰風難透鐵心肝　不怕西關[51]萬疊山
歇馬震巖千丈嶺　夕陽回望穆陵[52]寒

是日，平安道人[53]上疏以爲："昌·朔密近中朝境，不能無潛通禍機之患，請移配北邊." 此是�指嗾也。{公之孫牧使公[54]丁巳記聞錄云:「小子嘗往謁延陽相公[55]，公呼余使前，曰:"爾後生也，吾先生之事，猶有所未盡聞者矣。昔在丁巳冬，光海將廢母后，收議于在外大臣。先生已獲罪，遯于東郊，奮筆自書，辭嚴義正，凶徒膽慄。三司俱發，禍將不測，先生待命於青坡奴家。嘗手抄禮記，掛諸馬鞍而行，先生端坐室中，看禮記，子弟及吾輩數人，在庭下，或坐或起，以待來報。忽有急脚[56]，自城中奔馳而來，氣渴口不能言，衆皆失色，顚倒仰視之，乃請按律之報也。余欲

---

51 西關(서관): 황해도와 평안도를 두루 일컫는 말.

52 穆陵(목릉): 조선 제14대 왕인 宣祖와 그의 비 懿仁王后 및 계비 仁穆王后의 능.

53 平安道人(평안도인):《光海朝日記》3권 정사년(1617) 12월 22일조에 의하면, 韓輔吉임.

54 牧使公(목사공): 李時顯(1622~1678). 본관은 月城, 자는 士榮. 1659년 병조판서 宋浚吉의 천거로 司饔院奉事가 되었다. 그 뒤 直長·사복시주부·鴻山縣監을 거쳐 1671년 開寧縣監 되었는데, 재임 중에 경비를 절약하여 饑民을 구제한 공을 인정받아 이듬해 星州牧使가 되었다. 이곳에서도 賑恤에 수완을 발휘하여 통정대부에 加資되고, 이어서 公州牧使를 역임하는 등 주로 지방관으로 善政을 베풀었다.

55 延陽相公(연양상공): 李時白(1581~1660)을 가리킴. 본관은 延安, 자는 敦詩, 호는 釣巖. 아버지가 李貴이다. 成渾·金長生의 문인이다. 1623년 유생으로 인조반정에 공을 세워, 靖社功臣 2등으로 嘉善大夫에 오르고 延陽君에 봉해졌다. 다음해 李适의 난이 일어나자 協守使가 되어 이천으로 달려가서 향병을 모집해 길목을 지켰다. 그러나 이괄이 다른 길을 택해 곧바로 들어왔다는 소식을 듣고 달려와서 鞍峴에서 鄭忠信 등과 함께 반란군을 격파하였다. 일곱 번이나 판서를 역임했고 영의정에까지 올랐다. 張維·崔鳴吉·趙翼과 교유하였다.

56 急脚(급각): 急走. 驛에 소속된 역노비의 일종.

白于先生, 而遲回嗚咽, 不忍啓口。先生覽畢了, 無異色, 看書不輟, 少焉進夕飯, 飮啜自若, 及夜就枕, 鼻息如雷。傍室[57]極狹, 子弟侍者, 皆在廳事, 獨余侍寢, 憂憤所激, 輾轉達曉。鷄旣鳴, 先生睡覺, 名余曰: '某汝尙不寢乎?' 余起而對曰: '不寢矣.' 因更坐曰: '敢問於先生。死生亦大矣, 今日之事, 雖傍觀者, 亦不能自定。小子侍側, 仰察謦咳[58], 先生安閑舒泰, 少無異於平時, 君子於死生之際, 若是其恝耶?' 先生莞爾而笑曰: '我非不動心者。然事有先後, 動有次第。今者始請按罪, 則判下[59]然後當就理[60], 決案[61]然後當伏法[62]。若見請罪之章, 便自警動, 其如三木[63]之下何? 其如椹質[64]之前何?' 因復就睡, 終無幾微見於辭色者。古人吾不及見, 然以我觀吾先生, 雖使古人處之, 無以加焉, 中心悅服, 了了若前日事矣。噫! 平昔之嘉言善行, 衆所共覩者也, 此夜問答, 人所不知, 而吾所獨知者也。恐其久而泯沒, 爲爾言之特詳." 因感念舊事, 忼慨不已. 噫! 此一款, 不載於家乘, 今則延爺, 亦已捐館[65]。每欲請於秉筆者, 以識其事, 而未能焉, 略書顚末, 以備遺忘, 兼示一家子姪云爾.」牧使公諱時顯, 卽府使公[66]第三

57 傍室(방실): 건넌방. 안방에서 대청을 건너 맞은편에 있는 방.

58 謦咳(경해): 존경하는 사람의 헛기침을 들을 수 있을 만큼 가까이에 있다는 말. 존경하는 사람의 이야기를 직접 듣거나 보게 되는 것을 이른다.

59 判下(판하): 신하가 上奏한 안건에 대하여 임금이 검토하여 그 가부를 재가하는 것을 말함.

60 就理(취리): 죄를 지은 벼슬아치가 의금부에 나아가 심리를 받던 일.

61 決案(결안): 조선시대의 판결문.

62 伏法(복법): 형벌을 받아 죽임을 당함.

63 三木(삼목): 죄인의 목·손·발에 채우던 세 가지 刑具.

64 椹質(침질): 죄인을 목 베는 틀.

65 捐館(연관): 살던 집을 버린다는 뜻으로, '사망'을 높여 이르는 말.

66 府使公(부사공): 李星男(1578~1642)을 가리킴. 본관은 月城. 이항복의 장남. 1607년 繕工監役을 지내고, 이어 양구 현감으로 나갔다. 1617년 아버지 이항복이 인목대비

子。官至通政, 公州牧使。

尤齋宋相國時烈[67]跋其後, 曰: "昔章惇[68]欲殺劉元城[69], 私遣運判[70], 直抵所謫之官府, 元城治命[71]既畢曰: '死不難矣.' 因對客飮酒。翌曉聞鍾聲, 家人號泣, 而益夷然自適, 俄聞運判嘔血死, 亦不喜。本朝金安老[72]嫉鄭

廢母論을 강력하게 반대하다 북청으로 유배되자 벼슬을 버렸다. 인조반정 후 다시 관직에 나아가 부여 군수, 한산 군수를 지냈다. 후에 철원 부사를 지냈다.

67 宋相國時烈(송상국시열): 宋時烈(1607~1689). 본관은 恩津, 아명은 宋聖賚, 자는 英甫, 호는 尤菴·尤齋. 문신 겸 학자, 노론의 영수. 주자학의 대가로서 李珥의 학통을 계승하여 기호학파의 주류를 이루었으며 李滉의 이원론적인 이기호발설을 배격하고 이이의 氣發理乘一途說을 지지, 四端七情이 모두 理라 하여 一元論的 사상을 발전시켰으며 예론에도 밝았다. 송시열의 문장은《宋子大全》권147의〈跋·白沙遺事跋〉에 실려 있다.

68 章惇(장돈, 1035~1106): 중국 북송의 정치가. 司馬光과 함께 免役法은 폐지할 수 없음을 강력하게 변론하여 劉摯와 蘇軾 등에게 탄핵을 받아 汝州知州로 축출되었다. 철종이 親政하자 尙書左僕射兼門下侍郎으로 재기했고, 蔡卞과 蔡京 등을 써서 紹述의 설을 일으켜 靑苗와 면역 등 여러 법을 모두 회복시켰다. 元祐黨人들을 배제하고 怨仇에게 보복을 하는 등 연좌를 시킨 사람이 아주 많았다.

69 劉元城(유원성, 1048~1125): 宋나라 神宗·哲宗 때의 直臣인 劉安世. 元城에 살았으므로 원성이라 칭한 것이다. 직간을 잘하는 신하로 당시 사람들은 殿上虎(궁전의 호랑이)로 일컬었고, 일을 논함에 있어서 강직하여 新黨에 있던 당시 정치가 章惇과 蔡確, 范純仁을 탄핵하기도 했다. 장돈이 재집권하자 湖南省 英州로 좌천되어 갔다가 江蘇省 海州로 옮겨졌다. 마침 徽宗이 즉위하여 사면을 받고 衡州와 鼎州, 鄆州 및 眞定府의 知州를 지냈다. 그러나 채경이 재상이 되자 다시 유배를 당해 陜州에서 구속당했다. 간신인 章惇과 蔡卞의 모함으로 귀양 갔는데, 그들이 죽이고자 하여 사람을 시켜 자결하도록 위협하자, 두려워하지 않으며 말하기를, "임금이 죽으라고 명하면 곧 죽을 것이지만 자결해서 무엇 하겠는가."라고 했다는 일화가 있다.

70 運判(운판): 송나라 충신 劉安世가 梅州에 귀야 가 있을 때, 유안세를 죽이기 위해 간신 章惇이 매주에 내려 보낸 轉運判官을 일컬음. 그 판관은 도중에서 피를 토하고 죽고 유안세는 무사하였다.

71 治命(치명): 죽을 무렵 맑은 정신으로 남긴 유언.

72 金安老(김안로, 1481~1537): 본관은 延安, 자는 頤叔, 호는 希樂堂·龍泉·退齋. 1506년 별시문과에 장원급제하였다. 성균관전적에 처음 제수된 뒤 홍문관수찬·사간원정언·홍문관부교리 등 요직을 역임하였다. 1511년 사가독서 하였고, 직제학·부제학·대

文翼公[73], 寄不善意, 欲令自盡, 同罪者[74]乃至有滅命者, 文翼笑曰: '朝廷誅殛, 則當伏邦刑, 以一礪百可也.' 一日急足, 自京至謫所, 而口渴不能言, 侍者蒼皇失措, 文翼安臥自如。及其發書, 則乃安老誅死[75]之報也。侍者以告, 公曰: '然乎?' 仍雷鼻達晨。蓋與元城而共貫矣。謝安[76]聞淝水捷音, 對客圍碁, 而及至入門, 折其屐齒[77], 程子以爲强終不得也。東坡[78]嘗

사간 등을 거쳤으며, 경주부윤으로 나갔다. 1519년 기묘사화로 조광조 일파가 몰락한 뒤 기용되어 이조판서에 올랐고, 아들 金禧가 孝惠公主와 혼인하여 중종의 駙馬가 되자, 이를 계기로 권력을 남용하다가 1524년 경기도 풍덕에 유배되었다. 이후 유배에서 풀려나 다시 서용되어 도총관·예조판서·대제학을 역임하였다. 그 뒤 이조판서를 거쳐 1534년 우의정이 되었으며, 이듬해 좌의정에 올랐다. 1537년 중종의 제2계비인 文定王后의 폐위를 기도하다가 발각되고 체포되어 유배되었다가 곧이어 사사되었다. 이렇듯 그는 권신으로서의 정치적 행적으로 인해 '丁酉三凶'이라 불릴 정도로 역사적으로 좋지 않은 평을 받았다.

73 鄭文翼公(정문익공): 鄭光弼(1462~1538). 본관은 東萊, 자는 士勛, 호는 守夫. 연산군 시절 임금의 사냥이 너무 잦다고 간하였다가 아산으로 유배되었다. 중종반정 후 부제학에 오르고 그 뒤 예조 판서와 대제학을 역임했다. 우의정과 좌의정을 거쳐 1516년 영의정에 올랐다. 1519년 기묘사화 때 趙光祖를 구하려다 영중추부사로 좌천되었으나, 1527년 다시 영의정에 올랐다. 金安老가 禧陵의 國葬 때에 정광필이 摠護使로서 능을 不吉한 곳에 장사 지냈다고 모함하여 金海로 귀양 보냈는데, 김안로가 글을 보내어 "일찍 죽느니만 못하다."라고 하자, 정광필은 웃으며 "조정에서 老臣에게 죄가 있다고 하면 국법에 따르는 것이 옳지만 저가 어찌 나를 죽이겠는가." 하고 조금도 마음이 동요되지 않았다고 하는 일화가 있다.

74 同罪者(동죄자): 李荇(1478~1534)을 가리킴. 關西로 귀양을 가 있던 그에게도 김안로가 자결하도록 하는 글월을 보냈는데, 이행은 폭음을 하다 병이 들어 세상을 떠났다.

75 誅死(주사): 죄인으로 죽음.

76 謝安(사안): 중국 東晋 중기의 宰相. 帝位를 찬탈하려는 桓溫의 야망을 저지했고 재상 재직 시 前秦王 符堅의 남하를 막았으며 謝玄과 부견의 군대를 淝水에서 격파했다. 명재상으로 칭송이 높았다.

77 屐齒(극치): 나막신의 굽.

78 東坡(동파): 蘇軾(1037~1101)의 호. 부친 蘇洵, 아우 蘇轍과 더불어 당송팔대가 중의 한 사람으로 꼽히며, 이 세 부자를 일컬어 '三蘇'라고 부르기도 한다. 한편 정치가로서는

以談笑於死生之際[79]自期, 而其聞朝命, 面無人色, 兩脚無力, 大爲朱子[80]所譏。夫元城·文翼二公, 其識量固有大過人者。然苟非養深積厚而有定力, 烏能如此哉? 今見李延陽所說白沙文忠公事, 可與二公異世而同符也。然二公終能北還, 而公則竟歿於荒裔, 可勝痛哉? 然公之所以死者, 天理民彛, 而延陽以門下諸生, 翊戴聖祖, 卒能明天理正民彛, 以啓中興之偉績。然則公之所以扶樹綱常之功, 至於身後而彌彰, 豈不盛哉? 延陽懼師門之盛美不顯著於世也, 至於臨歿而闡發如斯, 尤可以見其師弟子矣."}

二十四日。

改配公慶源[81], 自上下教曰: "南關[82]他邑改定配." 而知義禁尹

왕안석의 신법을 반대하는 보수적인 구법당의 입장을 취해 부침이 심한 관직 생활을 했다.

79 談笑於死生之際(담소어사생지제): 東坡帖의 "나는 철석 같이 견고한 마음으로 공에게 기대하였는데, 어찌 지금 그러합니까? 우리들이 비록 늙고 곤궁하지만 道理가 心肝을 꿰뚫고 忠義로 骨髓를 채워 마땅히 生死의 갈림길에서라도 담소하며 태연할 수 있어야 합니다. 만약 나의 곤궁함을 보고서 문득 서로 안절부절못한다면, 도리를 배우지 못한 사람과 크게 다름이 없을 것입니다.(僕以鐵心石腸望公, 何乃爾耶? 吾儕雖老且窮, 而道理貫心肝, 忠義塡骨髓, 直須談笑於死生之際. 若見僕困窮, 便相爲邑邑, 則與不學道者不大相遠矣.)"에서 인용한 말. 이 글은 동파가 체포될 때 어떤 李公擇에게 보낸 글의 일부로, 朱熹가 이 글을 인용하여 儲用에게 보냈다.

80 朱子(주자): 송나라 때의 학자 朱熹(1130~1200)를 높이어 이르는 말. 주자학은 '새로운 내용의 유학'이라는 뜻에서 신유학이라고도 하는데, 이는 주자학이 이전 시기의 훈고학적 유학을 비판하면서 새로운 학술 경향을 열었기 때문이다. 주자학을 신유학이라 부르는 또 다른 이유는 주자학이 당시까지 성행하던 세계와 인간에 대한 도교와 불교의 이론을 한편으로는 수용하면서 다른 한편으로는 배척함으로써 학술의 지형을 크게 바꾸었기 때문이다.

81 慶源(경원): 함경북도의 북단에 위치한 고을.

82 南關(남관): 摩天嶺 남쪽의 지방을 말하는 것으로, 함경남도를 모두 아울러 가리키는 말.

銑[83], 以三水[84]爲改。三水比慶源, 尤爲荒絶, 自來人之謫此者, 多不生還, 視猶鬼門關[85]. 則時議之欲殺公, 可知。改單久不下, 公仍駐青坡待命。{時崔正郎鳴吉[86], 方持母喪, 故乘夕來拜, 一宿而去。崔公, 官至領議政, 完城府院君, 號遲川。公之門下士也.}

---

83 尹銑(윤선, 1559~1637): 본관은 坡平, 자는 澤遠, 호는 秋潭. 광해군이 즉위하자 이조참판에 임명되었고, 병조참판·예조참판을 역임하였다. 1613년 계축옥사로 인하여 仁穆王后가 구금되자, 위졸을 시켜 쌀과 고기를 헌납하였으며, 1614년 奏聞使로 중국을 다녀왔고, 1617년 의정부 우참찬에 임명되었다. 趙慶起·洪茂績 등이 시사를 항언하여 광해군이 조경기, 홍무적을 죽이려고 하자, 극력 주선하여 구원하였다.

84 三水(삼수): 함경남도 북부에 위치한 고을.

85 鬼門關(귀문관): 중국 廣西省에 있는 변방 요새. 산세가 험준한 데다 瘴癘가 만연하는 등 풍토가 험악하여 生還하는 자가 드물었으므로 "열에 아홉은 못 돌아오는 귀문관(鬼門關, 十人九不還.)"이라는 俗謠까지 유행했다 한다.

86 崔正郎鳴吉(최정랑명길): 崔鳴吉(1586~1647). 본관은 全州, 자는 子謙, 호는 遲川·滄浪. 일찍이 李恒福 문하에서 李時白·張維 등과 함께 수학한 바 있다. 1605년 생원시에서 장원하고, 그 해 증광문과에 병과로 급제하여 승문원을 거쳐 성균관전적이 되었다. 1614년 병조좌랑으로 있다가 국내 정치문제와 관련한 조선인의 명나라 사신 일행과의 접촉 금지를 둘러싼 말썽으로 관직을 삭탈당하였다. 그 뒤 어버이의 상을 당하여 수년간 服喪한 뒤 벼슬길에 나가지 않았는데, 이 무렵은 仁穆大妃의 유폐 등 광해군의 난정이 극심할 때였다. 1623년 인조반정에 가담, 靖社功臣 1등이 되어 完城府院君에 봉해졌다.

戊午

正月

一日。辛酉。日暈。

歲律已換, 謫路三千, 新年興況[1], 已索然矣。故舊之來見者, 必揮涕以去, 多遺歲饌[2], 倍於常.

三日。

時人[3]潛使人物色[4]於公及奇所, 人甚畏之而然, 自士夫至儓隷[5]之來謁者, 駢闐[6]滿門, 甚於權貴之家。晩有武人奇敬獻[7], 公舊幕士而奇之族也。病在高陽[8], 送人相問。其人, 先自奇所, 來及歸途, 有數人攔之, 曰: "爾自奇所, 來及鱉次, 必有往來書, 須可出置."云。其人乃言其情, 則捽髮脫衣, 遍搜一身. 此是筠所使也.

1 興況(흥황): 흥미를 가질 만한 여유나 형편.

2 歲饌(세찬): 설날 전에 주고받거나 설날에 내놓는 음식.

3 時人(시인): 時輩. 때를 만나 뜻을 이룬 사람들.

4 物色(물색): 인상착의를 그려 사람을 찾는 것을 말함.

5 儓隷(대례): 심부름하는 노예.

6 駢闐(변전): 사람이나 수레 따위가 길게 늘어섬.

7 奇敬獻(기경헌, 1550~?) 본관은 幸州, 자는 仲貢. 1584년 무과에 급제하였다. 1599년 전주판관, 1604년 용안현감, 1607년 보성군수를 지냈다.

8 高陽(고양): 경기도 서북부에 위치한 고을.

四日。日暈地震。

右議政孝純[9]率百官，始擧廷請[10]。爾瞻構啓草，先引十大罪，直以廢黜爲辭。柳希奮[11]大言於廷，曰："凡廷請，乃從首揆[12]之議矣。萊庵[13]旣以去朝謫罷分司[14]爲議，則只可以此爲辭。如以

9 孝純(효순): 韓孝純(1543~1621). 본관은 淸州, 자는 勉叔, 호는 月灘. 1616년 우의정을 거쳐 좌의정에 올랐다. 이듬해인 1617년 이이첨을 중심으로 폐모론이 일자 소극적인 자세로 관망하는 동시에 여러 차례 사직을 청하였다. 폐모론자들은 한효순의 이러한 태도를 문제 삼아 기자헌 등과 함께 처벌할 것을 주장하였으나 받아들여지지 않았다. 결국 폐모론을 주장하여 이항복·기자헌을 유배시켰으며, 仁穆大妃를 西宮에 유폐시켰다.

10 廷請(정청): 庭請. 세자나 삼정승이 모든 벼슬아치들을 거느리고 궁정에 이르러 큰 일을 임금에게 아뢰고 하교를 기다림.

11 柳希奮(류희분, 1564~1623): 본관은 文化, 자는 亨伯, 호는 華南. 광해군이 즉위하자 왕의 처남으로 일문이 요직에 나갔다. 예조참판 때 李爾瞻 등과 함께 소북의 柳永慶 일파를 탄핵해 숙청하였다. 그 뒤 鄭仁弘과 함께 대북에 가담해 정권을 좌우하며, 대사간·도승지 및 이조·병조·형조의 참판 등 요직을 역임하였다. 1612년 시인 權韠을 무고해 유배시켰고, 앞서 臨海君·永昌大君·綾昌君 등을 무고해 죽이는 데 가담한 공으로 翼社功臣 1등에 책봉되어 文昌府院君에 봉해졌다. 이어 병조판서로서 이이첨·朴承宗 등과 삼자동맹을 맺고 仁穆大妃의 폐위를 위해 대북에 속한 언관·유생들을 동원, 폐모론을 일으켰다. 이 해 11월 다시 반대파를 물리치고 인목대비를 西宮(경운궁. 곧 지금의 덕수궁)에 유폐시키는데 성공했으며, 이에 반대하는 관료·유생들을 투옥, 유배당하게 하는 등 횡포를 자행하다가 1623년 인조반정으로 참형을 당하였다.

12 首揆(수규): 영의정의 별칭.

13 萊庵(내암): 鄭仁弘(1535~1623)의 호. 본관은 瑞山, 자는 德遠. 曺植의 수제자로서 崔永慶·吳健·金宇顒·郭再祐 등과 함께 경상우도의 南冥學派를 대표하였다. 북인이 선조 말년에 소북·대북으로 분열되자, 李山海·李爾瞻과 대북을 영도하였다. 선조의 계비 仁穆大妃에게서 永昌大君이 출생하자 嫡統을 주장하여 영창대군을 옹립하려는 소북에 대항하여 광해군을 적극 지지하였다. 1607년 선조가 광해군에 양위하고자 할 때 소북의 영수 柳永慶이 이를 반대하자 탄핵했다가 이듬해 소북 李效元의 탄핵으로 영변에 유배되었다. 이어 광해군이 즉위하자 유배도중 풀려나와 대사헌에 기용되어 소북일당을 추방하고 대북정권을 수립하였다. 1613년 이이첨 등이 계축옥사를 일으켰을 때, 영창대군 지지세력 제거에는 찬성했으나 영창대군을 죽이는 것에는 반대하였으며 瑞寧府院君에 봉해

此議爲不可, 當須先罪萊相, 後改其辭, 可也." 兩論相爭, 至夜不決。孝純以爲, 廷會不易, 屈從瞻意, 竟以廢黜爲啓, 及罷鷄已鳴矣。萊庵, 卽仁弘號也。

六日。

自上備忘記曰: "大臣雖有罪, 不可置之於邊上, 況方有可虞之端? 吉州[15]·北青等地, 改定配." 時老酋[16]送書於文希賢[17], 有犯

졌다. 같은 해 좌의정에 올라 几杖을 하사받았다. 1618년 영의정에 올랐다. 그는 광해군 때 대북의 영수로서 1品의 관직을 지닌 채 고향 합천에 기거하면서 遙執朝權(멀리서 조정의 권세를 좌지우지함.)하는 위치에 있었다. 그러나 1623년 인조반정으로 참형되고 가산이 籍沒되었다.

14 去朝謁罷分司(거조알파분사): 《光海君日記》 1618년 1월 30일 2번째 기사의 〈서궁을 폄손하는 절목〉에 나오는 항목.

15 吉州(길주): 함경북도 남서부에 위치한 고을.

16 老酋(노추): 奴酋. 누르하치(Nurhachi , 奴爾哈齊(또는 奴兒哈赤), 1559~1626). 여진을 통일하고 1616년 후금을 세워 칸(汗)으로 즉위하였으며, 명나라와의 크고 작은 전쟁에서 여러 번 대승을 거두어 청나라 건국의 초석을 다졌다. 그가 병사한 후 아들 홍타이지가 국호를 대청으로 고치고 청나라 제국을 선포했다. 조선에서 누르하치를 奴酋로 슈르하치(šurgaci, 舒爾哈齊(또는 速兒哈赤), 1564~1611)를 小酋로 불러 두 사람에게 추장이라는 칭호를 붙인 셈이다.

17 文希賢(문희현, ?~1623): 본관은 南平. 1611년 제주판관으로 있을 때 명나라·일본·琉球 사람들이 탄 상선이 제주도에 표류해오자 牧使 李箕賓과 함께 선원을 모두 죽이고 화물을 탈취하여 왜구의 배를 공략 침몰시켰다고 보고하였다. 그러나 왜적선이 아니었음이 밝혀져 鏡城으로 유배되었다. 그런데 문희현이 胡語(만주어)에 능통한 것을 안 그곳 병사에 의하여 會寧開市 때 호인 접대를 담당하게 하였다. 이때 호인들이 그가 귀인인 줄 알고 추장 누르하치[奴兒哈赤]의 서신을 전하였다. 이 서신을 조정에 보고하지 않았다가 발각되어 다시 의금부에 투옥되었다. 그 동안 누르하치의 세력이 점점 커지자 나라에서는 명나라와 후금 사이에 중립정책을 표방하고 있을 때이므로, 호어에 능한 문희현에게 다시 후금과의 통역을 맡게 하였다. 1623년 후금에 대하여 강경책을 주장하던 서인에

天朝之語, 邊上似擾, 故有是命。禁府改公于北青, 改奇于吉州.

七日。

以押去都事李崇義[18]辭朝[19], 日暮之故, 仍滯。

八日。

始發青坡, 取城南路, 行過山壇[20]邊, 李延陵[21]{名好閔。官至延陵府院君。號五峯.}父子·李天安惟侃[22]·韓僉正汝澄等, 已在山壇

의하여 인조반정이 성공하자 후금인과 내통하였다는 죄명으로 다시 정배되었다가 奇自獻 등과 함께 반란을 도모하였다는 李時言의 고변으로 주살되었다.

18 李崇義(이숭의, 1575~?): 본관은 龍仁, 자는 景制. 1606년 증광시에 급제하였다. 덕산현감과 宗廟署 令을 지냈다.

19 辭朝(사조): 관직에 새로 임명된 관원이 부임하기에 앞서 임금에게 하직 인사를 하는 것.

20 山壇(산단): 국가에서 산에 제사를 지내는 제단. 한양에서는 南郊에 있었다. 바깥 남산에 있는데 곧 남단 곁이요, 綠莎坪 동쪽이다. 지금 삼각지와 이태원의 사이일 것으로 짐작된다.

21 李延陵(이연릉): 李好閔(1553~1634). 본관은 延安, 자는 孝彦, 호는 五峯·南郭·睡窩. 선조가 죽자 永昌大君의 즉위를 반대하고 적서의 구별 없이 장자를 옹립하여야 한다는 立長論을 주장하였다. 광해군이 즉위하자 告訃請諡承襲使로 명나라에 가서 입장론을 내세웠다. 1612년 金直哉의 옥사에 연루되었고, 1614년 鄭蘊 등이 영창대군 살해에 대해 항의하다가 귀양가게 되자 이들의 방면을 요구하기도 하였다. 1615년 鄭仁弘 등의 遠竄論에 반대하여 7년간 교외에서 待罪하였다.

그의 아들은 李景嚴(1579~1652)이다. 자는 子陵, 호는 玄磯. 1617년 인목대비를 폐하는데 대해 百官으로부터 의견을 수렴할 때, 현감으로 있던 그는 일이 중대하여 자신과 같은 소관들이 의논할 바가 아니고 의정부에서 잘 처리할 일이라고 하였다.

22 李天安惟侃(이천안유간): 李惟侃(1550~1634). 본관은 全州, 자는 剛仲. 閔純의 문인이다. 1593년 지우인 李恒福의 추천으로 벼슬길에 나아가서 四山監役이 되고, 堤川縣監

候公矣。設祖餞行[23]，一座垂涕。延陵吟贈絶句，曰：

此地年年送客歸　山壇擧酒祭江蘺[24]
吾行最晩當何處　無復故人來別離

公亦賦絶句和之曰：

雲日蕭蕭晝晦微　北風吹裂遠征衣
遼東城郭應依舊　只恐令威[25]去不歸

金陜川昌一[26]，亦追別於南峴底矣。夕到往尋驛[27]宿，公望都

으로 나갔으며, 형조 좌랑·平壤府判官·山陰縣監·掌隷院司評·開城府都事·軍器寺僉正·天安郡守·社稷署令·敦寧府僉正·中樞府經歷·廣興倉守·僉知中樞府事, 1634년 同知中樞府事로 치사하였다.

23 祖餞行(조전행): 출행할 때 반드시 길의 신에게 제사를 드린다는 것. 祖는 길의 신에게 제사를 드린다는 의미이다.

24 江蘺(강리): 강리과에 딸리는 紅藻類의 하나. 어두운 홍색으로서 가느다란 실 모양이고, 수많은 가지가 있어 흐트러진 머리와 같다. 《楚辭》〈離騷〉에 "궁궁이풀과 벽지를 몸에 두르고 가을 난초 엮어서 허리에 차네.(扈江離與辟芷兮, 紉秋蘭以爲佩.)"라고 한 이후로 조정에서 쫓겨나 초야에서 쓸쓸히 지내는 신세를 형용하는 말로 쓰인다.

25 令威(영위): 丁令威. 漢나라 때 遼東 사람으로 일찍이 仙術을 배운 뒤 학으로 변해 고향을 찾아오니 이미 천년의 세월이 지나 아무도 알아보는 사람이 없어 공중을 배회하다가 떠나갔다는 고사가 전한다.

26 金陜川昌一(김합천창일): 金昌一(1548~1631). 본관은 慶州, 자는 亨吉, 호는 四寒. 金謹恭의 문인이다. 1601년 洪川縣監·高山縣監, 1604년 高敞縣監에 이어 金溝縣監·安岳郡守·합천군수 등의 외직과 軍器寺僉正 등을 두루 지냈다. 1613년 영창대군를 庶人으로 할 때 鄭蘊과 함께 극력 반대하는 소를 올렸다. 1616년 해주목사 崔沂가 刑杖의 남용으로 인하여 체포되었는데, 그 때 供述한 초고를 李貴와 함께 수정하였다는 대간의 탄핵을

城賦詩曰:

一出都門萬事灰　舊遊陳迹首重回
浮天好在終南[28]色　佳氣葱蘢紫翠堆

九日。

日氣極寒, 行路慘慘[29]。都中士夫輿儓[30]之來送者, 不記其數。道傍觀者, 無論知與不知, 無不掩袂嗟傷。行過胡墳峴, 李盈德麟奇[31], 家在峴近處, 送人停行, 願與敍別, 仍令盛設鋪具, 若祖行[32]者然。從行之苦寒者, 喜有酒相慰以待, 及盈德至, 則但是冷談而已, 不覺捧服[33]矣。夕抵松山村[34]宿, 趙判官緯韓[35]

받고 관직을 삭탈당하였다.

27 往尋驛(왕심역): 도성 밖 光熙門(일명 시구문)으로부터 십리 거리라고 해서 붙여진 역.

28 終南(종남): 終南山. 南山의 별칭이다. 본래 唐나라 수도 長安의 남쪽에 있는 산을 가리키는데, 우리나라에서도 漢陽의 남산을 종남산이라 하였다.

29 慘慘(참참): 암담한 모양.

30 輿儓(여대): 남의 집에 딸려 천한 일을 하던 사람.

31 李盈德麟奇(이영덕인기): 李麟奇(1549~1631). 본관은 靑海, 자는 仁瑞, 호는 松溪. 1605년에 보은현감, 형조정랑을 거쳐 영덕현감이 되어서는 치적이 우수하여 명망이 높았다. 그러나 광해군의 여러 가지 실정이 계속되자 관직에서 물러나 東郊의 松溪로 나가 거의 10년간 도성에 들어오지 않았다.

32 祖行(조항): 祖道. 먼 길 떠날 때, 도중의 무사함을 빌기 위하여 路神에게 제사지내는 일.

33 捧服(봉복): 捧服絶倒. 참을 수가 없어서 배를 쓸어안고 웃는 것.

34 松山村(송산촌): 경기도 의정부시 동북쪽의 松山洞. 북쪽으로 포천시 蘇屹邑에 닿아

{官至知事。號玄谷.}, 李正郎景稷[36]{受學於公。官至判書。號石門.}, 崔評事有海[37]{官至承旨.}, 李評事培元[38]{官至監司.}, 崔參軍涗, 李大河[39]·大淳兄弟, 皆從行, 送公于此。李僉知榏, 具甲山仁垕[40]{公之褊裨。官至右議政, 綾州府院君.}, 先到此候矣。喪人李元亦來, 有紙糖之贈。

十日。

趙·李諸人, 皆辭別, 已各沾襟, 而李正郎景稷, 泣最多矣. 夕

있다.

35 趙判官緯韓(조판관위한): 趙緯韓(1567~1649). 본관은 漢陽, 자는 持世, 호는 玄谷. 1609년 급제하여 1611년 北青判官을 지냈다. 1613년 國舅 金悌男의 誣獄에 연좌되어 여러 조신들과 함께 구금되었다.

36 李正郎景稷(이정랑경직): 李景稷(1577~1640). 본관은 全州, 자는 尙古, 호는 石門. 아버지는 동지중추부사 李惟侃이다. 李景奭의 형이다. 李恒福과 金長生의 문하에서 수학하였다. 1613년 병조정랑으로 승진했으나 李爾瞻이 득세해 이른바 계축옥사를 도모하자, 이에 연루된 徐渻과 친분이 있다는 이유로 輸城察訪으로 나갔다가 파직되었다. 그 뒤 황해도도사로 복직되고, 다시 병조정랑이 되어 接伴官·賑恤從事官·平安道敬差官 등을 겸하였다. 1617년에는 回答使 吳允謙을 따라 從事官으로 일본에 다녀오기도 하였다. 1618년 폐모론에 반대해 사직하고, 약 5년여를 고향에 내려가 지냈다.

37 崔評事有海(최평사유해): 崔有海(1588~1641). 본관은 海州, 자는 大容, 호는 默守堂. 1613년 생원이 되었으며, 그 해 增廣文에 급제하였다. 홍문관응교를 거쳐서 훈련도감 낭청이 되었으며, 1617년에는 平安道評事가 되었으나 大北派에 의하여 삭직되었다.

38 李評事培元(이평사배원): 李培元(이배원, 1575~1653). 본관은 咸平, 자는 養伯, 호는 歸休堂. 1613년 증광문과에 급제하여 승문원에 소속되었다가 평안도평사가 되었으나, 광해군의 어지러운 정치를 보고 벼슬을 단념, 고향에 은거하였다.

39 李大河(이대하, 1589~?): 본관은 驪州, 자는 受伯. 1589년 증광시에 급제하였다.

40 具甲山仁垕(구갑산인후): 具仁垕(1578~1658). 본관은 綾城, 자는 仲載, 호는 柳浦. 金長生의 문인이다. 1603년 무과에 급제해, 고원군수, 1611년 갑산부사 등을 지냈다.

抵抱川[41]. 抱川鄕族之出迎公者, 已滿道矣。

十一日。

公就辭先墓, 將發大雪塞空, 天地黯慘, 行路不辨。親舊悶其行色, 請少留待霽。公以嚴程[42]有期, 不可留, 爲辭, 冒雪前途, 行色甚苦。李僉知惟慶, 出迎途中, 追送於十里餘。暮將投宿楊門[43], 則奇已先入。公嫌其兩纍同館, 遂投永平[44]邑中, 主倅安旭[45], 出接頗勤。

十二日。

日氣極苦, 旣與奇相値, 慮前途夫馬之弊, 姑間一日, 以爲差池[46]相發, 且爲遠嫌也。

十三日。

朴信男[47]·權鸘等, 灑涕辭歸。朝發永平, 夕抵豐田驛[48]。尹鐵

---

41 抱川(포천): 경기도 동북부에 위치한 고을.

42 嚴程(엄정): 기간이 정해져 있는 여정 또는 빠듯한 여정을 의미하나, 여기서는 귀양길을 뜻함.

43 楊門(양문): 梁文의 오기. 경기도 포천군 영중면 양문리이다. 梁文驛이 있었다고 한다.

44 永平(영평): 경기도 포천군 영중면 영평리.

45 安旭(안욱, 1564~?): 본관은 廣州, 자는 明遠, 호는 淸川.

46 差池(치지): 모양이나 시세 따위가 들쭉날쭉하여 일정하지 아니함.

47 朴信男(박신남, 1563~?): 본관은 高靈, 자는 士立. 1579년 식년시에 급제하였다.

原英賢[49], 自府中出候, 不唯供接以情, 且有贐行之資。

十四日。寒猶苦。

朝發豐田, 暮宿省昌[50], 金化[51]倅趙瓚, 以都事出站[52], 或有薪芻之濟, 而終不見公。可見人之畏時議也。

十五日。有雪。

朝發省昌, 午過直木[53], 暮入金城縣[54]。縣令李埈[55], 接公甚勤, 至于流涕嗟傷。此人性甚魯鈍[56], 曾爲公郎僚, 多不見用而到此。其情如此. 豈非廖立之泣孔明者[57]也?

이항복의 측실에서 난 둘째아들 李箕男의 장인이기도 하다.

48 豐田驛(풍전역): 철원의 남쪽으로 30리에 있던 역참.

49 尹鐵原英賢(윤철원영현): 尹英賢(1557~1639). 본관은 坡平, 자는 彦聖, 호는 晩村. 1588년 과거에 급제하여, 왕자 師傅를 지냈다. 鴻山縣監, 삼가현감, 개성부도사, 의빈시도사, 철원부사, 첨지중추부사, 장단부사, 영해부사를 역임하였다.

50 省昌(성창): 生昌의 오기. 강원도 철원군 금화읍에 위치했던 역참.

51 金化(금화): 강원도 철원군에 위치한 고을.

52 出站(출참): 使臣·監司·賓客을 맞이하고 접대하기 위해 그가 숙박하는 가까운 역에서 사람을 내보내는 錢穀·驛馬를 支供하는 일.

53 直木(직목): 강원도 金城縣 북쪽 8리에 위치했던 역참.

54 金城縣(금성현): 강원도 금화군에 있던 현명.

55 李埈(이준): 《光海君日記》 1618년 7월 3일자 4번째 기사에 의하면 李隼의 오기임. 《關東誌》 하권의 金城先生案에서도 역시 광해군일기와 같다.

56 魯鈍(노둔): 둔하고 어리석어 미련함.

57 廖立(요립): 蜀漢의 정치가. 그는 자신의 재주가 諸葛亮의 다음은 될 만하다고 자부하였는데 劉禪이 즉위하여 자신을 侍中에서 長水校尉로 좌천시키자 강한 불만을 갖게

十六日。

抱川親族之送公於道者，不特十餘人，前此稍稍落歸，到此已盡，行間只有子弟從僕數人而已。公有別諸姪詩曰：

達士遺天地　如何意慘然
非無一掬淚　恥灑別離筵

峽天陰晦氷，路間關回望，終南已杳然，投荒行色，安得不悽然？過昌道[58]牟棧{卽菩提坂.}，暮投新安驛[59]宿。

十七日。

淮陽[60]府使李淑命，自府中侵霜到矣。緣奇相昨入府中，有闕出候未安云，言甚款款。將發，李敦詩{名時白. 受學於公，官至領議政，延陽府院君.}自伊川[61]追至，一行不覺倒屣以出見，此亦喜跫音之情也[62]。午抵逍遙嶺上，有士人趙元方[63]，自北青廻，步挽公

되었다. 그리하여 國事의 득실에 대해 원망하는 말을 하였다가 先帝를 비방하였다 하여 제갈량에 의해 평민으로 강등되어 汶山으로 쫓겨 갔는데, 제갈량이 죽었다는 소식을 듣고는 울며 탄식하기를, "내가 끝내 夷狄의 땅에서 죽겠구나."라고 했다는 일화가 있다.

58 昌道(창도): 강원도 鐵原郡에 위치했던 역참.

59 新安驛(신안역): 강원도 淮陽郡에 위치했던 역참.

60 淮陽(회양): 강원도 북동부에 위치한 고을.

61 伊川(이천): 강원도 서북부에 위치한 고을.

62 《莊子》〈徐无鬼〉에 "텅 빈 골짜기에 숨어 사는 사람은 명아주와 콩잎이 족제비의 길마저 막고 있는 터라, 빈 골짜기에서 홀로 걷다가 쉬다가 하노라면, 다른 사람의 걸어오

車[64], 通名以拜, 仍道北青事甚詳, 慰勉行李亦勤, 趙是無素分者也。暮入淮陽府中人家宿。謫客姜正言大進[65]·柳秀才文錫[66], 乘昏來拜公, 各言謫況之苦, 以此勉之。

十八日。

早發淮陽. 過銀溪[67], 至黃魚淵邊歇馬, 府使送行止此, 柳兎山藪[68]{公之娚[69]姪.}辭歸。午上鐵嶺[70], 嶺幾捫參[71], 鳥道[72]懸雲, 白

는 발자국 소리만 들어도 기뻐하는 것이다.(逃虛空者, 藜藋柱乎鼪鼬之逕, 踉位其空, 聞人足音跫然而喜.)"라고 한 데서 온 말.

63 趙元方(조원방, 1574~?): 본관은 漢陽, 자는 季式. 1606년 식년시에 급제하였다.

64 步挽公車(보만공거): 步挽車. 사람이 끄는 수레를 일컬음.

65 姜正言大進(강정언대진): 姜大進(1591~1658). 본관은 晉州, 자는 勉哉, 호는 寒沙. 姜大遂로 개명하였다. 1610년 식년시와 1612년 증광시에 급제하였다. 1613년 사간원 정언이 되었다. 1614년 광해군이永昌大君을 죽이자 鄭蘊이 간언하다가 유배된 일이 발생하였다. 정온을 구하는 소를 올렸다가 평소에 반목하던 鄭仁弘의 모함으로 삭직당하고 회양에 유배되었다.

66 柳秀才文錫(류수재문석): 柳文錫(1580~?). 본관은 晉州, 자는 子受. 1612년 李爾瞻·鄭汝立 등 대북파가 永昌大君을 지지하던 소북파를 제거하려고 誣獄을 일으켰다. 당시 황해도 鳳山郡守 申慄은 柳彭錫으로 하여금 兵役을 피하려다 붙잡힌 金景立에게 허위자백을 종용하여 誣獄을 꾸미게 하였다. 이 사건으로 유팽석이 역적으로 몰리자 사촌으로 連坐되어, 親鞫을 당하였고 流配刑을 받았다.

67 銀溪(은계): 강원도 淮陽郡 下北面 은계리에 있던 역참.

68 柳兎山藪(류토산부): 柳藪는 이항복의 누이가 柳思瑗(1541~1608)에게 시집갔는데 그의 소생임.

69 娚(남): 甥의 오기.

70 鐵嶺(철령): 강원도 淮陽郡과 함경남도 高山郡의 경계에 있는 큰 재.

71 捫參(문삼): 李白의 〈蜀道難〉에 나오는 구절. 參星은 蜀을 관장하는 별로, 고개가 높고 험함을 표현하는 말.

山茫茫, 關路悠悠。北上行色已酸然, 自嶺下高山如從天降, 一步回首, 後從尙木末矣。{公登鐵嶺作歌, 其辭曰:

鐵嶺 노픈 재예 자고가는 뎌 구롬아
孤臣冤淚을 비삼아 띄여다가
님계신 九重宮闕의 쁘려본들 엇더ᄒᆞ리

此歌傳播都下, 宮人皆習昌。一日, 光海君遊宴後庭, 酒酣聞此曲, 問誰所作也。宮人以實對, 光海愀然不樂, 因泣下罷酒。而終不能召還。至今聞之者, 莫不感泣。事載南原士人趙慶男[73]野史。

尤齋宋相國, 翻而爲詞曰[74]:

鐵嶺高處宿雲飛
飛飛何處歸
願帶孤臣數行淚
作雨去向終南北岳間
沾灑瓊樓玉欄干

---

72 鳥道(조도): 李白의 〈蜀道難〉에 나오는 구절. 새들만이 겨우 지날 수 있는 길로 험준함을 표현할 쓰는 말이다.

73 趙慶男(조경남, 1570~1641): 본관은 漢陽, 자는 善述, 호는 山西·山西病翁·산서처사·書夢堂主人. 전라북도 남원 출생이다. 《亂中雜錄》과 《續雜錄》 등을 저술한 의병장이다.

74 《宋子大全》 권148의 〈跋·書白沙鐵嶺歌後〉에 실려 있음.

南相國九萬, 嘗接北路, 過咸關嶺, 亦翻此歌爲詩曰[75]:

咸關嶺高復高
夜宿曉去寒雲飛
孤臣寃淚欲付汝
願帶爲雨長安歸
長安宮闕九重裏
倘向君前一霏霏

蓋以鐵嶺爲咸關者, 傳聞之異也.}

暮投高山驛[76]店宿, 店主曰: "今有兩大臣, 接迹而來, 必國裡有事矣. 似聞皆以孝母后得罪云, 獨國母異於閭閻之人乎?" 語勢漸危, 懼而止之。曺僉使大臨[77], 家在湖西, 因事入京, 適値公之是行, 旣匹馬隨之, 周旋行李, 不憚艱苦。公使曺歸曰: "旣逾嶺矣。吾尙無事, 道上勤君多矣。止此而返可也." 曺泣且言曰: "吾年七十, 不以老爲辭。長路隨公, 只效吾誠也, 不至顚踣足矣, 何憚勤苦? 況去路猶遠, 公病尙危, 吾身不死, 誓不中返." 言甚慨切, 聞者感嗟, 公有踰鐵嶺詩, 曰:

75 《藥泉集》27권의 〈題跋·白沙獻議手草跋〉에 실려 있음.

76 高山驛(고산역): 함경남도 安邊에 위치했던 역참.

77 曺僉使大臨(조첨사대림): 曺大臨(1556~?). 본관은 昌寧, 자는 士愼. 1599년 정시에 급제하였다.

孤臣不度濟人關　日月昭昭宇宙寬
青海怒聲風氣勢　白山孤影雪孱顔[78]

恩加沙塞氷先泮　心健關河路不難
唯有憶君千里夢　曉隨殘月趁朝班

十九日。有雪。

李敦詩辭歸，道上相分，去留俱涕。早發高山，行至富坪川邊．許天慶，自咸營來迎，望公行色，不禁悲泣。午憩南山驛[79]，冒雪入安邊[80]，府使吳煥[81]丁父憂，在殯斂[82]中，送箕男[83]{公之側室子。知事也.}，往弔之，以致纍人[84]，不敢來弔之意。吳卽使其子來謝之。

二十日。

一行人馬，驅馳度嶺，困仆不任，道留休。北青判官趙元範[85]，

---

78 孱顔(잔안): 들쭉날쭉 나란하지 않은 것을 뜻함. 산세가 험준한 것을 가리킨다.

79 南山驛(남산역): 함경남도 安邊에 위치했던 역참.

80 安邊(안변): 함경남도 최남단에 위치한 고을.

81 吳煥(오환, 1572~?): 본관은 海州, 자는 士輝, 호는 雪厓.

82 殯斂(빈렴): 시체를 관에 넣은 채로 잠시 안치하는 것.

83 箕男(기남): 李箕男(1598~1680). 본관은 月城, 자는 靜叔. 아버지는 李恒福이다. 이항복 측실의 둘째아들이다. 1636년 병자호란 때 남한산성에서 왕을 호종하였으며, 예조판서라 가칭하여 청나라 진지에 왕래하기도 하였다.

84 纍人(누인): 귀양살이하는 사람.

自京廻, 歷拜于公, 槩聞廷請尙未完。邑中男婦來見公行色者如市, 擧皆嗟傷. 中有一老婦, 凝涕以言曰: "皓首相公, 非有罪者, 何謫之遠乎?"云。

二十一日。

朝渡南江, 午憩元山[86]. 坐看漁人, 撑小艇入, 風濤出沒, 漁釣若履平地。此正近來浮世狹, 何似釣船中者也? 有採石花[87]來進者, 公亦一解頤[88]。暮投德源[89]府中宿, 主倅洪峻, 出接款曲[90]。

二十二日。

日寒極酷, 行路亦斷, 咋旣歇馬, 又滯未安, 强發德源。行至鐵關峴[91], 駐車觀海, 雪日新晴, 海天無雲, 滄溟[92]浩浩, 萬里無邊。公不覺豁然開抱, 曰: "老夫不有此行, 焉能見此世界?" 午入文川[93], 日寒尤酷, 主倅無分, 且病廢衙。行中有與高原[94]守安大

---

85 趙元範(조원범, 1565~?): 본관은 漢陽, 자는 伯式. 1616년 증광시에 급제하였다.
86 元山(원산): 함경남도 남단에 위치한 항구 마을.
87 石花(석화): 굴.
88 解頤(해이): 입을 크게 벌리고 웃는 것.
89 德源(덕원): 함경남도 문천·원산 지역의 옛 지명.
90 款曲(관곡): 매우 정답고 친절함.
91 鐵關峴(철관현): 함경남도 덕원의 북쪽에 위치한 고개 이름.
92 滄溟(창명): 큰 바다.
93 文川(문천): 함경남도 남부에 위치한 고을.

奇[95]相知者, 進言於公曰: "今日苦寒, 人馬皆凍, 若夕栖失所, 夜必傷損。此去高原, 不甚懸遠, 邑倅安素受遇於公, 一生感戴。今公此行, 必不泛泛, 姑此忍寒前進, 以便托宿."云。一行皆以爲然, 卽就道前進。至箭灘[96], 野廣山低, 夕風益烈, 車傾馬旋, 寸步亦逆, 一行號寒極矣。然猶謂到高原, 必將有痛定之喜, 强鞭催趲。及至于郡, 則邑中寂然, 無一人迎矣。倩人問所館, 則陰谷廢舍而戶不掩矣, 問其邑守, 則午酒未醒, 而衙已閉矣, 廚給則已矣。薪芻亦不濟, 日旣昏黑. 無緣賴辨, 搜出行錢, 使之買薪, 則邑處野中, 束薪如桂[97]。上下絶爨度夜, 公亦假寐冷突。至於鬚鬢黏氷, 侍者呵手, 煖髯以達宵[98]。春僉使, 慷慨老人, 失聲痛哭。武人雖不足責, 孰謂危苦之際, 若是其甚也?

二十三日。

以其薪芻之難, 趁早以發, 大奇乘轎, 帶醉來見。公停車道次[99], 賜語溫然, 待渠辭退而後起。將入永興[100]境, 府使趙孝南,

---

94 高原(고원): 함경남도 남부에 위치한 고을.

95 安大奇(안대기, 1563~?): 본관은 竹山, 자는 起甫. 1589년 증광시에 급제하였다.

96 箭灘(전탄): 함경남도 高原郡 남쪽 15리 지점에 있는 개여울.

97 薪如桂(신여귀): 전국시대 蘇秦이 楚나라에 가서 楚王을 설득했으나 듣지 않으므로 이내 하직하고 떠나려 하자, 초왕이 왜 그리 빨리 떠나려 하느냐고 물으니, 소진이 "초나라에는 밥이 玉보다 귀하고, 땔나무가 계수나무보다 귀하다.(楚國之食貴于玉, 薪貴于桂.)"고 대답한 데서 온 말.

98 達宵(달소): 밤을 새움.

匹馬來迎, 問慰行李, 色戚若涕汪如也。及入府, 供接皆誠. 窮途易爲德感, 此情款如何? 武人尹璛[101]來謁公。尹亦寃獄之徒, 竄非其罪, 又遭家慘, 慘怛之中, 又拜于公, 不覺泣成聲也。有一府妓, 故權判書徵[102], 曾所畜者也。半生守燈, 志老愈堅, 素知大郎[103], 是權壻[104]緣此來謁, 能說舊時事, 勉慰公意。

---

99 道次(도차): 도중.

100 永興(영흥): 함경남도 남부에 위치한 고을.

101 尹璛(윤숙, 1581~?): 본관은 海平, 자는 元玉. 1605년 증광시에 급제하였다. 아버지가 영의정 尹承勳(1549~1611)이다.《光海君日記》1615년 9월 7일자 申景禧의 옥사에 의하면, 白翎僉使 尹璛과 鳳山郡守 尹珙이 그의 일족 卞悌元·卞忠元 등과 함께 역모를 꾸몄는데, 윤숙으로 하여금 군사를 배 안에다 숨겨 싣고 西江에 있는 許頊의 정자 아래로 가서 정박한 다음 인목대비를 빼내오고, 仁城君의 어린 아들을 안아다가 몰래 섬에 체류하면서 옹립하고자 하였으며, 그렇게 하면 黃愼·南以恭 등이 방금 海西에 귀양을 가 있는 중이므로 조정을 만들 수 있다고 하였다 한다. 이러한 무고가 벌어지게 된 배경은 윤숙의 큰아버지 尹承吉의 사위가 선조의 일곱째 아들인 인성군이었기 때문인데, 역모는 사실무근이었으나 광해군이 끝까지 의심해 윤숙은 永興에 유배하고 윤공은 通川에 유배하였다. 또한 1617년 3월 통천에 정배한 윤공의 배소에 불이 났다. 윤공의 어미는 지아비가 1611년에 죽어서 장남 윤공을 따라갔다가 한밤중에 화를 당하여 미처 빠져나오지 못했는데, 이때 윤공 및 윤공의 여동생, 윤공의 서모가 서로 뛰어 들어가 구하려다가 모두 불에 타죽었다.

102 權判書徵(권판서징): 權徵(1538~1598). 본관은 安東, 자는 而遠, 호는 松菴. 1586년 형조참판이 되고 전후해서 충청·함경도관찰사를 거쳐, 1589년 병조판서로 승진하였다. 그러나 서인 鄭澈이 실각할 때 그 黨與로 몰려 평안도관찰사로 좌천되었다. 임진왜란이 일어나자 경기도 지방의 중요성을 감안해 경기관찰사에 특별히 임명되어 임진강을 방어해 왜병의 서쪽 지방 침략을 막으려고 최선을 다하였다. 그러나 패배하고 삭녕에 들어가 흩어진 군사를 모아 군량미 조달에 힘썼으며, 權慄 등과 함께 경기·충청·전라도의 의병을 규합해 왜병과 싸웠다.

103 大郎(대랑): 큰아들.

104 權壻(권서): 이항복의 첫째아들 李星男. 그는 처음에 判書 權徵의 딸에게 장가들어 1남 1녀를 낳고 나중에 主簿 金繼男의 딸에게 장가들어 2남 4녀를 낳았다.

二十四日。

日寒猶苦。公昨傷於高原, 氣頗不平, 且被主倅殷勤留休。一行頗恨安公, 交相詆之, 公解之曰: “人生雖困, 豈賴安公? 且觀其人, 連喪子女, 心性已失, 言辭擧止, 非復曩時之大奇, 尙哀憐之不暇, 奚且憾焉?”

二十五日。

朝渡龍興江[105], 踰黑石嶺[106], 府使趙送行至此。午憩草原德津江[107], 夕投草原驛村。郵官[108]李譚[109], 適病重不得出, 送人問公, 仍致酒饌, 頗存勤款。

二十六日。

朴信南家奴[110], 自京來, 乃是張知事晩[111]{公之門下士。官至玉城

---

105 龍興江(용흥강): 함경남도 高原郡 雲谷面의 角高山 남쪽에서 발원하여 영흥평야를 관류하며 송전만으로 흘러드는 강. 옛 이름은 橫江이다.

106 黑石嶺(흑석령): 永興府의 동남쪽에 위치한 산.

107 德津江(덕진강): 德之灘인 듯.

108 郵官(우관): 각 역의 馬政을 관장한 찰방의 이칭.

109 李譚(이담, 1558~?): 본관은 星州, 자는 景應. 1605년 증광시에 급제하였다.

110 家奴(가노): 사삿집에서 부리는 종. 가노는 매매·증여·상속의 대상이었으므로 법제상 재물로 간주되어 주인의 호적에 부적되었으며, 소유주에게는 노동력의 공급원이었고 군사력으로도 이용될 수 있었다.

111 張知事晩(장지사만): 張晩(1566~1629). 본관은 仁同, 자는 好古, 호는 洛西. 병자호란 때 주화파 崔鳴吉의 장인이다. 1607년 함경도관찰사로 누르하치[奴兒哈赤]의 침입을

府院君.}, 慮公病減食, 劑送藥物, 附朴以傳也。一行喜得家信, 不啻聞天外音, 其去國情懷, 亦可想也。憑朴書, 概聞朝報廷請尙未完, 而又有奇許對卞之請, 此緣奇曾言, 筠有畜凶謀, 交搆兩宮事也, 因撥便[112]書報奇。行發到定平南村宿, 府使沈彦明[113]出接。

二十七日。

府使進酒慰公。發至咸定[114]境上, 道右有四個人, 出挽公車, 曰: "願且少停, 暫覩容顔." 卽停車, 則曰: "生長荒陬[115], 久慕德義. 豈知今日此路相逢? 公不有此行, 吾等將被髮矣." 公曰: "竊祿久矣, 焉能免此行? 無德而勤, 公之見, 亦可羞也." 仍問其姓名, 則定平儒生韓興邦·韓健·李庭芝, 咸興儒生李球等也, 而皆金淳昌柅[116]{居定平. 登文科, 官至黃海監司.}之門徒也。午憩鶴仙

경고하여 그 방어책을 세우도록 상소하였고, 1610년 다시 함경도관찰사가 되자 방비대책의 시급성을 역설, 中樞府同知事로 胡地의 지도를 그려 바쳤다. 그 후 형조판서, 병조판서로 大北의 亂政을 疎陣하였다가 왕의 노여움을 사게 되자, 칭병하고 고향에 은거하였다. 仁祖反正으로 다시 등용되어 八道都元帥로서 元帥府를 평양에 두고 있다가, 이듬해 李适의 난을 진압하여 振武공신으로 輔國崇祿大夫에 오르고 玉城府院君에 봉해졌다.

112 撥便(발편): 역참에서 공문서를 전하는 군졸 편에 어떤 일을 덧붙이는 일.

113 沈彦明(심언명, 1561~?): 본관은 靑松, 자는 士晦, 호는 琴隱. 1586년 알성시에 급제하였다. 관직은 刑曹參議에 이르렀다.

114 咸定(함정): 함흥과 정평을 통틀어 일컫는 말.

115 荒陬(황추): 황량하고 편벽된 땅.

116 金淳昌柅(김순창니): 金柅(1540~1621). 본관은 全州, 자는 止中, 호는 柳塘. 1547

亭[117], 川邊氷清莎淨愛。坐移時, 監司權公縉[118]{後官至判書.}, 使其衙奴送酒饌, 一行分飮, 好箇人情。夕度萬世橋, 到咸興城西。觀者塞街, 莫不嗟傷. 村氓里婦, 尙知鰲城相公焉。寓妓生德仙家, 方伯·都事·判官, 相繼來拜, 邑中士人之刺見者, 爭相迭進, 猶恐後人, 僕隸榮之, 如忘遠謫之苦。南虞候[119]張溍[120], 因公到此, 亦來謁, 供接一行。雖是監司·判官之款厚, 亦多有許天慶之周旋兩間耳。

년 良才驛 벽서사건으로 安邊에서 유배생활을 하던 白仁傑을 찾아가서 스승으로 섬겼다. 학문이 크게 진전되어 명성이 높았으므로 함경도관찰사인 金光軫이 맞이하여 자질을 교육시켰다. 1576년 사마시에 합격했다. 1582년 식년문과에 병과로 급제하여 1585년 영흥훈도에 임명되고, 이듬해에 성균관박사를 지내고 곧이어 전적이 되었다. 1588년 승문원 교검·교리·응교·수찬 등을 역임했다. 그 뒤 명천현감과 김화현감을 지내면서 많은 인재를 육성하고 풍속을 바로잡아 선정을 베풀었다. 임진왜란 때는 군대를 거느리고 金應瑞와 진두에서 많은 공을 세웠다. 1603년 舟師大將·담양부사 등을 역임하고, 1611년 공조참의가 되었다. 1612년 千秋使로 명나라에 다녀오고, 이듬해 병조참판·황해도관찰사 등을 역임했다.

117 鶴仙亭(학선정): 함흥의 서쪽 19리 지점에 있던 정자. 加乙罕川 가에 있었다.

118 權公縉(권공진): 權縉(1572~1624). 본관은 安東, 자는 雲卿, 호는 睡隱. 1613년 승지로서 계축옥사에 연루된 인목대비의 동생이며 金悌男의 아들인 金瑄의 감형을 청하였다. 1616년 수원부사가 되고, 이어 함경도관찰사·한성판윤을 역임하였다. 1621년 上洛君에 봉해지고, 우참찬을 거쳐 1622년 병조판서가 되어 권신 李爾瞻에게 아부하지 않아 수차 탄핵을 받았다.

119 南虞候(남우후): 과거를 거치지 않고 조상의 덕으로 벼슬자리에 오른 虞候를 이르던 말. 함경도의 北靑 南兵營에 주재하던 南道兵馬節度使 곧 南兵使가 있었는데, 그 밑에 虞候, 防禦使, 僉節制使, 同僉節制使, 萬戶, 節制都尉 등을 두었다.

120 張溍(장진, 1550~1640): 본관은 丹陽, 자는 汝澄, 초명은 張瑨, 호는 鹿野堂. 1582년 식년시에 급제하였다.

二十八日。

監司懇請歇馬, 且緣劑藥留此。李義南{公之庶從子。僉知.}兄弟, 自瑞興[121]追及之。流寓[122]士人安迪, 邑人進士韓仁滉[123]{蔭仕。官至縣監.}, 刺謁以退。方伯以下三官, 出入寓次, 日昏而還。城西有一老孀, 多送饌品, 致意眷眷, 此是故柳兵使珩[124]庶母, 而知柳之素受遇於公, 致情如此, 其感德亦深矣。

二十九日。

朝發咸山[125], 午到德山[126], 川邊歇馬。咸興人前奉常判官李汝

---

121 瑞興(서흥): 황해도 중북부에 위치한 고을.

122 流寓(유우): 이곳저곳으로 유리하여 떠돌아다니다가 고향이 아닌 곳에 임시로 정착하여 삶.

123 韓仁滉(한인황, 1570~?): 본관은 清州, 자는 德懋. 1606년 증광시에 급제하였다.

124 柳兵使珩(류병사형): 柳珩(1566~1615). 본관은 晉州, 자는 士溫, 호는 石潭. 1592년 임진왜란이 일어나자 창의사 金千鎰을 따라 강화에서 활동하다가, 의주 行在所에 가서 선전관에 임명되었다. 1594년 무과에 급제, 신설된 훈련도감에서 군사조련에 힘쓰다가 해남현감으로 나갔다. 1597년 정유재란 때 元均이 패전하였다는 소식을 듣고 통곡하면서, 통제사 李舜臣의 막료가 되어 수군재건에 노력하였다. 남해 앞바다에서의 전투에서는 명나라 제독 陳璘과 이순신의 곤경을 구하기도 하였다. 노량해전에서 적탄에 맞아 부상을 입고도, 전사한 이순신을 대신하여 전투를 지휘한 사실이 왕에게 알려져 釜山鎭僉節制使에 발탁되었다. 1600년에 경상우도수군절도사로 임명되었으며, 1602년 삼도수군통제사가 되었다. 다시 충청도병마절도사를 거쳐, 1605년 회령부사와 1607년 함경북도 병마절도사에 제수되었다. 이어서 경상도병마절도사·평안도병마절도사를 역임하고, 황해도병마절도사로 재임 중에 죽었다.

125 咸山(함산): 咸興의 다른 이름.

126 德山(덕산): 함흥에 위치한 동네.

海[127], 生員徐克溫[128], 佩酒來慰公. 暮入驛村宿。

三十日。

因行中病患, 不得已仍留。

二月

一日。辛卯。

因病患又滯。

二日。

行至咸關嶺[129]上, 陰雲黯慘, 虐雪滿空。嶺棧[130]欹危, 馬倒人顚, 苦哉行色。韓仁涀·許天慶, 護行到此而還。暮抵咸原驛[131]數家殘村, 甚是凋弊。公賦詩曰:

玄石山頭雪　吹來驛路霜
隨風迷大陸　寒日淡無光

---

127 李汝海(이여해, 생몰년 미상): 본관은 公州, 자는 大而. 1582년 식년시에 급제하였다.

128 徐克溫(서극온, 생몰년 미상): 본관은 利川, 자는 而直. 1617년 증광시에 급제하였다.

129 咸關嶺(함관령): 함경남도 함주군과 홍원군 사이에 있는 고개.

130 棧(잔): 棧道. 험산 산의 낭떠러지와 낭떠러지 사이에 사다리처럼 걸쳐 놓은 다리.

131 咸原驛(함원역): 함경도 洪原에 있던 역참.

三日。日寒剝膚。

朝發咸原， 暮入洪原城南趙生家， 趙則洪原妓也。曾年[132]尹善道[133]之謫也，趙妓持酒往慰之，辭語甚理。尹感其言，卽寄絶句曰:

我言固非時　爾知我不知
讀書不如爾　可謂吾生癡

云此語久落京口，公亦慣其名矣，邂逅途次，與之語。李高嶺彦惕[134]，自北遞回，留候公。朴萬戶震一，自北靑來，候公。縣謫客李丈耈俊[135]，林宣傳埱[136]，亦來見，李卽公洛中舊識，異鄉萍水，悲觀兩至，不耐情也。仍進盤飧，俱是洛中味，公不覺輕箸焉。

---

132 曾年(증년): 재작년. 지지난해.

133 尹善道(윤선도, 1587~1671): 본관은 海南, 자는 約而, 호는 孤山·海翁. 1616년 성균관 유생으로서 李爾瞻·朴承宗·柳希奮 등을 격렬하게 규탄하는 丙辰疏를 올렸다. 이로 인해 이이첨 일파의 모함을 받아 함경도 慶源으로 유배됐다. 1년 뒤인 1617년 경상남도 機張으로 유배지를 옮겼다가, 1623년 인조반정으로 이이첨 일파가 처형된 뒤 풀려나 義禁府都事로 제수됐으나 3개월 만에 사직하고 海南으로 내려갔다.

134 李高嶺彦惕(이고령언척): 李彦惕(1580~1643). 본관은 全義. 1605년 무과에 급제하였다. 咸鏡道水軍節度使 겸 鏡城府使를 지냈다.

135 李丈耈俊(이장구준): 李耈俊(?~1642). 본관은 全義, 자는 稽天. 일찍이 族父 李崇慶의 양자로 가 부유한 생활을 하였으나 광해군 때 李爾瞻을 위시한 大北 세력에 의해 가문이 정치적 탄압을 받자, 이에 연루되어 9년 간 洪原에 유배되었고 이후 빈한한 생활을 하게 되었다.

136 林宣傳埱(임선전숙): 林埱(생몰년 미상). 본관은 羅州, 자는 而厚. 기장현감을 지냈다.

五日。

朝發洪原, 李丈子裕基追送, 行至松峴[137]而還。暮抵平浦驛[138]宿。

六日。

發平浦至龍岸, 村邊歇馬, 踰雙嶺。嶺底武人李義龍·李彦麟等出候公曰: "公爲兵判時, 某等濫蒙拔, 補邊鎭, 一生感激, 豈知今日有此行耶?" 至撥幕[139]前, 將駐車替馬。兵使{卽玄楫[140]。冤死於甲子亂斬, 後自朝廷伸理[141].}送軍官申繼於從行曰: "可會川邊。已出候行多時, 幸駐須臾."云。因此直前, 則兵使旣與張虞候, 設帳具, 候公矣。公下馬就坐帳外, 進數盃卽起。兵使使虞候護行, 先入府中, 至晩到北靑。公有詩曰:

---

137 松峴(송현): 함경남도 高原郡 上山面에 위치한 고을.

138 平浦驛(평포역): 함경남도의 도로망인 居山道에 속한 역참. 함경남도 홍원군 용원면에 위치했었다.

139 撥幕(발막): 조선시대 撥軍이 교대하거나 말을 갈아타는 역참.

140 玄楫(현즙, ?~1624): 본관은 延州, 자는 汝濟. 1599년 渭原郡守를 거쳐 함경도첨사·무산첨사를 지냈다. 1610년 온성부사에 임명되어 북쪽의 변방을 담당하다가 제주목사로 부임받아 다시 남쪽으로 부임하였다. 그 뒤 남도병사를 거쳐 1616년 지중추부사가 되었다. 1618년 李恒福의 죽음을 '卒逝'로 표현했다 하여 탄핵을 받아 추고되었으나 2년 후에 다시 호서절도사로 임명되어 외지로 나갔다. 1621년 公洪兵使를 지냈다. 1623년 인조반정이 일어난 이후 논공행상에 불만을 품고 李适이 반란을 일으키자 도원수 張晩과 함께 중군에 임명되어 토벌에 참가하였다. 그러나 오히려 이괄의 난에 연루되었다고 모함을 받아 참형에 처해졌으며, 5년이 지난 후인 1627년에 누명을 벗고 관작이 복구되었다.

141 伸理(신리): 원통하고 억울한 일을 펴서 다스림.

古堠松牌記北青　板橋[142]西畔少人迎
群山定欲因豪傑　回望千峯鎖去程

寓姜胤朴之家，兵使已令修治寓所，具辨廚資器用，使喚無不畢給[143]。公只留爨婢[144]·牧奴各一，餘皆送還，料豆[145]亦多裁減。成廟朝士夫之竄謫邊遠者，例令其官有供饋[146]之教，因此已成規，故公亦受之。判官趙元範來謁，兵使進酒數巡而罷。北兵使李守一[147]，送人問慰公。

七日。

邑中父老，爭相來見。無論上下，來必親接，溫然借色，人之見者，若接天仙，莫不景仰奔走。儒生全鶴齡·李廷秀·金夢辰等六十餘人，來謁曰："適因釋奠[148]，入齋[149]校中，初臨之日，不

142 板橋(판교): 강원도 중서부에 위치한 고을.

143 畢給(필급): 畢足. 모두 만족함. 다 넉넉함.

144 爨婢(찬비): 밥 짓는 일을 하는 여자 하인.

145 料豆(요두): 소나 말에게 먹이는 콩.

146 供饋(공궤): 먹을 것과 입을 것 등 생활에 필요한 모든 것을 제공함.

147 李守一(이수일, 1554~1632): 본관은 慶州, 자는 季純, 호는 隱庵. 1583년 무과에 급제, 長鬐懸監으로 1592년 임진왜란에 의병을 일으켜 적을 무찌르는 데에 공이 컸으며, 1593년 密陽府使가 되고, 이어 경상 수사로 옮겨 분전했다. 후에 慶尙右兵使에 이르러 1605년 宣武공신의 호가 내라고, 광해군 때 3차나 北兵使가 되었다.

148 釋奠(석전): 전통사회에서 山川·묘사에 올리던 제사, 또는 문묘에서 孔子(文宣王)를 비롯한 4성 10철 72현을 제사지내는 의식.

149 入齋(입재): 제사 전날에 음식과 행동을 조심하며 재계하는 일.

得迎拜於道上, 大是歉恨。數年之前, 分閫[150]將相, 率是簡膺[151], 號令淸明, 牧守奉法, 生民安業, 歲亦多稔, 問其朝廷, 秉政是誰, 則相公坐閤體察[152]兩邊。數年以後, 列宰多易, 貪風爭起, 民賦[153]無常, 水旱連仍, 械縲載路, 怨氣熏天, 問相公, 則已去位而國事多矣。是以知相公之進退, 治亂有係, 蒼生屬望[154], 每切加額[155], 豈料今日復謫荒陬? 此生得覩懿範, 縱是生等之幸, 其於擧國生靈何?" 言甚有理。晩有前典籍劉敬祥來拜, 爲人强記, 能說故事, 此其北門典故矣。沈諝[156]兄弟來拜。

八日。

兵使進酌慰公, 虞候·判官亦來。主妓晩玉, 乃北門舊娼也. 而李淸江[157]{名濟臣。爲公先輩而最親厚.}爲北閫, 時所寵者, 因此

150 分閫(분곤): 외방의 兵權을 맡아서 나가는 것. 옛날 장군을 보내어 출정할 때에 임금이 그 수레바퀴를 밀어 주며, "성문턱 이내는 내가 통제하고 성문턱 밖은 장군이 통제하라."라고 하였다.

151 簡膺(간응): 여러 사람 가운데서 뽑히어 중임을 맡음.

152 體察(체찰): 전체를 총괄하여 보살핌.

153 民賦(민부): 세금을 백성들에게 부과하는 것.

154 屬望(속망): 잘 되기를 바라고 기대함. 희망을 걺.

155 加額(가액): 두 손을 이마에 대는 것으로 상대방에게 경의를 표하는 것.

156 沈諝(심서, 1585~1640): 본관은 靑松, 자는 子賢. 증조부가 沈達源, 조부가 沈銓, 아버지가 沈友俊이다. 동생이 沈誼이다.

157 李淸江(이청강): 李濟臣(1536~1583). 본관은 全義, 자는 夢應, 호는 淸江. 吳祥常이 신망해 사은사의 종사관으로 선발, 명나라에 다녀왔다. 1571년 울산군수로 나가 아전들의 탐학을 근절시키고, 백성들의 불편을 없애는 데 힘썼다. 1578년 진주목사가 되어

先容[158]見公。公喜其爲淸江所眄, 待之不間。渠亦滑轉機警[159], 善知人意, 能道風流舊事。其夫姜胤朴, 善治産, 家甚足, 僕從[160]滿庭, 醉飽遣日, 不知人間有憂畏事。公戱題其板扉曰: "人生不必辛勤作宰相, 但得如姜胤朴, 足矣."云.

九日。

兵使·判官·虞候來見。兵使謂姜胤朴家狹小, 不便久居, 修治劉生{卽姜胤朴婿.}家, 親自指揮監董[161]. 雖微細事, 不爲放過, 必以誠。

十日。

判官進酌慰公. 兵使·虞候·沈諝兄弟亦來。沈是洛中士子, 以族連累於沈獄[162], 來配甲山[163]. 隔闊歲久[164], 生死相疑。其老

선정을 펴서 공이 많았는데, 이때 토호들의 모함으로 兵符를 잃고 벼슬을 사임, 향리에 은거하였다. 1581년 강계부사로 다시 등용되고, 이어서 함경북도병마절도사가 되었다. 그러다가 1583년 여진족 尼湯介가 쳐들어와 경원부가 함락되자, 패전의 책임으로 의주 麟山鎭에 유배되었다가 그곳에서 죽었다.

158 先容(선용): 남보다 먼저 보살핌을 받고 보기 좋게 꾸며져서 임금의 총애를 받는 것을 말한다. 前漢 鄒陽의 '獄中上書'에 "뿌리와 가지가 구불구불 휘어진 나무도 임금의 총애를 받는 수가 있는데, 그 이유는 좌우에서 모시는 신하가 임금을 위해 먼저 그 나무를 아름답게 꾸며 주기 때문이다.(蟠木根柢, 輪囷離奇, 而爲萬乘器者, 何則, 以左右先爲之容也.)"라는 말이 나온다.

159 機警(기경): 날쌔고 재치 있음.

160 僕從(복종): 잡일이나 천한 일을 하는 남자 하인.

161 監董(감동): 책의 편찬이나 城役 등의 公役의 일을 감독함.

母不勝慈情, 自京來此, 將往子所, 兵使愍然, 使二沈出來相見. 仍許留在城邊, 待親之還也。適所寓與我比隣, 故逐日相對。是日朴成川燁[165], 送人慰公, 仍致客需。

十一日。

邑中儒生李廷秀, 挈酒饌來慰, 劉典籍亦來。

十二日。

邑中品官[166]十餘人, 來謁以歸。兵使子玄太虛[167]來見, 仍出其所著詩二首, 請考之。

---

162 沈獄(심옥): 七庶之獄이라고도 하는 1613년 癸丑獄事를 가리킴. 이때 沈銓(1520~1589)의 서자 沈友英(?~1613)이 그 중의 한 사람으로 가담했다. 沈詻(1571~1654)과 沈諝(1585~1640)의 아버지가 沈友俊이고, 할아버지가 沈銓이다. 심액은 어머니가 竹山朴氏 朴世烱의 딸이며, 沈友勝에게 입양되었다. 沈諝와 沈誼는 同腹兄弟이다.

163 甲山(갑산): 함경남도 북동부에 위치한 고을.

164 沈友俊의 부인은 竹山朴氏와 恩津宋氏가 있었으니, 심서 형제의 어머니가 아마도 은진송씨인 것으로 짐작됨.

165 朴成川燁(박성천엽): 朴燁(1570~1623). 본관은 潘南, 자는 叔夜, 호는 葯窓. 1610년 2월에 黃州牧使兼兵馬使, 1611년 4월에 咸鏡道兵馬節度使, 1612년 9월에 長興府使, 그 해 11월에 同副承旨, 1613년 11월에 義州府尹, 1616년 9월에 成川府使가 되었다. 그가 성천부사가 된 후, 1618년 7월경까지 사이에 여러 館舍를 복구하고 成川에 降仙樓를 창건하였다. 1618년 9월에 평안도 관찰사가 되었다.

166 品官(품관): 품계를 가진 관리. 토착사회의 지배자로서 군림해왔다. 이들은 在地地主로서 강력한 경제적 富를 기반으로 중앙 정계에 진출할 수 있는 부류들이었다. 따라서 당장은 관직을 가지고 있지 않지만 이미 관직을 가지고 있었거나 언젠가는 관직을 차지할 수 있는 사람들이었다.

167 玄太虛(현태허, 생몰년 미상): 본관은 延州, 자는 星七.

十四日。

品官金夢辰·李羲龍等來謁。

十五日。

兵使進酌，虞候·判官·二沈亦來，蓋爲別楊口也。{楊口，卽公之長胤，諱星男．官至通政，鐵原府使．贈兵曹參判，鰲興君.}

十六日。

儒生趙龍生·趙鱗生等來拜。

十七日。

楊口·曺僉使，辭歸洛。楊口北陪鯉庭[168]，南隔魚軒[169]．此行勢將奔疲。道路辭別之際，縱念致傷，公懷强作怡愉，而退出門，已見淚如泉矣。一行之留侍公者，皆出臨淸江上送別，去留莫不洒涕沾巾，行路觀者，亦爲之吁噫。

168 鯉庭(이정): 부친이 있는 집의 뜰. 孔子가 일찍이 뜰에 지나가는 그의 아들 鯉를 불러 세우고 詩와 禮를 배워야 한다고 훈계한 故事에서 나온 말이다. 여기서 부친을 일컫는 말로 쓰였다.

169 魚軒(어헌): 귀부인 타는 수레. 魚皮로 장식한 수레이다. 여기서는 모친을 일컫는 말로 쓰였다.

十八日。

鄭承旨弘翼[170], 將過北青, 公送箕男, 於道上問其行. 夕到公寓.

十九日。

兵使·虞候來見, 劉典籍來謁, 方伯送米饌。

二十日。

移寓劉生家, 庭除[171]寬敞[172], 房寢精潔, 可堪居止[173], 此皆兵使經意[174]者也。金正德誠[175]將過, 送箕男路中相邀。

---

170 鄭承旨弘翼(정승지홍익): 鄭弘翼(1571~1626). 본관은 東萊, 자는 翼之, 호는 休翁·休軒·休菴. 1608년 이후 중앙에 돌아와 교리·성균관사예 등을 지내고, 1612년 성천부사가 되었다. 이듬해 벼슬에서 탈락되어 散班으로 지내다가 冬至使가 되어 명나라에 다녀와 分院承旨가 되었다. 1617년 仁穆大妃 폐모론이 일어나자 이를 극력 반대, 극간하다가 진도·종성·광양 등지에 유배되었다.

171 庭除(정제): 섬돌의 아래. 곧 뜰이나 마당을 이른다.

172 寬敞(관창): 앞이 탁 트여 넓음.

173 居止(거지): 거주함. 거처함.

174 經意(경의): 經心. 유의함. 주의함.

175 金正德誠(김정덕성): 金德誠(1562~1636). 본관은 商山, 자는 景和, 호는 醒翁. 金德諴으로 개명하였다. 1597년 일본의 재침으로 分曹가 세워지자 호조정랑으로서 分戶曹正郎을 겸임해 군량 조달에 힘썼다. 광해군 때 軍器寺正에 이르렀으나 1617년 仁穆大妃에 대한 폐모론이 일자 이항복·鄭弘翼의 의견을 좇아 반대하다가 南海에 유배되었으며, 명천·온성·사천 등지에 이배되었다. 1623년 인조반정으로 풀려나 집의와 예조·병조·형조·공조의 참의와 승지·부제학·대사성·대사간·여주목사·춘천부사를 거쳐 1636년 대사헌에 올랐다.

二十二日。

二沈陪公，終日仍說。北地苦寒，生民無契活[176]，守宰貪暴，漁奪[177]亦無紀極。近來言其淸簡愛民者，以前時兵使柳承緖{公之褊裨。後寓居仁同[178]，與張旅軒顯光[179]，論性理之學.}，甲山府使具仁垕爲最，此皆公所薦用者耳。

二十三日。

利城[180]縣監李厚輿[181]，送米饌，公謂以贐行[182]，受之不辭。

二十五日。

邑儒李廷秀·李挺立等來謁.

---

176 契活(결활): 살아가기 위해 애쓰고 고생함.

177 漁奪(어탈): 어부가 물고기를 잡듯이 관리가 백성의 재물을 빼앗음.

178 仁同(인동): 경상북도 구미의 동부지역에 위치한 고을.

179 張旅軒顯光(장여헌현광): 張顯光(1554~1637). 본관은 仁同, 자는 德晦, 호는 旅軒. 일생을 학문과 교육에 종사했고 정치에 뜻을 두지 않았으나, 당대 산림의 한 사람으로 왕과 대신들에게 도덕정치의 구현을 강조했고, 인조반정 직후에는 공신들의 횡포를 비판하고 함정수사를 시정하게 하는 등의 영향력을 행사하기도 하였다.

180 利城(이성): 함경남도 利原의 옛 이름.

181 李厚輿(이후여, 1586~1657). 본관은 全州, 자는 重夫, 호는 東皐. 李敬輿의 4촌 아우이다.

182 贐行(신행): 먼 길을 떠나는 사람에게 주는 물건.

二十六日。

邑儒全鼐勳[183], 來致束脩[184], 請學韓文。鼐勳邑中年少而最聰敏者也。公試教之, 頗通文理, 已解反隅[185], 公眷意勉之.{全鼐勳, 字台佐, 機張人。直長天德之子。登己巳文科, 官至察訪.}

二十七日。

兵使·虞候來見. 乫波知僉使李士郁[186], 送軍官問公。金正字地粹[187]·李僉使愼義[188], 將之謫所, 送箕男相邀。

---

183 全鼐勳(전내훈, 1610~?): 본관은 機張, 자는 台佐. 1629년 별시에 급제하였다.

184 束脩(속수): 옛날에 처음으로 스승을 뵐 때에 가지고 간 간단한 예물.

185 反隅(반우): 한 가지를 일러 주면 그와 유사한 것은 미루어 안다는 뜻. 《論語》〈述而〉에 "한 모퉁이를 들어 일러 주었는데 세 모퉁이를 반증하여 알지 못하면 더 이상 말해 주지 않는다.(擧一隅, 不以三隅反, 則不復也.)"고 한 데서 나온 말이다.

186 李士郁(이사욱, 1554~1618): 본관은 全州, 자는 文仲. 1584년 별시에 급제하였다. 1593년 龍仁縣令을 지냈고, 이후 軍器寺副正·鐵山郡守 등을 역임하였다. 또 熙川郡守·豊川府使, 1609년 都摠經歷을 지내고, 1618년 茄乙坡知僉使로 재직하다가 다른 직책을 맡고자 甲山을 지나던 중 사망했다.

187 金正字地粹(김정자지수): 金地粹(1585~1639). 본관은 義城, 자는 去非, 호는 苔川·苔湖·天台山人. 1616년 증광문과에 급제하고 校書館校勘에 올랐다. 1617년 奇自獻·李恒福·李元翼 등이 李爾瞻의 폐모론을 강력히 반대해 회령·경원으로 귀양갈 때 김지수도 부령으로 유배되었다. 1623년 인조반정으로 귀양에서 풀려나 正字 및 예조·병조의 낭관을 지냈다.

188 李僉使愼義(이첨사신의): 李愼義(1551~1627). 본관은 全義, 자는 景則, 호는 石灘. 1604년 괴산군수를 거쳐 廣州 목사·남원부사·홍주목사·해주목사 등을 역임한다. 그러나 1617년 영창대군을 죽이고 인목대비를 유폐하는 사건이 일어났을 때 강력히 항의하다가 회령으로 유배되었다. 인조반정 이후 형조참의, 형조참판 등을 역임했다.

二十九日。夜雪尺餘。

獸人[189]之迹虎者, 告於兵使, 兵使卽提騎卒若干, 將出獵, 戎裝來見公。公望見郊原, 衆騎爭馳, 雪飛風颯, 杳沒雲際。俄捕一豹以還, 公不覺氣動曰: “此事令人足能發豪, 猶勝書生白首下帷[190].” 兵使頗矜氣意[191].

▌三月

一日。戊申。日氣稍溫。

公散步庭際, 仍坐籬邊, 兵使送朝報一道。始知廷請已完, 有去尊號, 只稱西宮之教, 公曰: “近來國家, 治逆頗嚴, 然皆未見形迹。今此請廢之徒, 實是大逆, 吾所交儕, 亦多有參廷請者, 甚是恨事.” 侍傍者問曰: “某某皆是公最情親者. 他日相逢, 將何以待之?” 公曰: “是皆脅從[192]者, 其情雖可憐, 旣參其逆, 則交已絶矣。異時之遇, 不過泛然相對耳.”

---

189 獸人(수인): 그물을 쳐서 사냥한 짐승을 관장하며, 잡은 짐승의 좋고 나쁜 상태를 분별하는 사람.

190 下帷(하유): 방안에서 책을 읽을 때 휘장을 드리운다는 뜻으로, 독서를 이르는 말.

191 氣意(기의): 기분이 좋아짐.

192 脅從(협종): 협박에 못 이겨 따른 자를 말함.

二日。

公再中風。魅鄉近塞，風土甚惡。衰病遠謫，假使善飯，不能無慮，況又再中，安可望無虞？悶遑無極。前此十餘日來，公頗覺苦渴，喜進酸冷，侍人多戒，其不攝養[193]．公曰："一生餌藥節食者，只要無恙到老爾，今旣宦成名立，幸爾年亦將七十，此外更何求，而强自苦攝，以絶口所快也？今日再中，亦不以死生爲念矣．"

三日。

昨中不甚重，向晩猶能起居，而語音稍澁。夕間兵使進酒饌，蓋爲踏靑[194]設，而勉慰公客中病懷。

四日。

二沈侍御終日．邑人李廷立·全天道·天則，來拜。

五日。

端川倅李廷臣[195]，送米饌甚足。

---

193 攝養(섭양): 攝生. 몸을 튼튼하게 하고 병이 생기지 않도록 생활을 잘하는 것.

194 踏靑(답청): 음력 삼월 삼짇날이나 청명일에 산이나 계곡을 찾아가 먹고 마시며 봄의 경치를 즐기는 풍속. 특별히 삼월 삼짇날을 踏靑節이라고 부르는데, 이날은 새봄이 찾아옴을 기뻐하여 술과 음식을 장만해 경치가 좋은 산이나 계곡을 찾아가 꽃놀이를 하고, 새 풀을 밟아 봄을 즐기는 것이라고 해서 붙여진 이름이다.

195 李廷臣(이정신, 1559~1627): 본관은 全州, 자는 公輔. 1594년 선천군수에 이어 光

六日。

兵使·虞候來見, 李義龍·李廷秀·趙周民來拜。

七日。

乶下[196]僉使辛應材, 送人來問。

八日。

在調攝中, 判官趙元範, 移差萬頃[197]縣令, 將就道來辭公, 公曰: "此來相從, 情分甚熟. 忽此分張[198], 意甚忽忽. 須勉道途無恙."云. 別意慇懃。趙最拙於語言, 素以妄發, 名於一時, 每在公前, 人相以謔浪懽笑。且性柔弛, 居官雖無治政, 與人甚無稜芒, 人皆不苦之。來代曺挺立[199], 乃是仁弘門徒, 向爲癸丑, 諫官攻

州牧使가 되어, 민심을 수습하고 선정하였다 하여 1598년 전주부윤에 영전하였다. 1600년 해임된 병조판서 洪汝諄을 지나치게 공박하다 선조의 노여움을 사 북도에 유배되었다. 곧 풀려나 동부승지가 되고 이어서 나주목사·廣州牧使·용양위호군 등을 차례로 역임하고, 1610년 경상도관찰사가 되었다. 1612년 의주부윤으로 재직 중 다시 충청도관찰사로 전임되고 1615년 사은사의 부사로 명나라에 다녀왔다. 1618년 銀의 채광 임무가 막중한데도 단천군수가 되어 임무를 잘 수행하였다.

196 乶下(볼하): 乶下鎭. 함경북도 會寧에서 서쪽으로 두만강을 거슬러 10km 정도에 있던 鎭이다.

197 萬頃(만경): 전라북도 김제지역에 위치한 고을.

198 分張(분장): 이별함. 헤어짐.

199 曺挺立(조정립, 1583~1660): 본관은 昌寧, 자는 而正, 호는 梧溪. 1605년 증광시에 급제하였다. 남명 曺植의 문인이다. 仁穆大妃 폐모론에 반대하여 北靑判官으로 좌천되었다. 그 이전 1613년 계축옥사 때 이항복을 탄핵할 것을 주장한데 대해 사과하여 1618년

公甚有迹, 且其竄公, 時獻納也。一行慮有彼此之嫌, 相與爲言, 公曰: "彼是吠聲[200]之徒, 素來[201]無恩怨, 今日異鄕萍水, 安知待我更厚於趙也? 且彼是官, 我是纍人, 自有分限, 固無相干, 假使不懽我也, 有何所慮? 只望汝等, 愼戒言行, 勿生疑阻, 可也." 劉典籍·曺仁立·義立等來拜。

九日。

近日連在調攝中, 居山[202]察訪羅茂松[203], 自本驛來拜。

十日。

兵使將往咸興來拜。

十一日。

判官曺挺立赴任。輸城[204]察訪鄭良胤[205]·穩城[206]判官金昕[207],

5월 이항복이 유배지 북청에서 죽자 祭文과 挽詞로 장례를 정성껏 치루어 주었다.

200 吠聲(폐성): 소리만 듣고 짖는다는 뜻으로, 진상도 모르는 채 남따라 말한다는 의미.

201 素來(소래): 평소부터. 종래. 원래.

202 居山(거산): 조선시대 전라도 지역의 역도 중 하나인 參禮道에 속한 역. 전라도 태인에 위치하였으며, 찰방이 파견되어 역무를 관할하였다.

203 羅茂松(나무송, 1577~1653): 본관은 羅州, 자는 秀夫, 호는 滄洲·晩翠·勿染亭. 1606년 사마시에 합격하였으며, 1615년 문과에 급제하여 居山察訪에 제수된 후 예조·병조의 郎官과 正言·持平·현감 등을 역임하였다. 그는 尊賢慕義 사상이 높아 1630년 禮安縣監으로 부임시 먼저 효자·열부 및 李滉의 묘를 참배하였으며, 선정을 베푸니 백성들은 그를 존모하여 송덕비를 세웠다.

一時到北青。此皆丁巳臺諫, 及停廷請又有極地之論, 欲將回避, 頗存痕迹, 自上特差是任。

十二日。

鄭良胤·金盿來拜公曰: "去年我等送大監於此地, 今年大監見我等於此路, 人事好飜覆, 然往年之事, 豈我等本情? 只不忍一時死耳, 爲惡且不意, 今日得有此行, 大監之門, 豈我等所蹈? 初欲裹面匿迹, 直往而不造, 更念情迹有異, 事有可原, 敢來唐突耳." 其縮恧悔吝之色, 溢於言外。鄭輸城云: "往冬, 論大監之日, 小生言於同席曰: '大臣論罪, 自有一會之規, 今日直擧圍置, 不其汰乎?' 時論方鋭, 孰應吾言? 咫尺相看狼狽, 到死實難塞責."云。公

---

204 輸城(수성): 輸城驛. 함경북도 淸津 壽城洞에 있었던 역참.

205 鄭良胤(정양윤, 1589~?): 본관은 東萊, 자는 孝元. 1615년 식년시에 급제하였다. 1616년 4월 사간원 정언에 임명되었고 이후 司憲府持平·弘文館修撰에 제수되었다. 1618년 2월 鄭昌衍의 廢母 반대 주장에서 혐의를 피하려는 계책으로 상소하여 覲親을 청한 일로 고신과 관직을 빼앗겼다. 광해군 대에 淸要職인 言官으로 활동하였고, 인조반정 이후는 폐모론에 가담하였다는 이유로 정치적으로는 失勢하였다.

206 穩城(온성): 함경북도 북쪽에 위치한 고을.

207 金盿(김호, 1584~1631): 본관은 安東, 자는 晦甫. 1612년 정언이 되어 모호한 근거로 金搢을 탄핵하여 파직당하였다. 1614년 다시 정언으로 서용되었으며, 옥당록에 오르고, 겸문학·지평으로 옮겼다. 이때 仁穆大妃 폐비에 찬성하고, 그에 반대하는 奇自獻을 탄핵하였다. 그러나 한편으로는 인목대비에게 예를 갖춘다고 공격받았으며, 또 폐비의 절차를 맡지 않으려 하였다는 이유로 穩城判官으로 좌천당하였다. 1621년 수찬에 임명되었으나, 1623년 인조반정이 일어나자 도망하여 숨었다. 1631년 폐모논의를 일으켰다는 혐의로 杖殺되었다.

曰: "此事吾亦聞知. 事往時去, 不必更討. 但今日公等之行, 更緣何故, 各言其意." 穩晤以出。虞候來見, 乫波知[208]僉使許瀆來見。

十三日。

曺判官來拜公, 其言不如鄭·金之丁寧, 而退見監察{卽公之季胤, 諱井男[209]。官至禮賓寺正, 贈吏曹參判.}, 甚悉其羞恧之意。

十四日。

全弘逸·孫允文[210]·金一珍等來候, 虞候來見.

十五日。

鄭輸城·金判官, 前往任所, 來辭公。是夕, 兵使自咸興回, 直來公寓拜之。

十七日。

判官見兵使於營廳[211]. 辟路[212]至門. 兵使以爲倨傲, 頗及禁止

208 乫波知(갈파지): 함경도 三水郡 서쪽 14리에 벽돌로 쌓은 성.

209 井男(정남): 李井男(1585~1653). 본관은 慶州. 아버지는 李恒福이고, 외할아버지는 權慄이다. 1612년 증광시에 급제하였다. 관직은 1625년 戶曹正郎, 通川郡守에 임용된 것을 시작으로 1635년까지 司僕寺僉正, 江華經歷, 通訓大夫 行漢城府尹 등을 역임하였다.

210 孫允文(손윤문, 1556~?): 본관은 密陽, 자는 斐然. 1584년 별시에 급제하였다.

211 營廳(영청): 병마절제사 곧 兵使가 머물던 곳. 관찰사가 머물던 곳을 監營이라 하였다.

之語。判官噂沓背憎[213], 上下之間, 隙已兆矣。兵使來見公, 言及是事, 公不相辨白。

十八日。

判官進酌來拜, 政聲逈出, 前官待公之意, 亦勤眷。

二十一日。

兵使·虞候, 邑人韓應福·金夢辰, 來謁。

二十二日。

利城縣監李厚輿來謁, 仍以酒饌進, 兵使·判官皆來。

二十三日。

惠山[214]僉使趙琦[215], 送雨落魚兼有書。

二十四日。

兵使聚列邑兵, 大操於南江[216]教場, 奎男[217]{公之側室子。主簿

212 辟路(벽로): 辟除. 지위가 높은 사람이 행차할 때, 驅從 別陪가 잡인의 통행을 금하던 일.

213 噂沓背憎(준답배증): 눈앞에서는 친한 체하며 수다를 떨고, 돌아서서는 욕함.

214 惠山(혜산): 함경남도 북동부에 위치한 고을.

215 趙琦(조기, 생몰년 미상): 아버지가 趙天祥이다. 1603년 무과에 급제하였다.

也.}·箕南往觀操, 見北兵善馳突, 大誇於公。

二十七日。

沈价川宗敏[218], 在任所, 送人相問, 兼有贐物。

二十八日。

春陽已老。兵使取寓舍西溪上, 引水爲潭, 築一茅亭, 以爲公遊息之所, 居處甚靜便。公自再中後畏風[219], 一向牢閉不出門, 幾將月矣。今日始出溪亭, 關河經雨, 新綠漲溪, 渚浦汀柳, 已媚春矣。公意甚不樂曰: "相應東崗耕種, 已遍野矣。

二十九日。

判官來拜. 鏡城[220]判官南以俊[221], 亦曺公之徒也. 病滯道中,

---

216 南江(남강): 南大川. 함경남도 北靑에 있는 강이다. 북쪽에 있는 厚峙嶺에서 발원하여 중앙부를 가로질러 흐르는 강이다.

217 奎男(규남): 李奎男. 이항복의 측실 소생이다. 李箕男의 동복형이다.

218 沈价川宗敏(심개천종민): 沈宗敏(1554~1618). 본관은 靑松, 자는 士訥, 호는 晴灣. 李珥·成渾의 문인이다. 1593년 檢察使 崔滉의 종사관을 지냈다. 그 뒤 義禁府都事·禮賓寺直長을 역임하고, 명나라 제독 李承勛의 휘하에 종군하여 그 공으로 軍資監主簿가 되었다. 감찰을 거쳐, 연천·정읍·산음현감과 호조좌랑·이천현감을 역임하고, 1617년 개천군수가 되었다. 이듬해 병으로 사퇴하고 서울에 돌아와 죽었다.

219 畏風(외풍): 바람을 싫어하는 것을 말함.

220 鏡城(경성): 함경북도 중앙에 위치한 고을.

221 南以俊(남이준, 1566~1621): 본관은 宜寧, 자는 士秀. 1615년 사간이 되었는데 이

今始到此，直來見公。

▌四月

一日。戊寅。

慶源府使鄭如麟[222]，送人問候，兼致贐物.

二日。

公出坐溪亭. 二沈侍坐終日.

四日。

明川[223]府使權曔[224]，送書問候，有所貺。

에 앞서 대북파 李爾瞻·鄭仁弘 등이 永昌大君을 폐하여 庶人으로 한 뒤 살해하고, 國舅 金悌男을 살해하는 데 세운 공으로 활 1정을 하사받았다. 1616년 예조정랑·지제교·수찬, 이듬해 봉상시정을 거쳐 다시 사간이 되어 仁穆大妃의 廢母論에 반대하는 영의정 奇自獻 등을 탄핵하고 대비를 西宮에 유폐하는데 앞장섰다. 1618년 여진족의 침입에 대비, 국경수비를 강화할 때 鏡城判官으로 나갔다.

222 鄭如麟(정여린, 1564~1640): 본관은 羅州, 자는 景厚, 호는 護錦. 1594년 무과에 급제하고 더욱 용맹을 떨쳐 飛將軍이라 불렸다. 정유재란 때는 紅衣將軍 郭再祐, 四道都體察使 李元翼, 西厓 柳成龍, 花山君 權應銖 등과 火旺山城을 수비하였다. 정묘호란에 출정하여 큰 공을 세우니 慶源都護府使에 1618년 이어서 재임되었다.

223 明川(명천): 함경북도 동남부에 위치한 고을.

224 權曔(권경, 생몰년 미상): 본관은 安東. 權慄과 당숙질간이고, 송강 鄭澈의 사위이다.

五日。

兵使來請公曰: "今日天氣和暢。此去五里地, 有巖盤澗流甚清, 岸邊花甚盛開, 可堪一賞。願陪淸塵[225], 暫時出遊." 公曰: "纍人只可牢蟄[226], 何煩出遊?"

六日。

兵使·判官, 煎花[227]於溪亭。

七日。

主妓慶仙{卽晩玉之女.}, 來拜公話, 公戲之曰: "北俗喜馳突, 女人亦善御馬云, 爾亦能乎?" 卽應曰: "是吾能事, 試爲公一破顔." 輒起呼童, 勒馬以來, 着氈笠, 持短鞭, 結束[228]登鞍, 翩然若輕。騎出溪邊, 衆石磈磊, 手鞚靑絲, 信鞭橫馳。其飜身調馬, 極是閑熟, 公拍手而喜曰: "雖公孫泰娘[229]之舞劍, 何以勝此? 令人不覺鼓氣."云, 仍賦一絶, 以詠之. 詩曰:

---

225 淸塵(청진): 高風淸塵. 인품이 고결한 사람을 비유할 때 쓰는 표현.

226 牢蟄(뇌칩): 나가서 활동하지 아니하고 집 안에만 굳게 틀어박혀 있음.

227 煎花(전화): 花煎. 진달래꽃 필 때 산수 좋은 곳에서 꽃잎을 따서 부쳐 먹으며 노는 일.

228 結束(결속): 몸단속.

229 公孫泰娘(공손태랑): 公孫大娘. 唐나라 때 敎坊의 妓女. 그녀는 특히 칼춤을 잘 추기로 유명하였다.

裊裊娉娉荳蔲長[230]　翩然輕燕踏龍翔
女郎拾翠[231]爭來看　隔水東風送異香

十日。

監察與箕男, 爲覲大夫人[232]還洛。關外經春, 客愁已多端. 又際父子之別, 安得晏然無情? 公亦於此不能不動, 二郎情事, 慘不忍見。兵使·虞候·二沈, 皆出臨淸江上, 設祖餞行, 主妓慶仙最傷。此別每至公前, 輒自汪然流涕. 公亦愀然曰: "父子之間, 固難爲情, 彼有何情者, 每傷吾父子之情?" 悲感若此, 況其爲父子者乎?

十二日。

吉州牧使玄極[233]{卽玄兵使之兄.}, 送人問公, 仍致客需。

---

230 裊裊娉娉荳蔲長(요뇨빙빙두구장): 杜牧의 〈贈別·其一〉에 있는 "부드럽고 가냘픈 열서너 살 / 2월 초 가지 끝에 핀 두구꽃 같아라.(娉娉裊裊十三餘, 荳蔲梢頭二月初.)"는 구절을 활용한 것. 두목이 揚州에 있을 때 사귄 기녀와 헤어지면서 지은 작품이다.荳蔲는 풀이름으로, 이 꽃은 활짝 피기 이전의 꽃망울이 마치 소녀가 임신한 것 같다는 데서 含胎花라 부르기도 하지만, 날씬하고 가냘픈 아가씨를 가리키는 말로 쓰인다.

231 拾翠(습취): 비취새의 깃을 주워 간다는 것은 옛날 부녀자들이 首飾을 위해 비취새의 깃을 주웠던 데서 온 말. 전하여 후세에는 흔히 부녀자들의 봄놀이하는 것을 지칭한다. 曹植의 〈洛神賦〉에 "밝은 구슬을 캐기도 하고, 비취새의 깃을 줍기도 한다.(或採明珠, 或拾翠羽.)"라고 하였다.

232 大夫人(대부인): 이항복의 부인. 안동권씨 權慄의 딸이다.

233 玄極(현극, 1554~1632): 본관은 順天. 1580년 별시 무과에 급제하였다. 첫 벼슬로 宣傳官에 제수되었다. 그 뒤로 定州判官, 도총부의 都事와 經歷을 역임하였고, 또 甕津,

十三日。

會寧[234]判官李廷俊[235]，送問有貺。

十五日。

北閫[236]送李思達{公之庶再從姪.}問安，仍致魚菜。

十六日。

利城儒生李培·辛廷俊，來拜.

十八日。

金善男，自三水出來。

十九日。

二沈·朴震一，終日奉侍，爭品地盆子[237]優劣. 公曰："吾聞地

松禾, 寶城, 郭山 고을의 수령을 지냈다. 또다시 高嶺鎭僉節制使, 金海都護府使, 吉州牧使兼南北道守防禦使를 역임하였다.

234 會寧(회령): 함경북도 북부에 위치한 고을.

235 李廷俊(이정준, ?~1624): 본관은 坡平, 자는 秀伯. 1608년 무과에 올라 宣傳官이 되고, 1618년 碧潼郡守로 있을 때 명나라에서 군사 7천명을 요구해오자 도원수 姜弘立 휘하에 전쟁터로 나가 군량 운반의 소임을 다하였다. 그 후에 朴燁에게 탄핵을 받아 한때 낙향했다.

236 北閫(북곤): 北兵使의 다른 이름.

237 地盆子(지분자): 땅딸기. 장미과에 속하는 다년초. 갑산에서 나는 것이 유명하다.

盆子, 乃北地仙味, 人間有此物, 不得見, 亦甚鹵[238]矣。吾擬假使明日得放, 姑且仍在, 直待其節, 親到甲山, 得一嘗而歸, 今聞沈生之言, 則不覺愕然也." 朴曰: "憎其人者, 憎其儲胥[239], 沈郎一謫三甲[240], 喫苦已極. 不幸地盆子, 亦爲其儲胥也."

二十日。

兵使來拜曰: "城裡有一別院, 扁是倒鏡堂[241]。荷錢[242]點池, 柳嫩梨香。四絶人居, 境甚靜僻。此是一府之勝亭, 而今日美景, 亦其時矣." 公微笑曰: "吾脚自當, 不出此溪亭耳." 兵使仍進酌以罷。公臨危言事[243]以忠, 見謫, 雖任眞推義, 澹如也。然每念奸臣誤國, 主心不悟, 忽以二百年禮義之邦, 一朝變爲禽獸之俗, 且土木方殷, 兩闕[244]並起, 三空[245]已久, 虜釁又生, 危亡之象, 迫

---

238 鹵(노): 鹵莽. 건성건성 일을 처리함. 꼼꼼하지 않음. 데면데면함.

239 憎其人者, 憎其儲胥(증기인자, 증기저서): "어떤 사람을 사랑하게 되면 그 사람의 집에 사는 까마귀까지도 사랑하게 되며, 어떤 사람을 미워하게 되면 그 사람 집의 담장까지도 미워진다.(愛其人者, 愛其屋上之烏, 憎其人者, 憎其儲胥.)"에서 나온 말. 이는 周公이 武王에게 한 말로, 太公의 《六韜》에 나온다. 儲胥는 담장 또는 울타리이다.

240 三甲(삼갑): 三水甲山. 우리나라 최고의 奧地라고 일컫는 삼수와 갑산 지역. 함경남도에 위치한 산골 마을로, 한번 가면 돌아오기 힘든 귀양지를 일컫기도 한다.

241 倒鏡堂(도경당): 북청의 동쪽은 利城, 남쪽은 咸興, 서쪽은 洪原, 북쪽은 甲山인데, 성안 남쪽에 있는 누정.

242 荷錢(하전): 처음 나온 작은 연잎. 그 모양이 마치 葉錢같이 생겨서 이른 말이다.

243 言事(언사): 나랏일에 관한 상소.

244 兩闕(양궐): 광해군에 의해 창덕궁은 1611년에 중건했으며, 창경궁도 중건했고, 경덕궁(경희궁)은 새로 지었고 지금 흔적만 남아 있는 인왕산 근처에 인경궁도 새로 지었음.

於呼吸。綣顧憂切，噎鬱不申，內自焚焦，病成消渴[246]．引冷無節，口常呑氷。兵使揣知[247]公意，愍然爲憂，頻進小酌，務爲相懽。公厭其煩，而感其誠，受而不辭。

二十一日。

柳厚立[248]生捕黃魚[249]數十尾，放于溪潭．洋洋圉圉，公甚悅賞。

二十三日。

李羲龍活致雙鯉，放於溪潭，振鬣飜波，意甚快活。此爲公一時消遣資也。

二十四日。

有僧一眞，自北來見公曰："公能記我否?" 公省之曰："爾非香林[250]舊上人[251]否?" 僧進一軸，乃公未釋褐[252]時，次兪杞溪[253]韻

---

245 三空(삼공): 田野空·朝廷空·倉庫空을 말함. 토지가 텅 비어 있고, 조정이 텅 비어 있고, 창고가 텅 비어 있는 것 등 국가의 재정이 고갈된 것을 가리킨다.

246 消渴(소갈): 목이 말라서 물이 자꾸 먹히는 병.

247 揣知(췌지): 미루어 헤아려서 앎.

248 柳厚立(류후립): 광해군의 처남 柳希奮의 아들.

249 黃魚(황어): 잉어과에 속하는 물고기. 바다와 강이 만나는 곳에 산다.

250 香林(향림): 香林寺. 함경남도 이원군 동면 대화리 향림산에 있었던 절.

251 上人(상인): 智德을 갖춘 불제자. 곧 중을 높여 이르는 말이다.

252 釋褐(석갈): 처음 벼슬길에 나아감. 과거에 합격한 자가 평민의 옷을 벗고 새로이

一絶也。仍道四十年前事，歷歷如昨日，公不覺展眉[254]欣聽，如聞雙樹語[255]也。

二十五日。

兵使·判官，進酌於溪亭，判官臨潭，見魚游曰："此亦濠梁[256]之魚，公樂否?" 公笑曰："君亦濠梁之客乎，人能樂魚而魚不樂人也."

二十七日。

有雨。向來一春不雨，亢炎[257]爍野，今日始得雨，歡聲滿野。

관복을 입었다. 곧 문과에 급제하여 처음으로 벼슬하였다.

253 兪杞溪(유기계): 兪泓(1524~1594). 본관은 杞溪, 자는 止叔, 호는 松塘. 1553년 별시문과에 급제하여 승문원 정자 등 문관 요직을 역임하고 1573년 함경도병마절도사 겸 회령부사, 개성부유수, 충청·전라·경상·함경·평안도 관찰사와 한성판윤 등을 지냈다. 1594년 좌의정으로서 해주에 있는 왕비를 호종하다가 객사하였다.

254 展眉(전미): 찡그렸던 눈썹을 바로 폄. 곧 마음이 안심하는 일이다.

255 雙樹語(쌍수어): 석가모니가 45년간 설법하며 중생을 교화하다가, 中天竺 拘尸那城의 跋提河 강변 沙羅雙樹 사이에서 설법한 말.

256 濠梁(호량): 濠水의 다리. 《莊子》〈秋水〉에 의하면, 莊子와 惠子(惠施)가 호량에서 물고기가 자재하게 노니는 것을 보고 심오한 이치에 관해 대화를 나누었다. 장자가 "피라미가 조용히 노니니 이는 물고기의 즐거움이로다." 하니, 혜자가 "그대는 물고기가 아닌데 어찌 물고기의 즐거움을 아는가?" 하였다. 이에 장자가 "그대는 내가 아닌데 내가 물고기의 즐거움을 모르는 줄 어찌 아는가?" 하니, 혜자가 "나는 그대가 아니므로 진실로 그대를 알지 못하니, 그대는 물고기가 아니므로 어찌 그대가 물고기의 즐거움을 알리오?(子非魚, 安知魚之樂?)"하였다.

257 亢炎(항염): 혹독한 더위.

兵使亦進酌溪亭, 以爲得雨之慶. 公戱曰: "雨適時乎? 公能格天乎? 若爲誠格之感, 吾亦欲學之耳." 兵使昨日祈雨而得, 故如是云, 而公意有在。

二十九日。

李挺立·孫允文·全天則等, 來謁。

閏四月

一日。丁未。

兵使·判官, 將赴監司壽宴, 來辭.

三日。

金察訪璡, 自京來, 仍謁于公. 槩聞洛中消息.

四日。

虞候·金察訪·羅居山來謁.

八日。

端川官妓舜眞, 乃北門名娼也。今爲羅居山所畜, 自郵中來謁曰: “妾雖賤娼, 尙聞公聲, 早欲一來奉晤, 以爲閑中消遣, 而爲人所畜, 蹤迹有拘, 尙稽今日耳.” 語甚辯慧[258], 令公解顔[259], 仍進酒饌, 羅居山亦在座矣。酒數巡, 眞曰: “少時粗解歌詩, 今已盡忘之. 然一爲歌之, 以破公顔耳.” 仍誦屈原[260]離騷[261]·杜[262]北征[263]及古今逐臣詩, 字字寥亮[264], 聲極悲楚, 轉添公悽切。公甚不樂, 卽變其調, 乃詠將進酒[265]·赤壁賦[266], 又歌李退溪陶山別曲, 聲甚和暢。公曰: “一聲之變, 能使人哀樂隨之, 眞妙才也.”

---

258 辯慧(변혜): 말재주가 있고 총명함.

259 解顔(해안): 얼굴을 부드럽게 풀고 웃음.

260 屈原(굴원): 중국 楚나라 대신이자 애국시인. 楚辭의 저자이다. 초나라 懷王과 頃襄王의 2대에 걸쳐 봉직하면서 애국 충정을 다했으나, 공자 난과 근상 등의 참소로 경양왕의 의심을 사서 삭탈관직 당했다. 이후 초나라의 국세가 기울어가고 조정에는 간신들만 득세하는 상황을 한탄하고 슬퍼하다가 汨羅水에 몸을 던져 자살하였다.

261 離騷(이소): 중국 楚나라 屈原의 작품으로 서정적 장편 서사시. 離騷란 遭憂, 즉 근심을 만난다는 뜻이며 초나라의 懷王과 충돌하여 물러나야 했던 실망과 憂國의 정을 노래한 것이다.

262 杜(두): 杜甫. 중국 최고의 시인으로서 詩聖이라 불렸던 盛唐時代의 시인. 널리 인간의 심리, 자연의 사실 가운데 그 때까지 발견하지 못했던 새로운 감동을 찾아내어 시를 지었다. 장편의 古體詩는 주로 사회성을 발휘하였으므로 시로 표현된 역사라는 뜻으로 詩史라 불린다. 주요 작품에는 〈北征〉, 〈秋興〉 등이 있다.

263 北征(북정): 杜甫가 황제의 피난지에 있다가 황제의 허락을 받고 그리던 가족을 찾아 鄜州로 가며 쓴 시. 전란의 역경 속에서도 황제와 나라를 염려하는 우국충정과 가는 도중에 견문한 것과 가족에 대한 따뜻한 사랑 및 인간애가 묘사되어 있다.

264 寥亮(요량): 소리가 멀리까지 들리도록 맑음.

265 將進酒(장진주): 중국 唐나라 시인 李太白의 유명한 한시 제목. 술은 세상의 근심을 잊게 해주는 것으로써 표현되어 있다.

266 赤壁賦(적벽부): 중국 宋나라 문인 蘇軾의 辭賦. 유배지인 黃州에서 揚子江을 유람하며, 예전의 적벽전을 회상하고 자연의 장구함에 비하여 인생이 짧음을 한탄한 것이다.

停歌撤杯, 仍與之語, 雅閑淸盻, 應對如流, 人情物理, 無所礙滯, 公嘖嘖嗟賞[267]曰: “此非人間女妖, 必是上界仙流耳.”

十日。

羅居山辭還其驛, 舜眞亦來辭歸。公曰: “餘音裊裊[268], 颯然在耳。繞樑三日[269]者, 眞不虛也.” 仍語人曰: “我北來有三勝事, 其一鐵關觀海, 其二慶仙馳馬, 舜眞歌詩乃其三矣.”

十三日。

南兵使以興[270], 千里委伻[271]問公謫況, 仍致南産, 皆是北路所貴。見物, 想其念公之情矣。

---

267 嗟賞(차상): 깊이 감탄하여 칭찬함.

268 裊裊(요뇨): 가늘게 이어짐.

269 繞樑三日(요량삼일): 높고 낭랑한 노랫소리가 오랫동안 선회하며 그칠 줄 모른다는 말. 고대 韓國의 가곡의 명인인 韓娥가 한 번 노래를 부르면, 그녀가 떠나간 뒤에도 그 餘音이 들보를 휘감고 돌며 3일 동안이나 사라지지 않았다.(餘音繞梁欐, 三日不絕.)는 고사가 전한다.

270 南兵使以興(남병사이흥): 南以興(1576~1627). 본관은 宜寧, 자는 士豪, 호는 城隱. 1607년 비변랑, 1608년 의주판관을 제수받아 3년간 재임하였다. 이후 1611년 李恒福의 휘하에 들어가기도 하였고 부령부사를 제수받았다. 1614년 부령부사 재임 시절의 치적과 외적 소탕의 공이 인정되어 가선대부에 올랐으며 軍器寺 제조를 제수받았다. 1615년 공홍병마절도사, 1617년 3월에 경상도 우병마절도사를 또한 제수받았다.

271 委伻(위팽): 위탁하여 보낸 심부름꾼.

十五日。

邑中品官爲公進酌. 兵使·虞候·判官亦來.

十六日。

大雨, 水漲前溪。使富貴{卽公家蒼頭.}乞菊於兵使, 滿栽亭邊, 又開小圃, 多種菜菓, 親教小奴。朝夕灌畦, 以爲消遣之地.

十八日。

金夢辰·曺義立等二十餘人, 爲公進酌於溪亭。兵使·判官·虞候亦來。

十九日。

監司將北巡, 自咸興來見。

二十二日。

監司向利城.

二十三日。

劉典籍以下儒生三十餘人, 來謁。

二十五日。

博川郡守李榏, 送人問公, 多致客資.

二十六日。

判官進酌於溪亭, 公素不飮, 向來雖多開酒時, 只把杯酬酌而已, 終未嘗一刁入口矣。

二十七日。

洛中書信至, 皆是故舊書也。公不覺披翫三復曰: "劍門[272]唯喜北人來[273]之句, 可見眞境也." 仍以金同知瑬[274]·文同知希聖[275]

---

272 劍門(검문): 劍門山 또는 大劍山이라고도 함. 중국 四川省 劍閣縣 동북에 있는 산이다. 예부터 關中에서 蜀지방으로 들어가는 요로로 산의 중간에 갈라진 부분이 있는데 양쪽에 절벽이 구름 속으로 치솟아 있는 모습이 마치 검으로 세워진 문과 같아 검문이라 하였다. 삼국시대 諸葛亮이 북벌을 하러 이곳을 지나가면서 관문을 설치해 劍門關이라 했다.

273 劍門唯喜北人來(검문유희북인래): 杜甫의 〈秋盡〉에 "눈 덮인 산봉우리에 서쪽의 석양을 홀로 보니 / 검문엔 여전히 북녘 사람 왕래를 막는구나.(雪嶺獨看西日落, 劍門猶阻北人來.)"는 구절이 있다.

274 金同知瑬(김동지류): 金瑬(1571~1648). 본관은 順天, 자는 冠玉, 호는 北渚. 1610년 侍講院司書·부교리를 지내고 외직으로 나가 강계부사를 역임하였다. 1614년 대북 정권 아래서 嘉善大夫로 승진되어 冬至使·聖節使로 명나라에 다녀왔다. 1617년 북인들로부터 임금도 잊고 역적을 비호한다는 대간의 탄핵을 받아 쫓겨났다. 1620년 李貴 등과 반정을 꾀했으나 미수에 그치자, 다시 1623년 擧義大將에 추대되어 이귀·申景禛·李适 등과 인조반정을 일으켰다. 인조반정의 4대장이라고 하면, 신경진, 李曙, 김류, 이귀 등을 꼽는데, 이들은 이항복과 깊은 인연이 있다. 이항복은 임진왜란 때 5차례나 병조판서를 역임했을 만큼 군무에 정통했는데, 광해군 초기에도 좌의정을 거쳐 북방 수비를 총괄하는 도체찰사를 지냈다. 신경진은 이항복이 도체찰사로 있을 때 막료로 데리고 있었고,

書, 示人曰: "此人皆能筆得名, 優劣如何?" 人以金爲優, 公曰: "然矣." 且言其辭意宛轉[276], 亦是奇文也。具道其人氣骨不凡, 似非塵埃中客也。{金公, 卽公體府從事。官至領議政, 昇平府院君.}

二十八日。

公嘗語於人曰: "近觀曺判官爲人, 性似平淡, 不堪回互[277], 與人之間, 亦不立崖岸[278], 若置於名士大夫之中, 不害爲一踈客。只緣出自草萊[279], 聞見鹵莽, 陷於坑塹[280], 世間如此者, 豈復一二數也?"

二十九日。

人問當時言文翰[281]者, 必以李延陵·李月沙{名廷龜, 號月沙。官

이서 또한 마찬가지였다. 김류는 당대의 실력자 정인홍의 견제에도 불구하고 이항복의 천거로 관리로서 성공하였으며, 이귀는 이항복과 가까웠던 이덕형의 지원을 받은 인물이었기 때문이다.

275 文同知希聖(문동지희성): 文希聖(1576~1643). 본관은 南平, 자는 敬修, 호는 愚峯. 제주판관 文希賢의 형이다. 1614년 한때 무리를 모아 역모를 꾀했다는 오해를 받았다. 그러나 1618년 승정원의 반대에도 불구하고 비변사의 강력한 추천으로 定州牧使에 임명되었다. 1619년 姜弘立의 휘하 分領編裨防禦使로 遼東의 후금을 토벌했으나, 이듬해 深河에서 패배하여 포로가 되었다가 풀려났다.

276 宛轉(완전): 군색한 데가 없이 순탄하고 원활함.

277 回互(회호): 잘못을 거짓 꾸미거나 변명하는 일.

278 崖岸(애안): 오만하여 남과 어울리지 않음.

279 草萊(초래): 草野. 황폐한 땅.

280 坑塹(갱참): 깊게 길게 파 놓은 구덩이.

至左議政。後撰公墓誌及墓表·陰記.}·申玄翁[282]{名欽, 號玄軒。官至領議政。後撰公神道碑銘.}數人。大監之後, 碑銘·傳記, 誰可繼者, 公曰: "碑銘則申玄翁可能耳, 其關鎖[283]精華, 猶勝於我也."

五月

一日。戊子。

虞候將入甲山來辭. 公曰: "旣與半年相隨, 情意異常, 今言濶別[284], 不能無黯然[285]之懷也."

---

281 文翰(문한): 문장에 능한 사람.

282 申玄翁(신현옹): 申欽(1566~1628). 본관은 平山, 자는 敬叔, 호는 玄軒·象村·玄翁·放翁. 宋麟壽와 李濟民의 문하에서 수학했다. 1592년 임진왜란의 발발과 함께 동인의 배척으로 良才道察訪에 좌천되었으나 전란으로 부임하지 못하고, 三道巡邊使 申砬을 따라 조령전투에 참가하였다. 이어 都體察使 鄭澈의 종사관으로 활약했으며, 그 공로로 持平에 승진되었다. 1599년 선조의 총애를 받아, 장남 申翊聖이 선조의 딸인 貞淑翁主의 부마로 간택되어 동부승지에 발탁되었다. 1613년 계축옥사가 일어나자, 선조로부터 永昌大君의 보필을 부탁받은 遺敎七臣인 까닭에 이에 연루되어 파직되었다. 1616년 仁穆大妃의 폐비 및 이와 관련된 金悌男에의 加罪(죄를 더함)와 함께 다시 논죄된 뒤 춘천에 유배되었으며, 1621년에 사면되었다.

283 關鎖(관쇄): 관건. 어떤 사물이나 문제 해결의 가장 중요한 부분.

284 濶別(활별): 闊別. 오랫동안 헤어져 만나지 못함.

285 黯然(암연): 黯然銷魂. 마음이 암담해지며 혼이 다 녹아날 듯함. 이별의 아픔을 표현하는 말이다.

二日。

監司巡北而還，來見公。

三日。

監司辭還本營。

四日。

全羅左水使李興立[286]，委伻問公，致夏需。

五日。

公有思先墓詩，曰:

忠孝傳家及此身　　爺孃[287]相戒汝爲人
龍荒[288]此日天連海　　每聽林烏哭令辰

286 李興立(이흥립, ?~1624): 본관은 廣州. 무과에 급제하였다. 李克墩의 5대손이다. 초기의 경력은 알 수 없으며, 1612년 삭주부사를 거쳐 회양부사로 임명되었으나 삭주부사 때 解由(관원들이 전직할 때 재직 중의 회계와 물품출납에 대한 책임을 해제받던 일)를 받지 못하였기 때문에 파직되었다. 1615년에 전라좌수사가 되었으며, 광해군 말기에는 당시 재상 朴承宗과 사돈이었던 까닭에 훈련대장에 임명되었다.

287 爺孃(부양): 예전에 부모를 속되게 이르던 말.

288 龍荒(용황): 龍은 흉노족이 하늘에 제사를 지내던 龍城을 가리키고, 荒은 멀리 떨어진 변방이라는 뜻의 荒服을 가리키는 말로, 북쪽 오랑캐가 출몰하는 지역이라는 뜻.

六日。

利城縣監李厚輿, 來進酌, 以慰公。

七日。

兵使送朝報, 汪軍門[289]檄書, 始知虜騎已犯中原。朝廷有不爲徵兵之論, 將送李岑[290]於軍門, 以爲觀勢周旋地。公曰: "事已無可爲也。自我救中原, 豈待徵檄而起?" 自此念國之意, 益自焚內, 渴症轉劇, 晝夜飮氷, 憂悶不可言。

八日。

兵使來論邊事, 極其擾動, 公曰: "虜勢雖急, 至於犯我, 則尙遠矣。但念中朝之責, 必先於虜也."

九日。

使兵使軍官魯興祿, 劑養胃進食丸[291]。洪原妓趙生來謁, 李思近{卽, 思達之兄.}自利城來。

---

289 汪軍門(왕군문): 汪可受. 명나라 兵部左侍郎으로서 1618년 윤4월 조선에 병력을 뽑아 별도의 기별이 있을 때까지 대기하라고 요청했지만, 형식상으로 요청이었을지라도 사실상 지시였다.

290 李岑(이잠, 1581~?): 본관은 羽溪. 1606년 식년시에 급제하였다. 1618년 홍문관 교리였는데, 조정에서 그를 經略軍門에 보내어 군사기밀을 수집하여 듣게 하였다.

291 養胃進食丸(양위진식환): 脾胃가 상해 음식 생각이 나지 않는 것을 치료하는 처방.

十日。

洪原縣監來謁，利城儒生等二十餘人，設酌以拜。

十一日。

兵使將出塞甲山，許洪原來餞其行，進酌於溪亭。酒間又及徵兵事，公益不堪慨恨，强飮一杯，醉氣發紅。洪原出席獻酌，亦飮半杯，酒逆卽吐，仍就枕成睡。調息[292]不甚數促，目合口開，鼻鼾手散，無復有人事。百爾[293]攬醒，猶復昏昏，達夜及朝一樣。

十二日。

昨睡猶熟，了無生道. 但不絶者，一線鼻聲耳。兵使·判官·許洪原，在外經夜。

十三日。庚子。

鷄鳴易責[294]。叩地叫天，無所逮及。邑中諸老，閭閻男婦，莫不奔走號哭，若喪天親。巳時襲[295]，午時小斂[296]，斂不待次者，

292 調息(조식): 호흡을 가다듬.

293 百爾(백이): 갖가지.

294 易責(역책): 학덕이 높은 사람의 죽음을 이르는 말

295 襲(습): 쑥이나 향나무 삶은 물로 시신을 씻긴 뒤 새 옷을 갈아입힘.

296 小斂(소렴): 운명한 다음날, 시신에 수의를 갈아입히고 이불로 쌈.

蓋以時日極炎，有不得已故也。斂畢，別室[297]氣絶無生道，擧家遑遑莫定，夕時僅甦。是日，兵使馳驛告訃。

十四日。

監司及判官朴晉章[298]，聞訃，自咸山來哭。

十五日。

午時棺斂[299]，棺材用油杉[300]厚三寸，襲斂皆用本家衣服，他具皆賴兵使·通判．至誠應辦[301]，無一毫未盡。監司·判官進奠。平壤庶尹鄭世美[302]，送書問候，且有客需，而未及生時，尤可悲矣。

---

297 別室(별실): 側室. 첩. 이항복의 측실은 오씨이다.

298 朴晉章(박진장, 1577~1624): 본관은 竹山, 자는 而進. 1615년 식년시에 급제하여, 1616년 咸興判官에 임용되었고, 1620년 安西縣監을 지냈다. 1623년 그에게 황당한 정상이 있다는 기찰을 빌미로 左捕盜大將 李适이 자신에 집에 난입하면서, 노모가 구타당하고 집이 부서졌다. 1624년에는 광해군 때 좌의정을 역임하였다가 인조반정 후에 삭직된 숙부 朴弘耉가 광해군을 태상왕으로 모시고 仁城君을 왕위에 세우려는 모의를 품었다가 醫官 李怡의 고변으로 심문 도중 자결한 역모사건이 있었는데, 이 사건에 연루되어 박홍구의 아들 朴有章 등과 함께 국문을 받았고, 심문에 승복하지 않다가 무거운 형신을 이기지 못하고 죽었다.

299 棺斂(관렴): 사람이 죽으면 염습하여 관에 넣는 것. 관렴은 크게 小斂과 大斂으로 구분되며, 소렴은 사망한 이튿날 거행하는데 시신을 衣衾으로 收斂한다. 만약 襲을 사망한 다음날 하게 되면 소렴의 절차는 습이 끝나면서 곧 거행한다. 대렴은 사망한 제 3일에 해당되는 소렴 다음날에 하고, 동시에 入官도 더불어 실시한다.

300 油杉(유삼): 삼나무의 한 가지. 관으로 쓰이는 나무로는 으뜸이며, 잣나무가 그 다음이다.

301 應辦(응판): 수요에 응하여 돈이나 물건을 마련해 냄.

302 鄭世美(정세미, 1583~1624): 본관은 東萊, 자는 高元, 호는 東窩. 우의정 鄭彦信의

十六日。

辰時成服[303]。沈諝·沈誼兄弟，自始病至成服，救病治喪，一毫不怠，憂哀[304]奔走，有若子弟急難有賴，寔天涯骨肉也。監司·判官皆回去，朴震一亦不離看喪，晝夜悲哭。本邑品官·儒生四十餘人，亦自襲斂至成服，晝夜在外。兵使之彈誠奔走，通判之隨辦喪需，不可盡道。

十七日。有雨。

兵使以朴震一爲監官，閔德龍·姜胤朴·崔永浩爲都色，董治[305]轝具。

十八日。雨。

利城縣監自其縣，金善男自甲山，來哭。

손자이다. 1608년 太學生으로 있을 당시 호남의 유생 高敬履가 成渾이 鄭汝昌·金宏弼·趙光祖·李滉의 4賢의 도를 이어 받아 정주학을 계승하였다고 주장하며 그의 신원을 청할 때, 李彦迪을 논외로 함은 그의 학문적 업적을 깎아내리는 처사라고 그 부당함을 상소하였다. 1609년 승문원권지정자, 검열 등을 역임하였다. 1611년 수찬을 거쳐 정언·도호부사 등을 두루 역임하였다.

303 成服(성복): 사망한 지 4일째 되는 날에 服人들이 처음으로 喪服을 입음.

304 憂哀(우애): 《孝經》〈孝行章〉의 "효자가 부모를 섬기는데 있어서는 부모가 계시거든 그 공경함을 다하고, 봉양하면 그 즐겁기를 다하고, 병이 드시거든 그 조심함을 다하고, 상을 당하거든 그 슬퍼함을 다하고, 제사를 지낸즉 그 엄숙함을 다할지라.(孝子之事親也, 居則致其敬, 養則致其樂, 病則致其憂, 喪則致其哀, 祭則致其嚴.)"에서 나오는 말.

305 董治(동치): 관리함. 감독함.

十九日。

兵使備盛奠來哭，翌日入甲山。

二十一日。雨。

李思達聞訃，自鏡城來，有兵使弔書與賻儀。

二十二日。

劉敎授敬祥，率邑儒四十餘人，操文來奠，極甚悲哭，動於人。

二十三日。

監司送營吏[306]全得渾治喪具。夜雨終朝，前川水漲，有二人溺死。仍念諸孤[307]之行，今到何處而滯雨。且奎男只在喪次[308]，絶食昏仆，氣甚奄奄，內有別室，累復昏絶，死生未分，天涯異鄕，四無親舊，孑孑悲哭，若在昏霧之中也。

二十四日。

宣傳官崔復明[309]，將有事於通判衙中，自京來哭，仍致京信，

306 營吏(영리): 監營에 속한 아전.

307 諸孤(제고): 여러 孤子. 孤子는 아버지가 세상을 떠났을 때, 그 아들을 이르는 말이다. 반면, 哀子는 어머니가 세상을 떠났을 때, 그 아들을 이르는 말이다.

308 喪次(상차): 喪이 났을 때 장막을 설치한 임시 거처.

此皆諸親故遠慰謫況書也。展置靈几[310]前， 悲痛益切。生員任轍，因事過此，入哭。

二十五日。

炎熱比劇，霖雨連旬，諸孤之行，趁未到夜夢，政煩悶不可言。兵使撥傳地盆子一筐，曰："此是公在世時，曾欲一嘗者。適來見路邊紅熟，政時忽念舊事，不勝悽切，敢此摘送，幸置靈筵."云。此去甲山數百里之地，乃能朝發夕至，其向公之情，不以生死有少異，藹然可想，感矣感矣。營奴德男，自京回來，得京書，始知訃入，有自上特命復爵，一路護送，依例禮葬之敎。卽告靈几，改立銘旌，卽沈判書惇[311]{後改名悅。官至領議政.}所書送。

---

309 崔復明(최복명, 1581~1628): 본관은 全州, 자는 明之. 무과에 합격하여 長連縣監이 되었다. 崔翕(1552~1592)은 세 아들을 두었는데, 첫째아들이 崔復立(1576~1635)으로 진사시에 합격하고 敎官이 되었으며, 둘째아들이 崔復揚(1578~1605)으로 무과에 급제하여 宣傳官을 지냈는데 숙부 崔會에게 양자로 갔으며, 셋째아들이 바로 최복명이다. 따라서 원문의 내용에는 착종이 있다. 최복양의 묘갈명이 李敏求에 의해 지어졌으니, 《東州集》 권10 〈宣傳官崔公墓碣銘 并序〉이다.

310 靈几(영궤): 위패를 모시어 놓은 자리.

311 沈判書惇(심판서돈): 沈惇(1569~1646). 본관은 靑松, 자는 學而, 호는 南坡. 沈義謙의 동생인 沈忠謙의 아들이다. 본명은 沈悅이었는데 1613년 柳永慶의 아들 柳悅이 계축옥사에 연루되어 처형되자 沈惇으로 개명하였다가 인조반정 이후 유영경이 伸冤되자 復舊名疏를 내고 옛 이름을 되찾았다. 1614년 安東府使, 1615년 慶尙監司를 거쳐 1616년 繕修都監提調에 특제되었다. 그해 또 禮曹參判이 되었다. 1618년 廷請에 行同知로서 참가하였다. 1619년 咸鏡監司가 되었다. 우의정·좌의정·判中樞府事 등을 두루 거치고 영의정까지 올랐지만 일생동안 廢母廷請에 참여했던 전력의 굴레에서는 벗어나지 못하였다.

二十六日。

楊口諸孤, 初更奔到, 哭擗之餘, 有同易簀時, 四隣男婦, 騈然來見。李生員頤男[312]{公之堂姪。官至縣監.}·時震[313]{公之再從姪。生員.}·李察訪天俊{公之姪女夫.}·朴引儀[314]信男[315], 護諸孤同來。

二十七日。

通判來弔諸孤, 品官絡續來弔, 李利城亦來奠以去。

二十八日。

許洪原來奠, 朴慶興震英[316]·李僉使胤緖[317], 自咸興來哭。

---

312 李生員頤男(이생원이남): 李頤男(1569~?). 본관은 慶州, 자는 養叔. 1613년 증광시에 급제하였다. 이항복은 權慄의 딸과 결혼하여 2남1녀를 두었으니, 장남 李星男, 차남 李井男, 딸은 尹仁沃에게 시집갔다. 측실 오씨 사이에는 2남2녀를 두었으니, 맏이 李奎男, 둘째 李箕男, 첫째딸은 權佸에게 시집갔으나 둘째딸은 알 수 없다. 이성남은 첫째부인이 權徵의 딸로 1녀1남을 두었으니, 딸은 崔煜에게 시집갔고 아들은 李時中이며, 둘째부인이 金季男의 딸로 3남 4녀를 두었으니, 아들 李時挺이 있다. 이정남은 부인이 尹顗의 딸로 1남 1녀를 두었으니, 아들 李時術이 있다. 이규남은 부인이 權大純의 딸로 3남 1녀를 두었으니, 아들 李時行이 있다. 이기남은 부인이 朴悌男의 딸로 1남을 두었다.

313 時震(시진): 李時震(1574~?). 본관은 慶州, 자는 起伯. 1613년 증광시에 급제하였다.

314 引儀(인의): 조선시대 通禮院의 문관직.

315 朴引儀信男(박인의신남): 朴信男(1581~?). 본관은 開城, 자는 恭甫, 초명은 朴悌男. 1603년 식년시에 급제하였다. 백사공의 측실 둘째소생인 李箕男의 장인이다.

316 朴慶興震英(박경흥진영): 朴震英(1569~1641). 본관은 密陽, 자는 實哉, 호는 匡西. 1592년 임진왜란이 일어나자 군수 柳崇仁과 함께 의병을 모아 활약했으며, 1599년 龍宮縣監이 되었다. 1613년 慶興府使로 승진, 변방을 방비한 공으로 折衝將軍에 오르고, 1619년 순천군수로 右營將을 겸임하였다. 1624년 이괄의 난 때 海西道防禦使로 도원수 張晩

二十九日。

陰霾久不解。諸孤成服，羅居山茂松來哭，主妓晩玉設盛奠來哭。奇相聞訃，送人來弔，且有賻儀。

三十日。

許洪原，因監司分付，備朔奠[318]來。

六月

一日。戊午。

三日。

奇相送挽詩，仍問諸孤。

四日。雨。

以轝具趁未造完，旅櫬[319]久滯，雨且連綿，悶不可堪也。李智

의 휘하에서 종군, 申景瑗과 함께 東郊에서 대승하였다.

317 李僉使胤緖(이첨사윤서): 李胤緖(1574~1624). 본관은 陝川, 자는 善承. 李适의 中軍으로 寧邊에 있다가 이괄이 반란을 일으키자 별장 柳舜懋와 더불어 이괄을 죽이려다가 목적을 이루지 못하자 군사 4천여 명을 해산시킨 다음 원수 張晩에게 나가 적 이괄을 죽이지 못한 것을 자책하면서 목을 찔러 자살했다.

318 朔奠(삭전): 매달 초하룻날에 올리는 제물.

男[320]{義男之弟.}, 自瑞興聞訃奔來。通判來見喪主, 仍坐督轝役。

五日。

咸興進士韓仁滉, 操文來奠, 且有韓仁祿[321]{登文科。以翰林薦拜北評事。官至寺正.}·李汝海·韓大信[322]等十四人致賻, 皆與公素無分者, 只出於向慕之誠耳。

六日。

慶源府使鄭如麟, 送書相弔, 仍致賻儀。

七日。

李敦詩, 自伊川聞訃奔來。內外親戚及門生舊徒, 受公恩遇者, 豈特一二? 獨此人, 乃能千里奔哭, 非但以情, 亦能勇義者也。

---

319 旅櫬(여츤): 객지에서 죽은 자의 棺.

320 李智男(이지남): 李恒福의 아버지 李夢亮이 측실 사이에 둔 2남을 두었으니 맏이 李鏡福, 둘째 李多福인데, 이경복의 아들이 李仁男, 李義男, 李禮男, 李智男, 李信男, 李忠男, 李孝男이 있었는바, 이항복의 庶弟임. 李鏡福은 李慶福으로도 표기된다.

321 韓仁祿(한인록, 생몰년 미상): 본관은 淸州, 자는 景綏. 1579년 식년시에 급제하였다. 咸興의 正郎을 지냈다.

322 韓大信(한대신, 1555~?): 본관은 淸州, 자는 景寶. 1591년 식년시에 급제하였다.

八日。

兵使, 自甲山來弔諸孤, 且護發引時事。

十一日。

京信付撥便來, 因胡書都下甚擾云。喪次一行, 亦甚騷動, 群疑萬端, 衆目瞪瞪, 將有可虞之形。李時震·李天俊, 先往抱川。

十三日。

兵使來奠哭, 甚悲。

十四日。

利城縣監, 以喪柩差使員[323]來。

十五日。

破殯告遷柩[324], 羅居山操文來奠, 曺判官, 亦以文入奠之。是日修書一度, 以撥便報知今朝發引之由於張知事, 傳本家。

---

323 差使員(차사원): 조선시대 각종 특수임무의 수행을 위하여 임시로 차출, 임명되는 관원. 조선 초기에는 오직 觀察使만이 守令을 差使員으로 정하여 파견할 수 있었으나, 차츰 兵馬節度使·水軍節度使도 임의로 차사원을 差定하는 경우가 있었다.

324 遷柩(천구): 發靷 전날 靈柩를 받들어 사당에 가서 조상들께 고인의 관을 옮겨간다고 고하고 대청으로 옮기는 것을 말함. 여기서는 매장을 하러 장지에 가지 위해 관을 상여로 옮기는 것으로 쓰였다.

十六日。

以雨未發，移宿前溪上。

十七日。

雨，水漲不得渡。北青諸儒，一時來奠。本家奴守奉，自京來，有挽詩數十度。

十八日。

始渡臨淸江，夕到平浦，路險轝重，前道杳然，悶念無涯。兵使·判官，護喪柩，亦到此。

十九日。

入洪原，李丈耉俊操文來奠，本倅亦入奠，官妓趙生，亦以醴酒[325]新菓，素衣入奠。是夜燈燼落地，延燒地排[326]几筵前。火光忽起，適李思近先見呼告，僅得撲滅，言之喪魂。

二十日。

朝發洪原，早入咸原，餘日尙高，而前有咸關大嶺，故止宿。

---

325 醴酒(예주): 손님 접대나 제사 때 쓰이는 단술의 하나.

326 地排(지배): 땅에 까는 자리.

北青品官·儒生·下人輩之出送洪原平浦者, 有不能盡記, 以至妓生溫香·雲仙·景海·慶仙等, 發引前, 亦未嘗一日離喪家, 種種[327]任使, 至誠爲之, 且哭隨喪柩, 送至洪原途上以歸, 公之遺德, 能使人感如此。

二十一日。

午踰咸關嶺, 嶺甚峻險, 每至峻坂[328]危棧, 魂喪心消, 竟得無事, 亦有神明之護也。一入洪原之境, 沿道設舍治除, 無不致力, 亦賴縣官之誠也。夕到德山宿, 咸與出站[329]。

二十二日。

沈諝兄弟·朴震一·金善男, 護喪柩到此, 痛哭辭歸, 慘慟之情, 益不能堪, 北青人李大生, 亦到此以還。午入咸興, 判官朴晉章操文入奠。邑人前正朗韓仁祿·前判官李汝海·進士韓仁滉等二十八人, 操文來奠。監司幕下武人吳應男·李禮範等七人, 亦來奠哭, 甚哀。是夕, 風雨大作。俄刻, 平地水沒膝, 靈次地低, 將不能保, 冒雨移安於武學堂。

327 種種(종종): 여러 가지.

328 峻坂(준판): 몹시 가파른 산비탈.

329 出站(출참): 使臣·監司·賓客을 맞이하고 접대하기 위해 그가 숙박하는 가까운 역에서 사람을 내보내는 錢穀·驛馬를 支供하는 일.

二十三日。

前江水漲，不得發，監司操文來奠。{祭文云: "勳勞淸白，道德文章，晩節忠言，萬古綱常，秋霜烈日，歿有耿光，臨江執紼，敬奠椒漿[330]."}

二十四日。

以船渡江，晩入定平。府使操文盛饌來奠，物極豊潔，悲慟亦見於聲，供接一行，亦多以厚。本邑儒生李球等十人，亦操文入奠。

二十五日。

到草原，遞擔軍[331]，前有兩江，天雨未歇，恐有阻滯之患。冒雨催行，暮到永興，府使趙孝南入奠。

二十六日。

冒雨到高原，是昏大風雨，大樹盡折焉。

二十七日。

前路水漲不得發。本郡郡守李應星[332]，前月罷歸京師，復有仍

330 椒漿(초장): 山椒로 담근 술.

331 擔軍(담군): 擔柩軍丁. 상여 운반 인부.

332 李應星(이응성, 1574~1634): 본관은 咸安, 자는 樞甫, 호는 新川. 1609년 광해군 즉위를 경축하기 위하여 실시되었던 증광별시무과에 급제한 뒤, 高原郡守로 나가 치적을 올렸다. 사람들의 무고로 파직되어 서울로 압송되었으나, 읍민이 풀어주기를 청하여 고

任之命, 來到文川, 聞喪柩入其郡, 盡棄行李, 匹馬游水以到來, 卽致奠, 其情亦可感。平生無分之人, 尙能致意於死歸之日, 其視於安大奇, 不啻萬萬也。

二十八日。

因水漲, 由下路艱關, 到文川境。郡守李公久澄[333], 親出境上, 看檢擔軍, 護行入郡, 卽奠。文甚切實, 不避時諱, 哭甚慟, 致賻亦多。

二十九日。雨。

本道都事金憓[334], 將赴任入郡, 以文來奠, 哭甚悲。晩發, 至中途, 逢大風雨, 萬萬危苦, 僅達德源, 府使洪畯入奠。

원군수로 다시 등용되었다. 그런데 임지로 돌아가던 도중 문천에서, 유배소에서 죽은 李恒福의 유해가 당도하였다는 말을 듣고 급히 달려가 분향한 것이 조정에 알려져 해직되었다.

333 李公久澄(이공구징): 李久澄(1563~1648). 본관은 全州, 자는 澄源, 호는 栢村. 1608년에는 성균관직강 등을 거쳐, 광해군 때에 수찬·부교리·종부시정·군자감정 등의 내직과 안산군수·함경도도사 등의 외직을 거쳤으며, 사헌부장령으로 있을 때 폐모론에 반대하던 李恒福을 처벌하지 못하게 항쟁하다가 파직되었다. 4년 뒤 文川郡守가 되었고, 인조반정 후에는 內資寺正을 지냈다.

334 金憓(김혜): 金寭(1566~1624)인 듯. 본관은 尙州, 자는 晦仲, 호는 松灣. 임진란 때 우복 정경세, 창석 이준 등과 함께 의병을 일으켜 왜적을 토벌하였다. 1594년 학행으로 천거되어 참봉이 되고, 찰방을 거쳐 감찰이 되었다. 1605년 문과에 급제하고 이듬해 戶曹佐郎, 春秋館記注官을 거쳐 七道의 都事를 역임하였다.

七月

一日。丁亥。

冒雨至安邊，府使權餘慶[335]，已往京矣，德源，以兼官[336]來。府使雖不在，已令邑人，厚護喪行，故凡奠物調軍，亦無少忽，留賻亦厚。

二日。

風雨猶大作，不得發。端川倅李廷臣，自京來，以酒果入奠，哭甚慟，如不勝情。

三日。

阻水又滯，悶不可堪。本邑士人李東賢，入哭弔孤。

五日。

水落路始通。發安邊府，夕至高山驛。仰看嶺樹參天，鳥道如懸，此是公常爲死歸者憂。今日不幸，公柩到此，感念公言，益自悲憂也。

---

335 權餘慶(권여경, 1565~?): 본관은 安東, 자는 善應. 1601년 식년시에 급제하였다. 광해군의 淑儀 權氏가 권여경의 딸이다. 장흥부사, 안변부사 등을 역임하였다.

336 兼官(겸관): 수령의 자리가 공석일 경우 이웃 고을의 수령이 임시로 맡아서 일을 봄.

六日。

無事度嶺, 止嶺上, 行奠休軍。意有淮陽之軍來遞, 寂無形影。俄有淮倅文狀言, 擔軍官門交遞之規。安邊之軍, 遠來踰嶺, 力已疲矣。前到淮府, 尙餘四十餘里, 日旣夕, 甚狼狽。先送差使員趙永興, 催淮軍, 繼發下嶺。路險寸進, 或顚或仆. 山日易西, 勢難前達, 不得已露處[337]於罪藏谷中, 經夜。淮陽府使聞是事, 蒼遑馳來, 軍亦齊到, 夜深奈何? 安邊護喪, 別監李桂輪·金光確, 亦極力勤苦。

七日。

入淮陽, 府使入奠, 姜正言大進·柳秀才文錫, 亦來哭。許天慶哭辭而歸, 自北靑至此, 一路周旋奔走, 其竭誠殫情, 亦極可感矣。

八日。

午到新安, 通川出站, 郡守金克建, 入奠致賻。夕有奇順格[338], 自吉州來入弔。是日, 趙永興, 亦代替於淮陽而歸。

---

337 露處(노처): 한데에서 지냄. 노숙함.

338 奇順格(기순격, ?~1624): 본관은 幸州. 아버지가 奇自獻이고 형이 奇俊格이다. 1619년 蔭補로 해남현감이 되고, 이듬해에 장흥부사로 전직되었으나 탐학이 심하다 하여 整理使의 탄핵을 받았다. 1623년 인조반정으로 관직이 삭탈되고 유배되었다가 이듬해 李适의 난이 일어나자 內應할 우려가 있다 하여 사사되었다.

九日。

船渡牟灘，無事兩棧。一行常所憂者，只是此處，幸得好過，心始安矣。權侙[339]{公之側室女婿，文科。郡守.}，自京來迎。到昌道歇轝，平康出站。而縣監李善得[340]，稱病不來，其備送奠物，陋不可言。乘昏入金城，北防禦使劉夢龍[341]，將之任，留待喪柩，卽來入哭。

十日。

縣令李埈入奠，李淮陽，以差使員，護喪到此，哭辭而歸。夕至金化，縣監韓善一[342]，入奠哭哀。杆城[343]郡守趙暉[344]·鄭襄陽

---

339 權侙(권칙, 1599~1667): 본관은 安東, 자는 子敬, 호는 菊軒. 權韠의 측실 소생이다. 權韠의 庶姪이자 이항복의 사위이다. 吏文學官, 西部參奉, 永平縣令, 果川縣監, 陰城縣監, 加平郡守, 衿川縣監, 抱川縣監 등을 지냈다. 〈姜虜傳〉(1630)과 〈安尙書傳〉(1651) 각 1편씩을 남기고 있다.

340 李善得(이선득, 1583~?): 본관은 全義, 자는 季吉. 1606년 증광시에 급제하였다. 1617년 司僕寺 主簿, 1636년 文義縣監, 1639년 陽城縣監을 지냈다.

341 劉夢龍(유몽룡, 1569~?): 자는 雲卿. 1591년 별시 무과에서 급제하였다. 1592년 임진왜란 때 진도군수를 지내던 중 전투에 나가 심한 부상을 입고도 끝까지 싸워 왜적을 무찌르는 데 크게 기여하였다. 이때의 전공으로 1604년 寶城郡守에 임명되었고, 1605년 사헌부로부터 여동생의 남편을 자주 구타하는 등 가정에서의 행실이 올바르지 못하다는 탄핵을 받았다. 1618년 우의정 韓孝純의 의견에 동조하여, 廢母論을 주장하였다. 이후 咸鏡道防禦使에 임명되었다.

342 韓善一(한선일, 1573~1653): 본관은 淸州, 자는 克敬. 韓浚謙의 조카이다. 진사시에 합격한 후 蔭職으로 관직에 나아가 司僕寺僉正, 沃川郡守, 鐵原府使, 韓山郡守, 淸風郡守 등 9개 고을의 수령을 지냈으며 壽職으로 同知敦寧府事를 제수 받았다.

343 杆城(간성): 강원도 고성군에 있는 고을.

曄[345]{號守夢。官至參贊.}, 送物來奠, 杆城則兼有賻儀, 襄陽則又有祭文·挽詩。京居士人沈演[346], 因事過此入弔。

十一日。

曺大臨, 自湖西爲來迎柩。午到豐田, 替軍, 鐵原府使尹英賢入奠, 輸城察訪李確, 將之任, 入哭。暮到楊門站, 永平縣令趙彦範入奠。李泰男[347]{公之堂姪, 官至縣監.}·白大琦, 到金化, 李桂男{公之從子, 官至縣令.}·擢男[348]{鰲山君.}兄弟, 到楊門。旅櫬在

344 趙暉(조휘): 《備邊司謄錄》 광해군 9년(1617) 8월 16일의 杆城郡守 薦望單子에 의하면 趙暄의 오기임.

345 鄭襄陽曄(정양양엽): 鄭曄(1563~1625). 본관은 草溪, 자는 時晦, 호는 守夢. 1602년 鄭仁弘이 권력을 잡아 성혼을 배척하자, 성혼의 문인이었던 그도 종성부사로 좌천되었다. 1613년에 다시 도승지가 되었다. 이때 계축옥사가 일어나 사실을 밝히고자 했으나, 어머니의 만류로 상소를 포기하고 도승지를 사직하였다. 1617년에 폐모론이 제기되자 외직을 구해 양양부사로 나갔다가, 이듬해 폐모의 조처가 단행되자 관직을 버리고 여주에 돌아와 지냈다.

346 沈演(심연, 1587~1646): 본관은 青松, 자는 潤甫, 호는 圭峰. 沈義謙의 증손이다. 1612년 진사시에 합격하였다. 1624년 李适의 난이 일어나자 인조를 공주에 호종하여 내시교관이 되고 1626년 獻陵參奉을 지냈다. 1627년 정묘호란 때는 강화도로 왕을 호종하여 造紙署別提·의금부도사를 역임하였다. 그해 식년문과에 갑과로 급제하여 司贍寺直長에 임명되었다.

347 李泰男(이태남, 1563~1637): 본관은 慶州, 자는 仲吉. 李禮臣의 두 아들이 李夢尹과 李夢亮인데, 이몽윤의 둘째아들인 李光福의 아들이다. 1605년 증광시에 급제하였다. 이항복의 아버지가 이몽량이다.

348 擢男(탁남): 李擢男(1572~1645). 본관은 慶州, 자는 根叔. 이항복의 이복 맏형인 李雲福의 아들이다. 1600년 蔭敍로 등용되어 青丹道察訪·典設司別提·司僕寺主簿를 지내고, 충청도 德山縣監으로 나가서는 선정을 베풀어 백성들의 칭송이 자자하였다. 1627년 강원도 橫城縣監으로 있을 때, 李仁居가 인조반정으로 靖社功臣이 된 자들이 나라를

北, 每以途遠難進爲憂, 行行無事, 已近楸壟。去時送行之親故, 忽以衰絰[349]相迎, 觸事悲慘, 殆不能爲懷。柳兎山藪亦來。

十二日。

李正郎景稷及抱川諸族, 皆迎中道, 哭聲徹天, 行路[350]亦爲之流涕。到種樹院, 駐轝, 抱川座首洪思學等, 入奠哭哀。未時入山所, 錦陽尉朴瀰[351]{以表從孫, 受業於公。號汾西。後撰公年譜·家狀.}及尹仁沃{公之女婿.}·權益慶[352], 皆已到山所矣。卽時安殯行奠, 李同知成吉[353]來哭。

그르치고 있다는 핑계로 官府에 침입하여 약탈하는 등 난동을 부리자 原州牧使 洪寶에게 달려가 그와 함께 이인거와 그 일당을 생포하여 서울로 압송하였다. 그 공으로 昭武功臣 2등이 되어 鰲山君에 봉해졌다.

349 衰絰(최질): 喪中에 입는 삼베옷.

350 行路(행로): 行路之人. 오다가다 길에서 만난 사람이라는 뜻으로, 아무 상관이 없는 사람을 이르는 말.

351 朴瀰(박미, 1592~1645): 본관은 潘南, 자는 仲淵, 호는 汾西. 아버지는 참찬 朴東亮이며, 장인이 宣祖이다. 李恒福의 문인이다. 이항복의 여동생이 閔善에게 시집갔는데, 그 딸이 바로 朴東亮의 부인이자 朴瀰의 어머니이다. 1603년 선조의 다섯째 딸인 貞安翁主와 혼인하여 錦陽尉에 봉하여졌다. 1613년 폐모의 논의가 일어났을 때, 아버지가 국구인 金悌男과 친교가 깊다 하여 화를 입었다. 자신도 폐모론의 정청에 불참하였다 하여 金瑬 등과 함께 十邪로 불리면서 관작을 삭탈당하였다.

352 權益慶(권익경, 1572~1637): 본관은 安東, 초명은 權泰慶, 자는 成吉. 아버지는 權恂이며, 아버지의 형인 임진왜란 때의 명장 權慄에게 입양되었다. 광해군 때 사마시에 합격하고 平市署令, 同福縣監 등을 지냈다. 1623년 인조반정 후 監察이 되었으며, 1636년 병자호란 때 昭顯世子를 모시고 강화도로 피신하였다. 이듬해 강화도를 점령한 청나라 군사가 세자를 해치려고 하자 돌벼루로 적을 때려죽이고 꾸짖다가 살해당하였다.

353 李同知成吉(이동지성길): 李成吉(1562~1621). 본관은 固城, 자는 德哉, 호는 滄州.

十三日。

吳璡聞訃, 自羅州[354]徒步以來, 曺大益[355], 自晉州[356]來。凡治喪之具, 自京則尹仁沃主之, 山所則李擎廈[357]{公之再從孫。官至郡守.}監董, 無不畢給。至於松脂, 則張知事晩, 簡求於外官[358]之常所知公者, 亦已足矣。

十四日。

李傳芳[359]{公之再從昆弟。生員.}, 自京來哭。全羅右水使李繼先[360], 問公於北青而來人, 到此聞訃, 不得達書與物, 留在此

1589년 증광시에 급제하였다. 1594년 사헌부의 건의로 병조 좌랑에서 체직되자, 鄭文孚를 따라 의병을 일으킨 전공으로 輸城道察訪이 되었다. 그 뒤 북청 판관을 거쳐 1597년 함흥 판관에 임명되었으며, 1601년 사복시 첨정, 이듬해 형조 정랑이 되고, 1603년 양산 군수로 나갔고 이후 합천 군수와 덕원 부사를 지낸 뒤 1607년 성균관 전적, 1609년 호조 정랑을 지냈고 1610년 장악원 첨정을 거쳐 1611년 종부시 정과 판결사를 지냈으며, 1613년 冬至使로 명나라를 다녀왔다. 1617년 分朝의 병조 참의가 되었으며, 이듬해에는 병조 참판으로 승진하였다.

354 羅州(나주): 전라남도 중서부에 위치한 고을.

355 曺大益(조대익, 1576~?): 본관은 昌寧, 자는 子謙. 1603년 庭試에 급제하였다.

356 晉州(진주): 경상남도 남서부에 위치한 고을.

357 李擎廈(이경하, 1573~1641): 본관은 慶州, 자는 謹任. 李禮臣의 첫째아들인 李夢尹의 장남이 李安福인데, 그 아들인 李鳳男의 아들이다. 어려서부터 李恒福의 문하에서 공부하였고, 金尙憲 등과 교유하였다.

358 外官(외관): 지방의 관직.

359 李傳芳(이전방, 1576~?): 본관은 慶州, 자는 郁郁. 李應春의 아들이다. 1605년 증광시에 급제하였다. 李貞臣의 아들인 李應春(1543~1598)의 아들이다. 이항복의 할아버지 李禮臣의 형제가 李仁臣, 李義臣, 李禮臣, 李智臣, 李信臣, 李貞臣이니, 이전방은 이항복과 6촌간 형제이다.

矣。遇事悲益深。

十五日。

自昨大雨。李延陵送子景嚴，致文以奠，李有吉[361]亦來哭。

十六日。

襄事[362]已迫，塋役未半，雨勢如此，憂悶難堪。所賴李擎廈，不避風雨，周旋募軍，刻日[363]催役耳。坡州牧使柳舜懋[364]，冒雨來奠。

---

360 李繼先(이계선, ?~1628): 본관은 星州, 자는 子敬, 호는 一痴. 1602년 동래부사로 부임한 이래 원주·강계 부사 등의 목민업무를 줄곧 수행하였고, 광해군이 즉위하자 閑散武將으로서 1619년 전라우수사를 거쳐, 1621년에는 연안 부사를 역임하였다.

361 李有吉(이유길, 1576~1619): 본관은 延安, 자는 有之. 李後白의 손자이다. 1597년 정유재란이 일어나자 李舜臣 장군의 휘하에 들어가 鳴梁海戰에 참전하여 많은 공을 세웠다. 임진왜란 때 왜병에게 죽음을 당한 아버지 李善慶의 원수를 갚은 셈이다. 1618년 평안도 永柔縣令으로 재직 중 五道都元帥 姜弘立의 副將이 되어 명의 원군으로 출정하였고, 이듬해 후금과 싸우다 전사하였다.

362 襄事(양사): 장사지내는 일.

363 刻日(각일): 날짜를 정함.

364 柳舜懋(류순무, 1570~1635): 본관은 晉州, 자는 懋中. 1595년 별시 무과에 급제하였다. 1605년 咸陽郡守, 1618년 4월 24일 京畿防禦使, 5월 4일 楊州牧使, 1622년 濟州牧使, 1623년 寧邊府使에 임명되어 李适의 휘하에 들어갔다. 원문의 파주목사는 양주목사의 오기인 듯하다.

十七日。

京畿監司, 定役軍一百名, 以楊州[365]營吏咸世雲押送。

十八日。

送役軍四名於楊州地, 浮取灰石。

十九日。

楊州軍二十名來現, 運灰取莎。李博川榏, 送書弔諸孤, 仍致賻儀。

二十日。

喪人李汝奎[366]及李汝璜[367]{皆漢陰李文翼公德馨之子。公與漢陰, 交道最別.}, 自京來哭。

---

365 楊州(양주): 경기도 중북부에 위치한 고을.

366 李汝奎(이여규): 李如圭의 오기. 본관은 廣州. 李德馨의 장남이자, 李山海의 외손자이다. 상주목사, 판결사 및 부사를 지냈다.

367 李汝璜(이여황): 李如璜(1590~1632)의 오기. 본관은 廣州, 자는 季徵, 호는 龍灘. 李德馨의 셋째아들이자, 李山海의 외손자이다. 1619년 부수찬이 된 후 수찬을 역임하였다. 1625년 홍문관교리가 되고, 이어서 수찬·교리·우부승지를 차례로 역임한 후 1630년 황해도관찰사가 되었다.

二十一日。

朔寧[368]軍十名，赴山役[369]。

二十二日。

朴引儀信男及玄禮祥·尹大慶[370]等，自京來哭。

二十三日。

喪人具仁垕，自平丘[371]廬所來哭。

二十四日。

畿伯柳希亮[372]來奠。

---

368 朔寧(삭녕): 경기도 북동부에 위치한 고을.

369 山役(산역): 장사지내기 위하여 무덤을 파고 관을 묻은 다음 무덤을 완성하기까지의 일을 통틀어 일컫는 말.

370 尹大慶(윤대경, 1594~?): 본관은 漆原, 자는 而善. 1616년 증광시에 급제하였다.

371 平丘(평구): 경기도 남양주군 미금시 삼패동에 있었던 지명.

372 柳希亮(류희량, 1575~1628): 본관은 文化, 자는 龍卿, 호는 霽嶠·峯陰. 柳自新의 아들이고, 柳希奮의 아우이다. 1608년 별시문과에 급제하여, 검열을 거쳐 설서·정언·전한 등을 역임하였다. 이어 이조정랑·교리·수찬을 역임하였고, 지평·사인을 거쳐 직제학에 이르렀다. 1610년 分承旨·司僕寺正을 역임하고 京畿道觀察使의 임기를 마친 뒤 예조참판이 되었다. 1623년 인조반정으로 집안이 주살 또는 유배될 때 유희량도 거제도에 유배되었다. 1628년 귀양가 있던 아들 柳斗立과 조카 柳孝立의 모역사건에 연좌되어 유배지에서 교살되었다.

二十五日。

外棺[373]匠人金花守, 來始役, 外棺厚三寸。

二十七日。

莎土匠[374]白鶡, 來始役。

二十八日。

斬土[375], 開塋域[376]。

二十九日。

穿壙[377], 穿纔六尺, 有獨石如圓龜。先是, 公使地官[378]朴尙毅[379], 卜此山, 點其穴, 刻磚埋之, 以爲今日地。歲久樹木變山容, 不得埋磚之所, 更邀地官吳世俊點穴, 以不得眞穴爲恨。

---

373 外棺(외관): 덧관. 棺을 담는 곽.

374 莎土匠(사토장): 무덤에 떼를 입혀 잘 다듬는 사람.

375 斬土(참토): 무덤을 만들기 위하여 풀을 벰.

376 開塋域(개영역): 喪主가 산에 올라가서 장사 지낼 묘역의 흙을 조금 파내고 팻말을 세우며 后土氏에게 고하는 의식.

377 穿壙(천광): 시체를 묻을 구덩이를 팜.

378 地官(지관): 풍수설에 따라 집터나 묏자리 따위의 좋고 나쁨을 가려내는 사람.

379 朴尙毅(박상의): 조선 중엽 宣祖 때부터 仁祖 대에 걸쳐 이름을 날리던 풍수.

三十日。

始築灰[380]。宋思梁，曾是蘆原[381]舊野老，年近七十者，酒菓來哭。

八月

一日。丁巳。

築灰。愼任，自京來奠。

三日。

李貳相[382]沖[383]，使趙玉乾送奠物代之，又有挽詩。李命俊[384]{公

380 築灰(축회): 장사지낼 때 송장을 묻을 구덩이 주위에 석회를 넣고 다짐.

381 蘆原(노원): 서울특별시 노원구 상계동 일대에 있던 들.

382 貳相(이상): 左右贊成을 이르는 말.

383 李貳相沖(이이상충): 李沖(1568~1619). 본관은 全州, 자는 巨容, 호는 七澤. 효령대군 李補의 7대손으로 조부가 李榤이고 아버지가 李廷賓이다. 1600년 별시문과에 급제하여 이듬해 무장현감을 거쳐 1606년 성천부사로 나갔다가 형조 정랑을 거쳐 相禮, 廣州牧使를 역임했다. 나주목사를 거쳐 1612년 전라도관찰사가 되었다가, 이조참판·병조참판·한성판윤을 지냈다. 1616년 우참찬·형조판서를 거쳐 호조판서가 되었으며, 1617년 우찬성으로 승자되었다. 1618년 左副賓客·同知經筵事 등을 역임하였다.

384 李命俊(이명준, 1572~1630): 본관은 全義, 자는 昌期, 호는 潛窩·退思齋. 절도사 李濟臣의 넷째아들이다. 이제신은 申欽의 장인이기도 하다. 李廷馣·李恒福·成渾의 문하에서 수학하였다. 1604년 서장관으로 명나라를 다녀와 형조좌랑·병조정랑·西原縣監·平壤庶尹 등을 역임하였다. 1613년 계축옥사 때 영덕으로 유배되었다가, 1623년 인조반정으로 장령에 복직되어 영남암행어사·충청도관찰사·호조참판 등을 역임하였다.

之門人。官至參判。號潛窩。丁巳，方在謫所，聞公竄三水，有易播之疏，已改北靑，故不果上.}，遠謫嶺南，使其子顯基操文奠之。申判書欽·李同知貴[385]{官至延平府院君，謚忠定公.}，亦自謫所，送子以文奠之，申東陽[386]{卽東陽尉，翊聖.}·李敦詩，亦各具文以奠。李天安惟侃·沈僉知崙[387]·權益慶·李正顯英[388]{官至判書，號蒼谷.}·朴錦陽瀰·李正郎景稷·張翰林維[389]{號谿谷。官至右議政，新豊府院君。

---

385 李同知貴(이동지귀): 李貴(1557~1633). 본관은 延安, 자는 玉汝, 호는 默齋. 李珥·成渾의 문하에서 수학하였다. 李德馨·李恒福 등의 주청으로 三道召募官에 임명되어 군사를 모집, 이천으로 가서 세자를 도와 흩어진 민심을 수습하였다. 1616년 肅川府使로서, 해주목사에게 무고를 받고 수감된 崔沂를 만난 일로 탄핵을 받아 이천에 유배되었다. 1619년에 풀려나와 1622년 평산부사가 되었으나 광해군의 난정을 개탄하고, 金瑬·申景禛·崔鳴吉·金自點 및 두 아들 李時白·李時昉 등과 함께 반정 의거를 준비하였다. 이듬해 3월 광해군을 폐하고 선조의 손자인 綾陽君 李倧을 왕으로 추대, 인조반정에 성공하였다.

386 申東陽(신동양): 申翊聖(1588~1644). 본관은 평산(平山). 자는 군석(君奭), 호는 낙전당(樂全堂)·동회거사(東淮居士). 아버지는 영의정 申欽이고, 외할아버지가 병마절도사 李濟臣이다. 宣祖의 駙馬로, 貞淑翁主와 혼인하여 東陽尉에 봉해졌다.

387 沈僉知崙(심첨지륜): 沈崙은 沈惀(1562~?)의 오기인 듯. 沈義謙의 아들이다.

388 李正顯英(이정현영): 李顯英(1573~1642). 본관은 韓山, 자는 重卿, 호는 蒼谷·雙山. 1610년 헌납이 되었다가 교동현감으로 나갔다. 그때 인척인 李爾瞻으로부터 그곳에 유배중인 臨海君(광해군의 형)의 암살을 종용받았으나 이에 불응해 미움을 받아 투옥되었다. 이듬해 다시 부수찬으로 기용된 뒤 서흥부사·예빈시정·봉상시정·필선 등을 역임하고, 1619년 聖節使로 명나라에 다녀왔다. 1621년 병조참의가 되었으나, 대북파의 전횡에 불만을 품고 은퇴하였다.

389 張翰林維(장한림유): 張維(1587~1638). 본관은 德水, 자는 持國, 호는 谿谷. 우의정 金尙容의 사위이며, 효종비 仁宣王后의 아버지이다. 金長生의 문인이다. 인조반정에 참여하여 2등 공신에 녹훈되었고, 1624년 李适의 난 때 왕을 공주로 호종한 공으로 이듬해 新豊君에 책봉되어 이조참판·부제학·대사헌 등을 지냈다. 1627년 정묘호란이 일어나자 강화로 왕을 호종하였다. 병자호란 때는 공조판서로 남한산성에 임금을 호종하였고, 최명길과 함께 화의를 주도하였다. 성격이 곧아 인조반정에 참여하고서도 모시던 국왕을 쫓아낸 일을 부끄러워하였으며, 공신 金瑬의 전횡을 비판하고 소장 관인들을 보

後撰公行狀.}·李佐郎明漢[390]{官至判書。號白洲.}·進士昭漢[391]{官至參判, 號玄洲.}, 各以文來奠。崔評事有海{蒼谷以下, 皆公門下士.}·李同知尙吉[392]·李重基[393]·李碩基[394]·愼三俊[395]·李弘基·柳忠傑[396]·韓僉知汝溭[397]·權正郎怗[398]·權恰[399]·申滉[400]·朴潢[401]·沈

호하다 나주목사로 좌천되기도 하였다.

390 李佐郎明漢(이좌랑명한): 李明漢(1595~1645). 본관은 延安, 자는 天章, 호는 白洲. 李廷龜의 아들이다. 1616년 증광문과에 급제한 뒤 承文院權知正字·전적·공조좌랑에 이르렀다. 앞서 仁穆大妃의 폐모론이 일어났을 때 庭請에 참여하지 않았다 하여 파직되었다. 그 뒤 병조좌랑·교리 등을 지냈다. 1623년 인조반정 후 經筵侍讀官에 제수되었다. 이어 이조좌랑이 되어 어사로 關東에 나가 서리들의 정치와 백성들의 폐해를 살폈다. 다시 玉堂에서 근무하다가 이조로 옮겨 湖堂에 들어갔다.

391 昭漢(소한): 李昭漢(1598~1645). 본관은 延安, 자는 道章, 호는 玄洲. 李廷龜의 아들이다. 1612년 진사시에 합격하고, 1621년 정시 문과에 급제해 승문원에 나가 벼슬하였다. 1623년 인조반정과 함께 승문원주서를 거쳐 홍문관정자에 승진되면서부터 풍부한 학식이 정부 관료들 간에 널리 인정되었다.

392 李同知尙吉(이동지상길): 李尙吉(1556~1637). 본관은 碧珍, 자는 士祐, 호는 東川. 1602년에 앞서 정언으로 있을 때 鄭仁弘·崔永慶 등을 鄭汝立 일당으로 몰아 추론한 죄로, 成渾 등과 함께 6년간 황해도 풍천에서 귀양살이를 하였다. 1608년 유배에서 풀려나온 뒤 강원도 회양부사, 평안도 안주목사, 호조참의 등 벼슬을 역임하였다. 그러나 정인홍 등이 정권을 잡자, 규탄을 받아 동문 밖 蘆原에 거처하면서 李恒福 등과 교우하였다. 그러나 폐모론이 일어나자 전라도 남원으로 돌아가 은퇴하였다.

393 李重基(이중기, 1571~1624): 본관의 全義, 자는 子威, 호는 勿關齋. 아버지가 李耆俊이고 막내숙부가 李命俊이다. 1601년 사마시에 합격하였다. 계축옥사로 인해 파직되어 10년간 지내다가 1623년 인조반정으로 다시 서용되어 호조 좌랑이 되었고, 신계 현령을 역임하였다.

394 李碩基(이석기, 1598~1653): 본관은 全義, 자는 德輿. 아버지는 李壽俊이고, 李重基의 4촌 동생이다. 인조 때 효행으로 뽑혀 선공감감역이 되고, 1624년 사마시에 합격한 뒤 감찰·황간현감·형조정랑·宗親府典簿·儀賓府都事 등을 지냈다.

395 愼三俊(신삼준, 1572~1655): 본관은 居昌, 자는 士豪. 1590년 증광시에 급제하였다. 효릉참봉, 歸厚署別坐, 陽智縣監, 곡성 현감, 社稷署令, 軍器寺僉正 등을 지냈다.

396 柳忠傑(류충걸, 1588~1665): 본관은 晉州, 자는 藎伯, 호는 錦沙. 1613년 鄭造·

昶[402]·朴遑·鄭斗卿[403]{受學於公。官至參判。號東溟.}·權鸛·崔湸·

尹訒 등이 仁穆大의 폐모론을 주장하자 그들의 죄를 강경히 탄핵하는 상소를 올렸다가 처벌을 당하였다. 1618년 진사시에 합격하고, 그 해 인목대비를 폐하여 서인으로 강등시켜 西宮에 유폐하자 이에 분개하여 대과를 단념하고 공주에 은거하였다.

397 韓僉知汝溭(한첨지여직): 韓汝溭(1575~1638). 본관은 淸州, 자는 仲安, 호는 十洲. 1610년 식년문과에 급제, 설서·사서·정언·문학 등을 지내고, 광해군의 난정을 당하여 외직에 보임되어 재령군수를 지내고 품계가 通政大夫에까지 올랐으나 곧 사임하고 귀향하였다. 1616년 재령군수로 있을 때에 大北派의 음모로 일어난 海州獄事에 연루되어 투옥되었다가 곧 석방되었으나, 10여 년 동안 은거하였다. 1623년 인조반정이 일어나자 동부승지가 되고, 이어 좌부승지가 되었고, 다음해 李의 난이 일어나자 경기도관찰사로서 난을 평정하고 嘉義大夫로 승자하였다.

398 權正郎怗(권정랑첩): 權怗(1573~1629). 본관은 安東, 자는 靜吾. 아버지가 병조판서 權徵이다. 1616년 증광문과에 급제한 뒤 형조정랑 등을 역임하였다. 1618년 인목대비의 폐위를 위한 폐모론의 대두에도 불구하고 그 庭請에 참여하지 않았다. 1622년 營建都廳에 오른 뒤, 조정의 어지러운 정치를 바로잡기 위한 소를 올렸으나 받아들여지지 아니하자 병을 핑계로 벼슬에서 물러났다. 때마침 後金의 군사가 명나라 장수 毛文龍을 쫓아 평안도 선천까지 들어와 모문룡을 공격하는 등의 일로 서북 국경지방이 불안해지자, 적임자로 천거되어 선천부사로 부임하였다. 이듬해 인조반정 직후 호조참의가 되었으며, 1624년 황해도관찰사로 승진되었으나, 그 이듬해 무고로 사헌부의 탄핵을 받아 파직당하였다.

399 權恰(권흡, 생몰년 미상): 權怗의 동생.

400 申湸(신량, 1596~1663): 본관은 高靈, 자는 湸之, 호는 湖隱. 右水運判官·한성부참군·공조좌랑·구례현감을 지냈으며, 藍浦의 田舍에 우거하였다.

401 朴潢(박황, 1597~1648): 본관은 潘南, 자는 德雨, 호는 懦翁·懦軒. 아버지는 관찰사 朴東說이다. 1621년 정시문과에 급제하여 1624년 藝文館檢閱로 처음 벼슬길에 올라 世子侍講院說書·弘文館正字를 거쳐 대사간·이조참의를 지냈다. 병자호란이 일어나자 왕을 따라 남한산성으로 들어갔으며, 이듬해 청나라가 화의에 반대한 斥和臣 17인의 압송을 요구하자, 격분한 그는 "一代의 명사들을 모조리 虎口에 보낼 수 없다. 한두 사람만 보내고 버티자."고 주장하여 15인은 무사할 수 있었다.

402 沈昶(심창, 생몰년 미상): 본관은 靑松, 양부는 沈喜壽이고 생부는 沈昌壽이다. 제천현감, 온양군수를 지냈다.

403 鄭斗卿(정두경, 1597~1673): 본관은 溫陽, 자는 君平, 호는 東溟. 李恒福의 문인이다. 1629년 별시문과에 장원, 부수찬·정언 등을 역임하였다. 이때 북방의 胡族인 청나라

李評事培元·崔棖·權霔[404], 皆自遠來哭, 蓋爲會葬來也。

四日。庚申。

下窆, 自此幽明永隔矣。終天之慟, 可勝言哉? 穴深九尺, 下鋪灰一尺, 安外棺, 其外煎下松脂, 廣五寸與棺平, 限外蓋上, 凡用松脂五百三十二斤, 篩灰三百二十石限平土。銘旌, 冒雨遠來渝色, 改書於金同知瑬葬之, 錦陽書主。申時告利成[405], 夕行初虞祭[406]。

五日。

以雨不得反魂[407], 行再虞祭。葬客皆歸, 只李景稷·李時白·崔煜[408]{公之孫女婿。文科。官至掌令.}·曹大益, 留待返魂。

가 강성하여지자 緩急論을 지어 武備의 급함을 강조하였다.

404 權霔(권주, 1574~?): 본관은 安東, 자는 時望. 1612년 식년시에 급제하였다. 槃樹察訪을 지냈다.

405 利成(이성): 신위에게 음식을 올리는 일이 끝났음을 말하는 것. 집사는 수저를 대접에 내려놓고 밥그릇 뚜껑을 덮고 자신의 자리로 간다. 상주 이하 모두 곡하면서 두 번 절하고 축관은 축문을 불사르고 모두가 밖으로 나가면 집사가 제물을 치운다. 여기서는 장례가 끝났음을 말한다.

406 初虞祭(초우제): 장사지낸 뒤 처음으로 지내는 제사. 혼령을 위안하기 위하여 장사 당일을 넘기지 않는다.

407 反魂(반혼): 장례 지낸 뒤에 神主를 집으로 모셔 오는 일.

408 崔煜(최욱, 1594~?): 본관은 水原, 자는 汝明. 이항복의 장남인 李星男의 사위이다. 1629년 별시에 급제하였고, 1630년 注書, 1650년 밀양부사, 1652년 掌令을 지냈다.

六日。朝雨晩晴。

反魂於東岡。初議反魂之所, 衆論未定, 喪主曰: “先君素不喜城市, 晩卜東岡, 極愛便靜。每謂歌哭於斯, 將以爲終焉之地。不幸見謫, 一念猶未捨於東岡, 語言之間, 每存故栖之戀念。從象生之意, 得返於公所愛之廬, 於情得矣.”云。故終返於東岡, 後來先生長者, 多以喪主之意爲得宜也。

七日。

行三虞祭。偶披公遺籍, 得小紙, 乃識朴尙毅論山者。其向案起伏, 亦與吳世俊所點一樣, 而且其中有穴地六尺, 則有紫卵石云, 則穴亦眞矣。術雖微事, 能知地中所未見者, 豈不惑人也哉? 事不相謀, 而適無差爽[409], 則吳亦非庸師[410]也。不幸變生於謫所, 北地荒苦, 遠俗無知, 且爲官者, 多是武人。初慮治喪之具, 板蕩[411]無賴, 訃音一出, 南北絶塞, 權管[412]守護將之稍有守地者, 莫不爭致賻儀。及至安邊賻布, 已至二十同之多矣。其人之所常慕仰, 亦於此可見矣。葬後, 不知有一士人, 匹馬單裝, 茅藉炙鷄漬綿[413], 來哭於墓前, 只留詩文一紙, 不見喪主而去{公

409 差爽(차상): 사리에 어그러짐.

410 庸師(용사): 이치에 밝지 못한 地師.

411 板蕩(판탕): 재물 따위를 다 써서 없앰.

412 權管(권관): 조선시대 함경도·평안도·경상도의 변경 鎭堡에 두었던 수장. 종9품 무관직이다.

之曾孫世弼[414], 甲寅冬, 以四學[415]疏頭, 被罪謫居靈光[416]。有士人崔河錫者, 自靈巖[417]來訪曰: "吾祖考名珽[418], 官至齋郎, 絶意仕宦。於白沙先生, 素無面分。自北青返葬後, 以鷄酒之奠, 哭於墓前, 不見主人而去云." 始知漬綿哭墓者, 是崔珽也.}。尙州[419]士人鄭以弘等十餘人, 素不知公者, 各致賻儀. 且有武人金是若, 遠自晉州, 備物來奠而去, 此皆近世所未聞之事也。其後北青人士, 追懷德義. 創書院於城外老德社[420], 立祠宇, 以專享公, 每春秋俎豆不衰, 號老德書院。

{鄭公名忠信, 字可行。登武科, 官至平安兵使·副元帥。以討平李适, 錄振武元勳, 封錦南君。生於萬曆丙子, 卒於崇禎丙子, 諡忠武。公有子砅, 襲封錦平君。公本係光州正兵[421], 壬辰之亂年十七。覩元帥權莊烈

413 炙鷄漬綿(적계지면): 조문할 때 올리는 조촐한 제수를 뜻함. 後漢 때 사람인 徐穉가 黃瓊의 죽음에 조문할 적에 식량을 싸 짊어지고 江夏로 가서 한 마리의 닭과 솜에 적신 술을 차려 놓고 곡을 한 다음 이름을 고하지 않은 채 돌아왔다는 고사에서 유래한다.

414 世弼(세필): 李世弼(1642~1718). 본관은 慶州, 자는 君輔, 호는 龜川. 李恒福의 증손이며, 이조참판 李時術의 아들이다. 1674년 제2차 복상 문제로 宋時烈이 삭직당하자, 송시열을 적극 옹호하였다. 평소에 송시열을 모르는 사이였지만, 분개하면서 선비들을 설득해 상소하여 송시열의 원통함을 호소하다가 영광에 유배되었다. 적소에 5년 동안이나 있으면서도 문밖을 나가지 않았으며 《퇴계집》을 읽고 느끼는 바가 있었다고 한다. 1678년 귀양에서 풀려나오자 학행으로 천거되어 1680년 창릉참봉에 제수되었으나 나아가지 않았다. 이듬해 동몽교관이 되었고, 1684년 형조좌랑을 거쳐 용안현감이 되었다가 진위령을 지내고 삭녕군수로 부임하였다. 1689년 기사환국으로 李珥·成渾을 문묘로부터 黜享하려 하자 관직을 버리고 振威로 돌아왔다.

415 四學(사학): 한양에 두었던 中學·東學·南學·西學을 이름.

416 靈光(영광): 전라남도 북서해안에 위치한 고을.

417 靈巖(영암): 전라남도 서해안에 위치한 고을.

418 珽(정): 崔珽(1568~1639). 본관은 全州, 자는 大圭, 호는 棄井·東園.

419 尙州(상주): 경상북도 북서부에 위치한 고을.

420 老德社(노덕사): 북청의 관아가 소재한 곳에 있던 관원.

公[422]求人, 可以奔問[423]行朝[424]者, 公自奮請行, 持狀啓, 穿倭陣, 入義州。時曾王考文忠公方判中兵, 一見知其爲英才, 召置左右而衣食之。敎以學書, 能讀先秦古文, 遍交門下名士, 如延陽·新豊·完城諸公, 皆折輩行[425]屛人地。戊午, 侍文忠公, 至北靑謫所, 作北遷日記。及公捐館[426],

---

421 正兵(정병): 조선시대 군사제도의 근간을 이룬 일반 양인 농민 출신의 병종.

422 權莊烈公(권장렬공): 權慄(1537~1599). 본관은 安東, 자는 彦愼, 호는 晩翠堂·暮嶽. 시호가 국조방목에는 莊烈로 되어 있으나 국조인물고에는 忠莊으로 되어 있다. 1582년 식년문과에 급제했다. 임진왜란이 일어나 수도가 함락된 후 전라도순찰사 李洸과 防禦使 郭嶸이 4만여 명의 군사를 모집할 때, 광주목사로서 곽영의 휘하에 들어가 中衛將이 되어 북진하다가 용인에서 일본군과 싸웠으나 패하였다. 그 뒤 남원에 주둔하여 1,000여 명의 의용군을 모집, 금산군 梨峙싸움에서 왜장 고바야카와 다카카게[小早川隆景]의 정예부대를 대파하고 전라도 순찰사로 승진하였다. 또 북진 중에 수원의 禿旺山城에 주둔하면서 견고한 진지를 구축하여 持久戰과 遊擊戰을 전개하다 우키타 히데이에[宇喜多秀家]가 거느리는 대부대의 공격을 받았으나 이를 격퇴하였다. 1593년에는 병력을 나누어 부사령관 宣居怡에게 시흥 衿州山에 진을 치게 한 후 2800명의 병력을 이끌고 한강을 건너 幸州山城에 주둔하여, 3만 명의 대군으로 공격해온 고바야카와의 일본군을 맞아 2만 4000여 명의 사상자를 내게 하며 격퇴하였다. 그 전공으로 도원수에 올랐다가 도망병을 즉결처분한 죄로 해직되었으나, 한성부판윤으로 재기용되어 備邊司堂上을 겸직하였고, 1596년 충청도 순찰사에 이어 다시 도원수가 되었다. 1597년 정유재란이 일어나자 적군의 북상을 막기 위해 명나라 提督 麻貴와 함께 울산에서 대진했으나, 명나라 사령관 楊鎬의 돌연한 퇴각령으로 철수하였다. 이어 順天 曳橋에 주둔한 일본군을 공격하려고 했으나, 전쟁의 확대를 꺼리던 명나라 장수들의 비협조로 실패하였다. 임진왜란 7년 간 군대를 총지휘한 장군으로 바다의 이순신과 더불어 역사에 남을 전공을 세웠다. 1599년 노환으로 관직을 사임하고 고향에 돌아갔다.

423 奔問(분문): 난리를 당한 임금에게 달려가서 問候하는 것. 周나라 襄王이 난리를 피해 鄭나라 시골 마을인 氾에 머물면서 魯나라에 그 사실을 알리자, 臧文仲이 "천자께서 도성 밖의 땅에서 먼지를 뒤집어쓰고 계시니, 어찌 감히 달려가서 관수에게 문후하지 않을 수 있겠습니까.(天子蒙塵于外, 敢不奔問官守?)"라고 대답한 고사에서 유래한 것이다.

424 行朝(행조): 行在所. 전쟁 혹은 변란시 국왕이 궁궐을 떠나 임시로 머무르는 곳.

425 折輩行(절배행): 선배, 후배의 순서를 없앰. 같은 또래로 여김. 곧 자기보다 연배가 낮은 사람과 사귀는 것이다.

426 捐館(손관): 살던 집을 버린다는 뜻으로, 죽음을 높여 이르는 말.

爲之心喪[427]三年。文忠公嘗曰: "挾冊則不害爲一世高士." 後奉使入建州察虜情, 其酋欲試之, 幽於一室而餓之, 達夜念書, 其聲琅然, 乃左傳也。爲甫下僉使時, 作絶句曰:

千年往迹鳥飛間　　文肅公[428]碑碧蘇斑
可笑玉門[429]班定遠[430]　　幾多辛苦乞生還

讀其詩, 可以想見其氣槪也。爲人短小, 雙眸閃閃, 精彩[431]暎發云.}

---

427 心喪(심상): 상복은 입지 아니하나 상주와 같은 마음으로 말과 행동을 조심하는 것.

428 文肅公(문숙공): 尹瓘(?~1111)의 시호. 본관은 坡平, 자는 同玄. 문과에 급제하고 승진하여 吏部尙書 翰林學士에 임명되었다. 이때 女眞은 東北境에 자리 잡고 살아 변경의 소란이 끊이지 않았다. 肅宗 때 林幹을 장수로 삼아 여진을 토벌하려 했지만 오히려 크게 패배했다. 그리하여 왕은 윤관으로 하여금 대신 공격하게 했지만 다시 성과를 거두지 못했다. 윤관은 돌아와서 적군과 아군 병사들의 장단점을 깊이 살펴 새로 武班을 설치하고, 州縣으로부터 활쏘기와 말 타기에 능한 사람들을 모집하여, 여러 해 동안 군사를 훈련시켰으며, 무기와 식량을 완벽하게 준비했다. 이리하여 1107년에 윤관을 元帥로 삼고, 吳延寵을 부원수로 삼아, 다시 여진 정벌에 나섰다. 이때 군대는 모두 17만 명이었으며, 道鱗浦에서 군함을 타고 원정길에 올랐다. 윤관 등은 여진 땅에 도착하여 그 소굴을 공격하여 큰 승리를 거두고, 英州, 雄州, 福州, 吉州 등 9城을 쌓았으며, 碑를 公嶮에 세우고 경계로 삼았다.

429 玉門(옥문): 玉門關. 중국 甘肅省 燉煌의 서쪽 관문. 서역을 왕래하는 길목이다.

430 班定遠(반정원): 후한의 명장 班超. 흉노의 지배하에 있던 서역의 50여 국을 항복받고 定遠侯에 봉해졌다. 70세가 넘어 오랫동안 객지에 머물러 있게 되자, 생전에 옥문으로 들어가 중국 본토를 밟아보는 것이 소원이라고 상소하였으나, 후에 귀향할 적에 玉門關을 통과하여 돌아왔지만 얼마 지나지 않아 세상을 떠났다.

431 精彩(정채): 名劍에서 발산하는 광채를 말함.

萬曆丁巳光海將廢母后時，白沙李文忠公獻議手草

臣以八月初九日，重得中風，身雖不死，精力已脫。瞻天望雲，分死自訣，今垂半歲，尙在床褥。凡干公事，勢難仰對，此則國家大事，餘命未絶，何敢以病爲辭，默然而已乎？不審誰爲殿下畫此計者？君父之前，非堯舜不陳，古之明訓。虞舜不幸，頑父嚚母，常欲殺舜，浚井塗廩，危逆極矣。號泣怨慕，而不見其有不是處。誠以父雖不慈愛，子不可以不孝，故春秋之義，子無讐母之意。況爲伋也妻者，是爲白也母，誠孝之重，夫焉有間也？今方當以孝治國家，一邦之內，將有漸化之望，此言奚爲至於紸纊之下哉？爲今之道，體舜之德，克諧以孝，烝烝以乂，迴怒爲慈。愚臣之望也。伏惟。

刻北遷日錄跋[1]

往在萬曆丁巳，曾王考白沙文忠公，當光海昏亂之時，謂母后不可讐，以明春秋之大義，戊午，謫歿于北青。錦南鄭公忠信，以門下士，實爲執鞭[2]之役，間關嶺海，終不少怠，遂爲之心喪，迹其所爲，殆古烈士之倫也。有所撰北遷日錄，記文忠公遷謫時事頗詳。其後五十七年乙丑[3]，鄭侯來祥[4]爲北青倅，慕公之風，將刊北遷錄，方伯李公秀彦[5]，聞而喜之，輒鳩工而相之。世龜[6]

---

1 李世龜의 《養窩集》 12책 〈跋〉에 수록되어 있음.

2 執鞭(집편): 채찍을 쥐고 남에게 수레를 몰아줌. 남을 경모하여 따라가는 것을 비유하는 말이다. 《論語》〈述而篇〉의 "공자 말씀하시기를 부자 됨을 구할진댄, 비록 채찍 잡은 마부 노릇이라도, 나 또한 할 것이다.(子曰: '富而可求也, 雖執鞭之士, 吾亦爲之.')"에서 나온 말이다.

3 五十七年乙丑(오십칠년을축): 이항복의 졸년이 1618년이고, 을축년은 1685년이므로 그 사이의 햇수가 67년이어야 함.

4 鄭侯來祥(정후래상): 鄭來祥(1643~1717). 본관은 동래(東萊). 자는 대숙(大叔). 鄭世美의 손자이다. 1679년(숙종 5) 정시문과에 급제하였다. 숙종 대에 1685년 북청판관, 이어서 장령·부수찬·교리·사간·응교·집의 등을 지냈고, 1690년 장령으로 남인 정권하에서 이미 원찬당한 閔鼎重에게 다시 처벌할 것을 요구하는 대간 논계에 반대하였다. 1691년 사인을 거쳐 승지로 승진하였다.

5 李公秀彦(이공수언): 李秀彦(1636~1697). 본관은 韓山, 자는 美叔, 호는 聾溪·醉夢軒. 14세에 宋時烈의 문하에 들어가 수학하였다. 1669년 정시문과에 급제, 예문관의 벼슬을 거쳐 정언·지평을 역임하고 1681년 응교를 거쳐 경상도관찰사로 특진된 뒤 승지·대사간·대사헌 등을 지냈다. 1984년 함경도관찰사를 지내고, 1689년 기사환국 때 楚山에 유배되었다가 1694년 갑술옥사로 풀려나와 형조판서에 올랐다. 이어 대사헌으로 吳道一을 탄핵하다가 전라도관찰사로 좌천되었다. 그 뒤 다시 내직에 임명되었으나 벼슬을

茲敢稍加整頓, 而分註於其間, 仍略見鄭公之終始, 且附刻丁巳收議手草, 俾藏其板於老德書院。

嗚呼! 世龜於此又有感焉。昔程門諸人, 記錄言語, 程子以爲不得某心, 則是記他底意思[7], 矧錄君子之言動, 若斯之難也。竊瞷是編。詳於燕笑而略於訓辭, 疎於大綱而密於細事, 豈鄭公才識雖超絶, 而倔起於行間, 初非儒素家流, 故審視而謹書者, 非其所長而然歟。然則玆錄也, 其可謂果得文忠公之心否乎? 旣不得其心, 而以意錄之, 則烏可以保其無錯也? 亦何以考信, 而示諸後也。

嗚呼! 文忠之世旣遠而其義益彰, 其景仰者益衆, 里巷媍孺, 尙能傳道其言行之一端, 而或輾轉傅會, 以失其眞者, 亦有之矣。然而尙德之士, 猶感慨賞歎, 不能自已。矧伊斯錄, 雖不能無憾, 要之扶倫之大節, 愛君之忠憤, 有以增其三綱五典之重者, 則固昭揭如日星, 而至於關河道路, 人情物態, 零零瑣瑣[8]之類,

---

사직하고 고향인 청주에 내려갔다.

6 世龜(세귀): 李世龜(1646~1700). 본관은 慶州, 자는 壽翁, 호는 養窩. 李恒福의 증손이며, 아버지는 성주목사 李時顯이다. 朴長遠의 문인이다. 1673년 진사시에 합격하고, 1685년에 蔭補로 景陽道察訪에 임명되었으나 사직하였다. 그 뒤 1695년 다시 추천을 받아 예산현감에 임명되고, 1697년 장령을 거쳐 書筵官·尙衣院僉正·홍주목사 등을 역임하였다.

7 程子以爲不得某心, 則是記他底意思(정자이위부득모심, 칙시기타저의사): 程子(程伊川)와 朱公掞과의 일화에서 나온 말. 《性理大全書》 권40의 〈諸儒 二·程子門人〉에서 나온다.

8 零零瑣瑣(영령쇄쇄): 보잘것없이 매우 자질구레함.

纖悉備具, 亦可以究觀世變之推遷, 而知天理之根於秉彛者, 終不能以一時禍福, 有所鉗制[9]而殄絶之也。

後之覽者, 豈無興慨於斯, 而感發其忠義激烈之心乎? 吾知千載之下, 必有掩卷而流涕者矣。其亦有補於風敎, 而不可以不傳於世也。斯非一家之私言也, 遂書以識其後云爾。

崇禎後乙丑仲夏[10]下浣

月城李世龜 拜手謹書

9 鉗制(겸제): 남을 억눌러 구속함.

10 仲夏(중하): 음력 5월을 달리 이르는 말.

跋[1]

右鄭錦南忠信所記白沙先生北遷錄一冊。先生曾孫世龜檢校[2]刪正[3], 附以丁巳獻議及錦南行事本末, 是錄始爲完書, 可以傳示久遠矣。

蓋先生痛母后之將廢, 發憤獻議, 丁巳十二月, 謫配北靑, 明年五月捐館, 其八月返葬于抱川先墓之側。錦南以門下士, 從先生於遷謫死生之際, 跋履[4]周旋, 終始不離傍, 仍爲之方喪[5]。自始遷至卒葬, 首尾大閱月之間, 審視而詳記之。大而一時世變之梗槩及先生忠義之大方, 以至言動嬉笑之微, 人情厚薄之際, 纖悉畢錄。若乃嶺海間關[6], 原隰匍匐, 有可以刺心而抆涕者矣, 眞苦心至誠慕義無窮者哉。

嗚呼! 先生之大節耿著於宇宙者, 初議一篇在焉, 固若無待於

---

1 李敏敍의 《西河先生集》 권12 〈序跋〉에 수록되어 있음.

2 檢校(검교): 校閱. 문서나 원고의 내용 가운데 잘못된 것을 바로잡아 고치며 검열함.

3 刪正(산정): 訂正. 글자나 자구 따위를 깎고 다듬고 하여 잘 정리함.

4 跋履(발리): 跋履山川. 여행길이 힘들고 어려움을 뜻하는 말. 여기서는 힘들고 어려움을 무릅씀을 이르는 뜻이다.

5 方喪(방상): 《禮記》〈檀弓 上〉에 "임금을 섬기는 데는 直言으로 面爭할 수는 있으나 숨김은 없어야 하며, 좌우에서 돌보면서 죽을힘을 다하여 服勤하고, 방상 삼 년을 입는다."라고 하여, 임금의 상을 당하여 부모의 상에 견주어 삼년상을 입는 것을 말함.

6 間關(간관): 길이 험함. 길이 울퉁불퉁하여 걷기 곤란한 상태를 말한다.

是錄, 而百世之下, 聞先生之風者, 如目見如身履, 如親奉先生之謦咳, 感慕嗚咽而不能已, 則是錄不爲無助, 何可使沈滅而不傳也? 至其所記或不免瑣細俚俗, 似若非先生之意者, 則觀者當有以自下之, 不害其並存也。

時丙寅首夏

正憲大夫 吏曹判書兼弘文館大提學 藝文館大提學 知成均館事

完山 李敏敍 敍跋

백사 유사첩 발문[1]
白沙遺事帖跋

남구만

연양(延陽) 이시백(李時白) 상공(相公)이, 백사 선생이 조사를 받고 논계(論啓)를 당할 때에 편안히 자고 동요하지 않은 일을 선생의 손자인 이시현(李時顯) 씨에게 말하였으며, 오래되면 이것을 잊어버릴까 염려하여 그 말을 기록해서 첩(帖)을 만들었는데, 우재(尤齋) 송시열(宋時烈) 상공(相公)이 그 뒤에 발문을 붙이고, 또 이것을 기록하여 나에게 보여 주어 나에게 뒤를 이어 줄 것을 청하였다. 내가 우재 상공이 인용한 유원성(劉元城)과 정 문익(鄭文翼) 두 공의 일을 보니, 실로 선생이 처한 것과 고금이 똑같은바 논한 것이 극진하였다. 또 어찌 더 말할 것이 있겠는가. 그러나 한마디 말을 하겠다.

사람이 세상을 살아감에 가장 원하고 가장 싫어하는 것은 죽고 사는 것보다 더한 것이 없다. 그러므로 맹자(孟子)는 웅장(熊掌)과 어물(魚物)로 비유하고 의(義)를 취하고 삶을 버릴 것을 권면하였으니, 그렇다면 삶을 버리는 자는 모두 의를 취함에 어려움이 없을

1 南九萬, 《藥泉集》 권27 〈題跋〉에 수록. 번역문은 한국고전번역원에서 제공하는 것을 옮겨 실은 것임을 밝혀둔다.

듯하다. 그러나 내가 전고(前古)에 죽음에 대처한 자들을 살펴보니, 죽는 것이 어려운 것이 아니라 죽음을 아까워하지 않는 것이 어렵고, 죽음을 아까워하지 않는 것이 어려운 것이 아니라 죽음에 동요하지 않는 것이 어렵고, 죽음에 동요하지 않는 것이 어려운 것이 아니라 죽음에 통달하는 것이 어려웠다.

거짓 책문(冊文)을 짓고서 사약을 마셔 죽고, 항복하는 조서에 이름을 쓰고서 목을 끊은 자가 있었으니, 이는 비록 끝내 한 번의 죽음을 판단하였으나 책문을 짓기 전과 항복 문서에 서명하기 전에 죽지 못하였으니, 이는 어찌 오히려 죽음을 아까워한 바가 있었기 때문이 아니겠는가. 이적지(李適之)는 의춘(宜春)으로 좌천되었을 적에 어사(御史)의 배마첩(排馬牒)이 현(縣)에 이르렀다는 말을 듣고는 즉시 자살하였으니, 이는 혹 죽음을 아까워하지 않았다고 이를 수도 있을 것이다. 그러나 오히려 죽음에 동요한 바가 있으니, 죽을 때가 되어 죽어도 늦지 않는데 어찌 급히 먼저 자살할 것이 있겠는가.

위원충(魏元忠)이 시장에서 형벌을 받게 되었는데 말 탄 사자를 급히 보내어 사면하니, 형벌을 맡았던 자들이 모두 기뻐 날뛰고 환호하며 빙빙 돌고 그치지 않았으나 위원충은 홀로 태연히 앉아 그대로 있었고 끝내 근심하거나 기뻐하는 기색이 없었으니, 이는 죽음에 동요하지 않은 자라고 이를 만하다.

그러나 위원충이 평소 한 일을 살펴보면 무후(武后)와 위후(韋后)

때에 정승이 되었는데, 국가의 변고가 또한 많았으나 훌륭한 업적을 세웠다는 말을 듣지 못하였고, 끝내 무삼사(武三思)에게 속임을 당하였으며 봉해 주는 유제(遺制)를 받들고는 감격하여 눈물을 흘려서 세상 사람들에게 비루하게 여겨졌으니, 그렇다면 위원충이 처음에 죽음에 동요하지 않은 까닭은 바로 한때 혈기의 강함으로 억제한 것일 뿐이다. 어찌 참으로 의리와 천명을 알아서 죽음에 통달한 자이겠는가. 이천(伊川)이 부릉(涪陵)으로 유배 가면서 염여(灩澦)를 지날 적에 초부(樵夫)가 사달(舍達)의 질문을 하였는데, 설명하는 자가 말하기를, "아침에 도를 들음은 바로 달(達)이요, 저녁에 죽어도 괜찮다는 것은 사(舍)이다." 하였으니, 아, 죽음에 처하여 이 경지에 이르러야 비로소 삶을 버리고 의를 취했다고 이를 만한 것이다.

이것을 가지고 말한다면 저 죽음을 아까워하고 또 죽음에 동요되는 자들은 굳이 말할 것이 없고, 시장 가운데에서 처형당하면서도 편안히 앉아 있었던 위원충의 경우는 또한 어찌 염여에서 태연히 있었던 정이천과 다르겠는가. 그러나 후세 사람들이 저 위원충에 대해서는 죽음을 통달했다고 이르지 않고, 이 이천에 대해서는 도를 들은 자라고 믿는 것은 어찌 평소 몸을 세우고 행신하는 큰 방도가 사람들의 마음을 복종시킨 점, 그것이 다르기 때문이 아니겠는가. 그렇다면 지금 선생을 살펴보고자 하는 자들은 마땅히 중흥(中興)을 돕고 떳떳한 윤리를 붙든 큰 절개로써, 이 하룻밤 편안히 자는 것이 도를 듣는 달(達)이 되고 저녁에 죽어도 가한 사(舍)가 됨을 징험해야 할 것이다. 그렇지 않다면 죽음을 당하여 동요하지 않은 자가 세상에 또한 그러한 사람이 있었으니, 또 어찌 이것을 가지고 선생이 보존한 바를 논할 수 있겠는가.

또 지금 선생보다 뒤에 태어나 선생을 추모하는 자들은 선생이 평소 유희(遊戲)한 하찮은 것이라도 모두 삼가 기록하고 다 전해서 무궁한 생각을 부쳐야 할 것이다. 더구나 이 일은 천 년이 지난 뒤에도 나약한 자가 뜻을 세우게 할 수 있는데 자손들이 또한 미처 알지 못하였으니, 이 때문에 연양(延陽) 이 상공(李相公)이 임종할 때에 간곡히 당부하여 세상에 알려지게 하고자 한 것이다. 내 또 들으니 이 상공은 선생의 늙은 문생(門生)으로 나이가 6, 7십 세에 이르고 지위가 정승에 올랐으나 해마다 원정(元正)이 되면 반드시 선생의 가묘(家廟)에 찾아가 배알하여 종신토록 폐하지 않았다고 하니, 선배들의 돈독하고 후덕한 풍속을 여기에서 또한 볼 수 있다. 아, 참으로 존경할 만하다.

찾아보기

ㄱ

ㅊ

영인자료

—

북천일록
北遷日錄

鄭忠信 원저·李世龜 협주, 1685년 간행, 국립중앙도서관 소장

여기서부터는 影印本을 인쇄한 부분으로 맨 뒷 페이지부터 보십시오.

1

北遷日錄序

昔我 宣廟中興時則有元功大臣曰白沙先生李公恒福字子常遭光海不辟將廢 母后公獻議守正謫于闕北殁于配所其尉相從於生死歸一之際者乃錦南君鄭忠信可紀也悉記其蹟

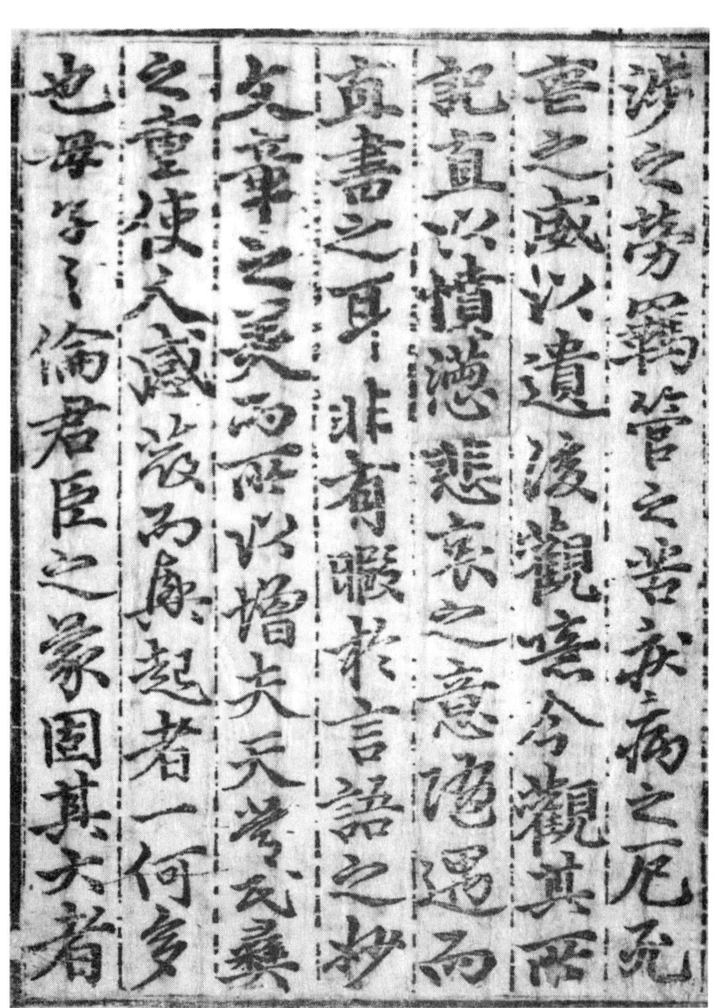

涉之勞羈管之苦疾病之厄危
奮之感以遺後觀噫今觀其所
記直以憤懣悲哀之意隱遁而
直書之耳非有嚴於言語之妙
文章之美而所以增夫天常民彝
之重使人感發而興起者一何多
也學等之倫君臣之義固其大者

至若人品之邪正世道之升降
無常之物態不泯之公議死而有
榮耀生而爲羞辱人倫藻鑑之
明知遇許與之報無不一備於是乎
後之君子觀於此亦可知量時而處
己者矣人之所貴乎書爲此而莫
雖先生大人著爲世訓者要不出

此詎可與韓幹者流竟爲之語同
類而共評之哉余聞 宣祖大王播
越龍灣也將欲渡江而內附問宰臣
之願從者則唯公請以身執羈靮
及公之竄杜也唯錦南相隨不去經
紀其生死嗟乎公自竭其忠於
君父所以食其報於錦南詩不云乎

唯其有之是以似之信無貳亘余
於此又有感焉古之居輔相之職者
必以知人為先晉之管庫唯趙文子
知之舉之為大夫漢之巨虜唯蕭相
國知之薦之為大將此其明鑑遠識
自得於天夫豈有方術之可傳學習
之可能哉錦南以先物之一鼎之嘗

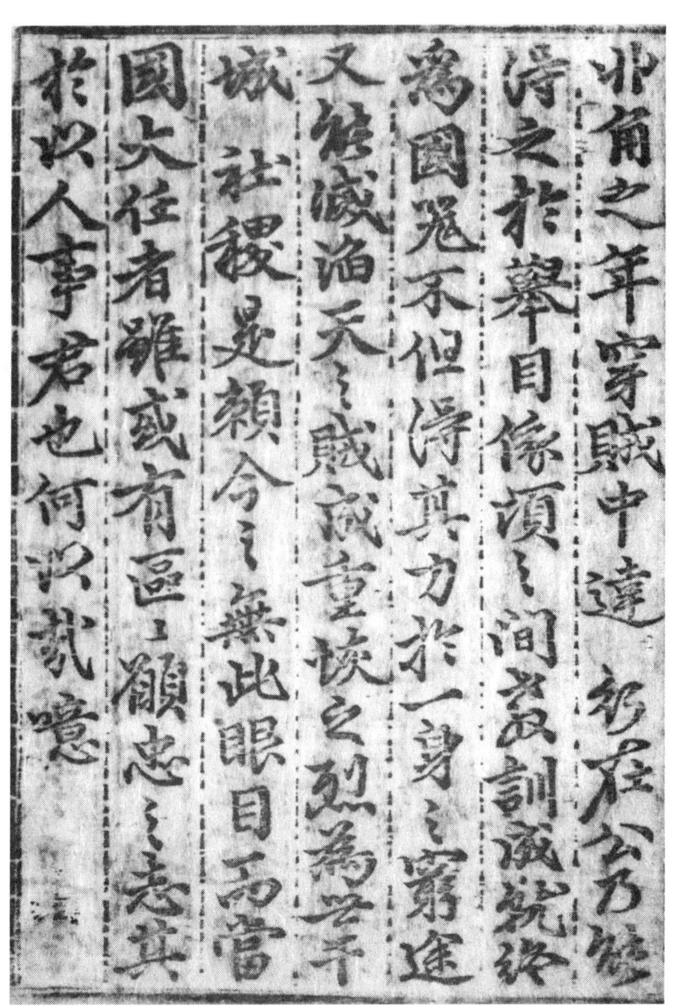

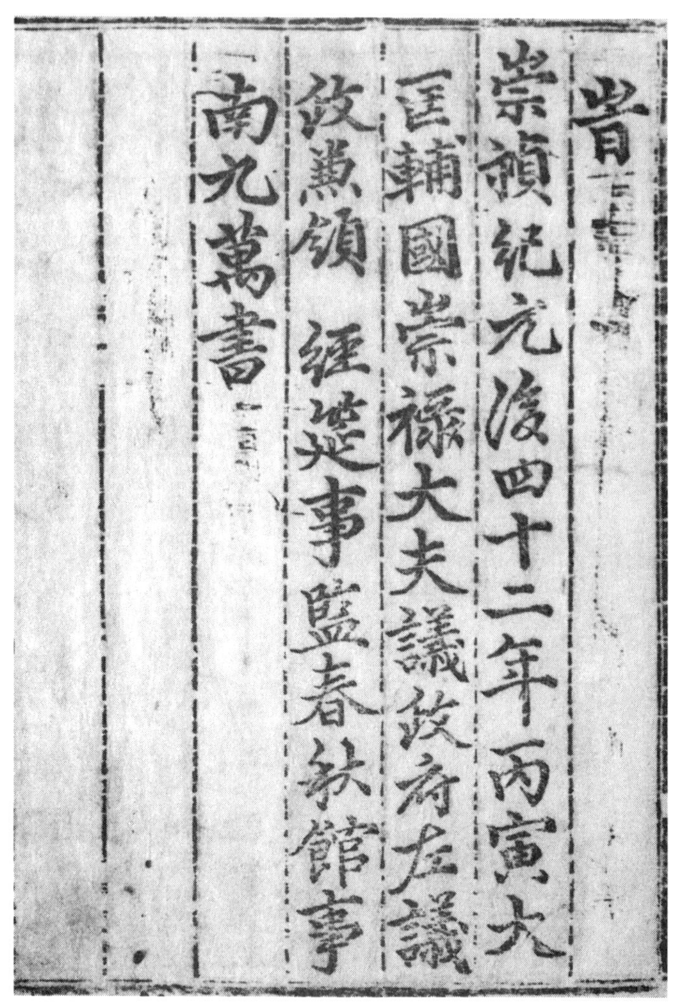

旨

崇禎紀元後四十二年丙寅大

匡輔國崇祿大夫議政府左議

政兼領 經筵事監春秋館事

南九萬書

白沙先生北遷日錄

錦南鄭忠信可行撰

皇明萬曆四十五年丁巳(即光海君九年也)十一月一日壬戌

自癸丑以後時人主金墉事事已逼迫右叅贊筠使金闓李湙誘聚湖嶺無賴之徒僞若儒生者自家供給相繼投疏是月八日幼學尹惟謙首疏以擧義杜亂萌事呈政院繼有幼學鄭曉李皓李璹宋永緖李集等踵之館學儒生金尚夏等上疏曰請貶降西宮(時 仁穆王后在西宮)尊號撤去分朝侍衛貢獻朝謁以去禍本次治奇自獻容護逆首之罪事此論大提學爾瞻實主張是筠承望奔走以成之羣議

紛然首相奇自獻不能止入都堂倡廣收廷議議先立義幟欲扶已見使之收及於原任大臣鰲城府院君白沙李公時公家食於東岡(東岡卽公繇住別墅在京城東二十五里)不預朝政者已五載二十五日中樞府經歷李士遜持廷議來問公卽獻議曰臣以八月初九日重得中風身雖不死精力已脫膽天望雲分死自訣今垂半歲尚在床褥凡干公事勢難仰對此則國家大事餘命未絶何敢以病爲解默然而已乎不審誰爲殿下畫此計者君父之前非堯舜不陳古之明訓虞舜不幸頑父嚚母常欲殺舜浚井塗廩危逆極矣號泣怨慕而不見其有不是處誠以父雖不慈子不可以不

孝故春秋之義子無讐母之意況爲伋也妻者是爲白也
母誠孝之重夫焉有間也今方以孝治國家一邦之内將
有漸化之望此言美焉至於絓纊之下弑焉今之道體舜
之德克諧以孝烝烝以乂迴怒爲慈愚臣之望也云時議
駭然三司攘臂生負陳好善宣世徽崔尚質連疏請按律
以安 宗社云
十二月一日壬辰 十日合啓曰臣等伏見李恒福鄭弘
翼東萊人字翼之號休軒登丁酉文科以行同梟獍云
決以古昔帝王遭人倫之變者無如虞舜而能盡處變
之道亦莫如舜當其嚚母燒禍欲害舜者百計而舜恭
爲子職而已聊致烝烝之義此其所以爲人倫之至極律
我聖上自在儲宮仁孝振聾擧國臣民咸仰錫類之至化
而不幸遭値人倫之變羣臣位下風者不能贊襄聖孝荷

義帝舜而乃[illegible]此無前之事臣竊感焉伏願聖明遠法虞
舜克盡誠孝兩宮之間和氣藹然則一國臣民咸囿於仁
孝之化而聖德光于萬世矣臣叨荷聖恩位躋二品雖極
愚陋無識愛君徇國之誠恒切於中矣今當獻議若愛惜
微命不陳所懷則是負聖上洪造而自陷於不忠之罪矣
倘蒙聖明不以人廢言特賜財擇則臣雖萬死亦無憾矣
珍島圍籬安置移配鍾城光陽癸亥反正以承旨
召還進秩嘉善至副提學天啓甲子卒謚忠貞公等收議
副虞舜處變之道爲言虞舜人倫之至固可法也若以今
日之事比之則大相不同虞舜匹夫也雖見害於嚚母禍
止一身舜之恭爲子職者舜之所以爲舜也帝王宗社臣
民之所托也不幸遭變則禍及於宗社臣民帝王處變之
道不可與匹夫同之也明矣設今舜旣在君位而嚚母之
禍舜如此則舜雖以母待之爲舜臣者其可坐視舜之被

害而不明嚚母之罪乎殺人微罪也臯陶猶執瞽瞍而舜不得禁只以竊負爲計則君臣之間子母之際以義以恩所處之道豈不大相懸哉巫蠱咀呪之變著矣外應逆謀之狀露矣若使凶謀得行於當日則聖上在於何如地宗社臣民之禍亦何如也在聖上則雖有竊負之意爲聖上臣子者獨不爲臯陶之執乎今此廟堂收議斷以臣子所處之道相爲商確欲聞折衷之論而已聖上則必無干與於其間而恒福弘翼不及於廟堂之所問敢以責勒之言有若徵議於聖上者然其意實難測也義理晦塞正論久韜何幸草野抗疏衆庶奮忠此正臣子同心協力明大義

決大事以安宗社之秋也而恒福弘翼以失志怨上之人
乘機抵掌敢逞右袒之計張皇引諭言及無所與之聖躬
必欲使陷於大逆之名恒福於護逆求福之計則得矣忘
譬負君之罪甚於自獻至於恒福收議中所謂𠈁也妻白
也母之說尤極痛憤安有人臣而告君之辭若是其悖慢
李主辱臣死古人有言此臣等之所以欲死而不忍聞者
也金德諴以恒福弘翼一也爲議金公南州人字景和號醉翁登己丑文科騎高
軍器寺正引春秋及禮記𠈁妻白母之說草疏百言及見
文忠公收議歎曰吾所欲言者鰲相已盡之無足更贅古
人有請與范仲淹同貶之事是足一死矣以臣一片愛君
之心與李某鄭弘翼一也獻議南海圍籬安置移配穩城
泗川癸亥反正以執義召還崇禎
丙子卒官大司憲後特贈諡忠貞其心同則其罪不可貳

之請李恒福鄭弘翼金德誠等並命絶島圍籬安置以洩臣民之憤答曰李恒福只削官爵鄭弘翼金德誠依啓再啓曰李恒福右袒護逆之罪臣等論之略盡而觀其收議之辭張皇脅制陵厲悖慢之氣溢於措語之間以臣等之筆力不能形容其萬一徒爲氣塞憤鬱而已弘翼德誠以恒福之卒徒旣被其罪則恒福其可止於只削官職乎忘讐負君是何等罪惡而豈可以大臣末減乎況辱君一款弘翼德誠之所無而聖上之罪恒福反輕於弘翼德誠弘翼德誠必不服矣亟命圍籬安置至當初劄大槩竒李鄭金瑬罪惟均圍籬之律只行於疎賤不行於貴近將何以

懲亂賊裁請快從公論以洩輿憤事答曰圍置則過矣三
啓曰自獻倡之於先恒福應之於後雄唱雌和迭爲增党
使右袒之輩抵掌而起以致主勢益孤異論日盛將成不
測之禍俱不可勝言者無非自獻恒福赤幟嚆矢之所爲
則其無君護逆以危 宗社之罪一而二也二而一也豈
可以削爵付處當此二凶之罪哉亟命圍籬安置答曰已
論勿用煩論 十一日連啓答曰放歸田里 十四日連
啓答曰中道付處 十六日連啓答曰遠竄 十七日停
啓 十八日禁府以公配龍岡奇自獻配定平承旨白大
珩韓纘男手擲配單於地曰此輩負何等罪惡而乃配以

便地爲　十九日兩司以知義禁李慶涵爲循私配歇地
罪削黜改以極邊爲啓　二十一日以公配昌城奇自獻
配朔州　二十二日公自東岡入青坡村舍已首路矣過
忘憂嶺賦詩曰獰風難遠鐵心肝不怕西關萬疊山歇馬
霞巖千丈嶺夕陽回望穆陵寒是日平安道人上疏以爲
昌朔密近中朝境不能無潛通禍機之患請移配北邊此
是篤指嗾也公之孫牧使公丁巳記聞錄云小子嘗往謁延陽相公公呼余使前曰爾後生也吾先生
之事猶有所未盡聞者矣昔在丁巳冬光海將廢　母后收議于在外大臣先生已獲罪遯于東郊奮筆自書辭嚴
義正直徒聽慄三司俱發禍將不測先生待命於青坡將家嘗手抄禮記掛諸馬鞍而行先生端坐室中看禮記子
弟及吾輩數人在庭下或坐或起以待京報忽有急騎自城中奔馳而來氣喘口不能言衆皆失色顛倒迎視之乃

請按律之報也余欲白于先生而遷四鳴咽不忍啓口先
生覽畢了無異色省書不輟少焉進夕飯飲啜自若及夜
就枕鼻息如雷旁室經侯子弟詩者皆在廳事獨余侍寢
憂憤所激輾轉達曉鷄既鳴先生聽覺名余曰暮逸尚不
竊手余起而對曰不寢矣因更坐曰聚問於先坐寢坐亦
大笑今日之事雖啻觀者亦不能自定小子待側御寧響
喚先生安閑舒泰少無異於平時君子於死生之際若是
其鄙鄉先生曉爾而笑曰我非不動心者然事有先後動
者次第令者始請按罪則判下然復當就理決案然復當
伏法若見請罪之章便自驚動其如三本之下問其如藉
贊之前何曰復就職終無幾微見於辭色者古人吾不及
見然以我觀吾先生辭便古人處之無以加焉中心猶服
了了若前日事矣噫乎昔之喜言善行衆所共觀者也此
衣問答人所不知而吾所獨如者也恐其及而涙沒焉爾
言之特詳因感念舊事統儕不已噫此一款不載於寮來
令則延爺亦已悄節會欲請於兼筆者以識其事而未能
焉略書頻來以備遺急難亦一家子姪云爾牧使公諱時
顯卸府使公第三子官至通政公州牧使尤齋家相國時
烈職其後曰昔章贖截嚴斷元城私處遲判直拔所論之
官府元城治命既畢曰元不辦矣目對容飲酒盡號聞鍾

聲家人號泣而益爲然自適識開運判嘔血死亦不喜
本朝金安老鯨鄭文翼公倚不善意欲令自盡同罪者乃
至有一滅命者文翼笑曰朝廷誅殺則當伏邦刑以一礪百
可也一日惡足自京至謫所而口渴不能言陶者蒼皇失
措文翼安眄自如及其發書則乃安老誅死之報也待者
以告公曰噫呼仍留賓達晨蓋與元城而共貫矣謝安聞
觀承達圖對客圍碁而及至入門折其屐齒程子以爲強
終不得也東坡嘗以談笑於死生之際自鬱而其聞朝命
面無人色兩脚無力大爲朱子所譏夫元城文襄二公其
識量圖有大過人者然尚非養邃學而有定力爲鑑如
此哉今見李延陽所說白沙文忠公事可與二公與世而
同符也鄕二公終能生還而公則竟歿於荒裔可勝痛哉
然公之所以死者天理民彝而延陽以門下諸生翊贊
聖祖卒能躬天理正民彝以啓中興之偉績然則公之所
以扶植綱常之功至於身後而彌彰豈不盛哉延陽情師
門之盛歲不斷潛於世也延於聰發而聞發如斯尤可以
見其師
弟子矣
二十四日改配公慶源自上下教曰南關他邑
改定配而知義禁尹鋭以三水爲改三水比慶源尤爲荒

絶自來人之謫此者多不生還視猶鬼門關則時議之冢

殺公可知改罪久不下公仍駐靑坡待命〔時崔正郞鳴吉方時母憂殯奠夕來辭一宿而去崔公官至領議政完城府院君號遲川公之門下士也〕

戊午正月一日辛酉日暈歲律已換謫路三千新年興況

已索然矣故舊之來見者必揮涕以去多遺歲饌信於常

三日時人替使人物色於公及寄所人甚畏之而然自

士夫至僮隷之來謁者騈闐滿門甚於權貴之家曉有武

人奇歛獻公舊幕士而奇之族也病在高陽送人相問其

人先自寄所來及歸迨有數人攔之曰爾自寄所來及繫

次必有往來書須可出置云其人乃言其情則捽髮脫衣

遍搜一身此是筠所使也　四日日暈地震右議政孝純率百官始舉廷請爾瞻擣啓草先引十大罪直以廢黜爲辭柳希奮大言於廷曰凡廷請乃從首揆之議矣某菴旣以去朝謁罷分司爲議則只可以此爲辭如以此議爲不可當須先罪某相後改其辭可也兩論相爭至夜不決孝純以爲廷會不易屢從瞻意竟以廢黜爲啓罷鷄已鳴矣某菴卽仁弘號也　六日自上備忘記曰大臣雖有罪不可置之於邊上況方有可虞之端吉州北青等地改定配時老酋送書於文希賢有犯天朝之語邊上似擾設有是命禁府改公于北青改竒于吉州　七日以押去都事

李崇義辭朝日暮之故仍滯 八日始發青坡取城南路
行過山壇邊李延陵名好閔官至延陵府院君號五峯父子李天安惟儇
韓僉正汝澄等已在山壇俟公矣設祖餞行一座盡歸延
陵吟贈絶句曰此地年年送客歸山壇擧酒祭江蘺吾行
最晩當何處無復故人来別離公亦賦絶句和之曰雲日
蕭蕭晝晦微北風吹裂遠征衣遼東城郭應依舊只恐令
威去不歸金陜川昌一亦追別於南峴底矣夕到往尋驛
宿公望都城賦詩曰一出都門萬事灰舊遊陳迹首重回
浮天好在終南色佳氣葱籠紫翠堆 九日日氣極寒行
路慘慘都中士夫與僮之来送者不記其數適傍觀者無

論知與不知無不掩袂嗟傷行過胡墳峴李盈德辭青家
在峴近處送人停行頤與叙別仍令盛設鋪具若祖行者
然從行之苦寒者喜有酒相慰以待及盈德至則但是冷
談而已不覺捧腹矣夕抵松山村宿趙判官緯韓官至知事號玄
谷李正郎景稷後學於公官至判書號石門崔評事有海官至承旨李評事
培元官至監司崔參軍滉李大河大濬兄弟皆從行送公于此
李僉知楹具甲山仁堂公之褊裨官至右議政綾川府院君先到此候矣袁
人李元亦來有紙糖之贈　十日趙李諸人皆辭別已各
沾襟而李正郎景稷泣最多矣夕抵抱川抱川鄉族之出
迎公者已滿道矣　十一日公就辭先墓將發大雪塞空

天地黯黲行路不辨親舊聞其行色請少留待霽公以嚴
程有期不可留爲辭冒雪前途行色甚苦李僉知惟慶出
迎途中追送於十里餘暮將投宿楊門則奇巳先入公嫌
其兩屬同館遂投永平邑中主倅安旭出接頗勤 十二
日日寒極苦旣與奇相値慮前途夫馬之弊姑留一日以
爲差池相發且爲遠嫌也 十三日朴信男權鶴等酒湯
餞歸朝發永平夕抵豐田驛尹鐵原英賢自府中出候不
唯供接以情且有贐行之資 十四日日寒猶苦朝發豐
田暮宿省昌金化倅趙瓚以都事出站處有薪芻之濟而
終不見公可見人之畏時議也 十五日有雪朝發省昌

午過直木暮入金城縣縣令李埈接公甚勤至于流涕嗟
傷此人性甚魯鈍曹爲公郎僚多不見用而到此其情如
此豈非廖立之泣孔明者也　十六日抱川親族之遠公
於道者不特十餘人前此稍稍落歸到此已盡行間只有
子弟從僕數人而已公有別諸姪詩曰達士遺天地如何
意慘然非無一掬淚恥灑別離筵峽天陰晦氷路間關回
望終南已杳然接荒行色晏得不慊然過昌道年饑郵善驛殘
暮投新安驛宿　十七日淮陽府使李淑命自府中侵霜
到矣錄寄拘昨入府中有闕出供未安云言甚款款將發
李穀詩名時白受學於公官至領議政延陽府院君　自伊川追至一行不覺倒

跫以出見此亦喜跫音之情也午抵逍遙嶺上有士人趙
元方自北青廻步挽公車通名以拜仍適北青事甚詳慰
勉行李亦勤趙是無素分者也暮入淮陽府中人家宿謫
客姜正言大進柳秀才文錫乘昏來拜公各言謫况之苦
以此勉之 十八日早發淮陽過銀溪至黃魚淵邊歇馬
府使送行止此柳兎山穀公之娚姪辭歸午上鐵嶺嶺巍峩參
烏道懸雲白山茫茫關路悠悠北上行色已酸然自嶺下
高山如從天降一步回首後從高木末矣公登鐵嶺作歌其辭曰鐵嶺노
픈재예자고가노며구룸아孫臣寃淚을비삼아띄여다가님계신九重宮闕의뿌려본들엇더ᄒᆞ리此歌傳播都
下宮人皆習唱一日光海君遊宴後庭酒酣聞此曲問誰所作也宮人以實對光海惻然不樂因泣下罷酒而[illegible]不

能召還至今聞之者莫不感泣事載南原士人趙慶男野史先齋家相國聞而爲詞曰鐵嶺高處宿雲飛飛何處歸願帶孤臣數行淚作雨去向終南北岳間灑[illegible]至闕下澣相國九萬嘗按北路過咸關嶺亦翻此歌爲詩曰咸關嶺高復高夜宿聽去塞雲飛孤臣冤淚欲付汝[illegible]帶爲雨長安驛長安宮闕九重裡倘向君前一霏霏盡以[illegible]嶺爲咸關者待闕之異也暮投高山驛店宿店主曰今有兩大臣接迹

而來必國裡有事矣似聞皆以孝母后得罪云獨國母異

於閭閻之人手語勢漸危懼而止之曹僉使大臨家在湖

西因事入京適値公之是行即匹馬隨之周旋行李不憚

艱苦公使曹歸曰旣逾嶺矣吾尙無事道上勤君多矣止

此而返可也曹泣且言曰吾年七十不以老爲辭長路隨

公只效吾誠也不至顚躓足矣何憚勤苦况去路猶遠公

病尚危吾身不死誓不中返言甚慨切聞者感嗟公有踰
鐵嶺詩曰孤臣不度濟人關日月昭昭宇宙寬青海驚聲
風氣勢白山孤影雪屛顏愚加沙塞氷先泮心健關河路
不難唯有憶君千里夢曉隨殘月趁朝班 十九日有雪
亭敎詩辭歸道上相分去留俱滯早發高山行至富坪川
邊許天慶自咸營來迎望公行色不禁悲泣兮憩南山驛
冒雪入安邊府使吳煥丁父憂在殯斂中送其男公之室子嗣
事也往吊之以致繫人不敢來吊之意吳即使其子來謝之
二十日一行人馬驅馳度嶺困仆不任道留休北青判
官趙元範自京迴歷拜于公縣閭廷請尚未完邑中易婦

來見公行色者如市擧皆嗟傷中有一老婦凝涕以言曰
皓首相公非有罪者何謫之遠乎云 二十一日朝渡南
江午艤元山坐看漁人撑小艇入風濤出沒漁釣若履平
地此正近來浮世狹何似釣舡中者也有採石花來進者
公亦一解顔暮抵德源府中宿主倅洪晙出接數晌 二
十二日日寒極酷行路亦斷昨旣歇馬又滯未安强發德
源行至鐵關峴駐車觀海雪日新晴海天無雲滄溟浩浩
萬里無邊公不覺豁然開抱曰老夫不有此行焉能見此
世界乎入文川日寒尤酷主倅無分且病廢衙行中有與
高原守安大奇相知者進言於公曰今日苦寒人馬皆凍

若夕栖失所夜必傷損此去高原不甚懸遠邑倅安素愛
遇於公一生感戴今公此行必不泛泛姑且忍寒前進以
便托宿云一行皆以爲然卽訖道前進至簫灘野廣山低
夕風益烈車傾馬旋寸步亦逆一行號寒極矣然猶謂到
高原必兼有病定之喜強鞭催趍及至于郡則邑中寂然
無一人迎矣倩人問所館則陰谷廢舍而戶不掩矣問其
邑宰則午酒未醒而衙已閉矣廚給則已矣薪蒭亦不濟
日旣昏黑無緣願辦捿出行錢使之買薪則邑處野中柴
薪如桂上下絕爨度夜公亦餒寒冷突至於鬚鬢黏氷待
者呵手燎髮以達宵曾無使慊慨老人失聲痛哭武人雖

不足責孰謂危苦之際若是其甚也　二十三日　以其薪
芻之難趁早以發大奇乘轎帶騂来見公停車道次賜語
温然待渠辭退而後起將入永興境府使趙孝南匹馬来
迎問慰行李色慼若涕泣如也及入府供接皆誠窮達易
爲德感此情款如何武人尹彇来謁公尹亦寃獄之徒寬
非其罪又遭家慘慘怛之中又拜于公不覺泣成聲也有
一府妓故權判書徵曾所畜者也半生守燈志老愈堅素
知大郎是權婿緣此来謁能說舊時事勉慰公意　二十
四日日寒猶苦公昨傷於高原氣頗不平且被主倅殷勤
留休一行頗恨安公交相詆之公解之曰人生雖困豈願

安公且觀其人連喪子女心性已失言辭擧止非復曩時
之大奇尙袞憐之不暇奚且憾爲 二十五日朝渡龍興
江踰黑石嶺府使趙逶行至此午憩草原德津江夕投草
原驛村郵官李譯適病重不得出送人問公仍致酒饌頗
存勤款 二十六日朴信男家奴自京來乃是張知事䟽
公之門下士官至至城府院君憲公病棄食劑送藥物附朴以傳也一行
喜得家信不啻聞天外音其去國情懷亦可想也憑朴書
槩聞朝報廷請尙未完而又有奇許對下之請此緣奇晉
言鎬有啇免譯交搆兩宮事也回撥便書報奇行發到定
平南村宿府使沈彥明出接 二十七日府使進酒慰公

發至咸定境上道右有四箇人出挽公車曰願且少停暫
覩容顏卽停車則曰生長荒陬久慕德義豈知今日此路
相逢公不有此行吾等將被髮矣公曰竊祿久矣焉能免
此行無德而勤公之見亦可羞也仍問其姓名則定平儒
生韓興邦韓健李庭芝咸興儒生李球等也而皆金淳昌
柅(居定平登文科官至黃海監司)之門徒也午憩鶴仙亭川邊水清沙淨
叟坐移時監司權公縉(後官至判書)使其衙奴送酒饌一行分
飲好箇人情夕度萬歲橋到咸興城西觀者塞街莫不嗟
傷村氓里婦尚知藩城相公焉寓妓生德仙家方伯都事
判官相繼來拜邑中士人之剌見者爭相迭進猶恐後人

僕隷榮之如忘遠謫之苦南虞候張滑回公到此亦來謁
供接一行雖是監司判官之敎學亦多有許天慶之周旋
兩間耳 二十八日監司懇請歇馬且緣劑藥留此李義
男(公之庶從子會知)兄弟自瑞興追及之流寓士人安迪邑人進
士韓仁滉(舊仕官至縣監)剌謁以退方伯以下三官出入寓次日
昏而還城西有一老孀多送饌品致意眷眷此是故柳兵
使珩庶母而知柳之素受遇於公致情如此其感德亦深
矣 二十九日朝發咸山午到德山川邊歇馬咸興人前
奉常判官李汝海生員徐克温佩酒來慰公暮入驛村宿
三十日因行中病患不得已仍留

二月一日辛卯因病患又滯　二日行至咸關嶺上陰雲
黯慘虐雪漫空嶺棧欹危馬倒人顚若拔行色韓仁混許
天慶護行到此而還暮抵咸原驛數家殘村甚是凋弊公
賦詩曰玄石山頭雪吹來驛路霜隨風遂大陸寒日淡無
光　三日日寒剩膺朝發咸原暮入洪原城南趙生家趙
即洪原妓也曾年尹善道之謫也趙妓持酒往慰之辭語
甚理尹感其言卽寄絕句曰我言固非貼爾知我不知讀
書不如爾可謂吾生癡云此語久落京口公亦慣其名矣
邂逅道次與之語李高嶺彥暢自北適回留候公朴萬戶
震一自北青來候公縣謫客李丈耆俊林宣傳墩亦來見

李卽公洛中舊識異鄕萍水悲懽兩至不耐情也仍進盞
湌俱是洛中味公不覺輕箸焉 五日朝發洪原李丈子
裕墓追送行至松峴而還暮抵平浦驛宿 六日發平浦
至龍岸村邊歇馬踰雙嶺嶺底武人李養龍李彦麟等出
候公曰公爲兵判時某等濫蒙拔補邊鎭一生感激豈知
今日有此行耶至擬幕前將駐車替馬兵使（卽玄撰寬死於甲子亂新
復自朝廷伸理）遣軍官申繼於從行曰可會川邊已出候行多時
幸駐須臾云曰此直前則兵使旣與張虞候設帳具俟公
矣公下馬就坐帳外進數盃卽起兵使使虞候護行先入
府中至晩到北青公有詩曰古壤松牌記北青板橋西畔

少人迎群山定欲因豪傑四望千峯鎭去程寓姜亂朴之
家兵使已令修治寓所具辦廚資器用使喚無不畢給公
只留孌婢救奴各一餘皆送還料豆亦多裁減成廟朝
士夫之竄謫邊遠者例令其官有供饋之敎曰此已成規
故公亦受之判官趙元範来謁兵使進酒數巡而罷北兵
使李守一送人問慰公　七日邑中父老爭相来見無論
上下来必親接温然借色人之見者若接天仙莫不景仰
奔走儒生金鶴齡李廷秀金夢辰等六十餘人来謁曰適
因釋奠入齋校中初臨之日不得迎拜於道上大是歉恨
數年之前分閫將相率是簡齊號令清明按守奉法生民

安業歲亦多稔問其朝廷秉政是誰則相公坐閤體察兩
邊毅年以後列宰多易貪風事起民賦無常水旱連仍械
縲載路怨氣熏天問相公則已去位而國事多矣是以知
相公之進退治亂有係蒼生屬望無切加額豈料今日復
謫荒陬此生得覩懿範縱是生等之幸其於舉國生靈何
言甚有理晩有前典籍劉敬祥来拜爲人強記能識故事
此其北門典故矣沈謂兄弟来拜　八日兵使進酌慰公
虞候判官亦来主妓晩玉乃北門舊娼也而李清江名濟臣爲
公先輩而最親厚爲北關時所寵者曰此先容見公公喜其爲清
江所聘待之不間渠亦滑轉機警善知人意能道風流舊

事其夫姜胤朴善治産家甚足僕從滿庭醉飽遣日不知人間有憂畏事公戲題其扳扉曰人生不必辛勤作窄相但得如姜胤朴足矣云 九日兵使判官虞候来見兵使謂姜胤朴家狹小不便久居修治劉生卽姜胤朴婿家親自指揮監董雖微細事不爲放過必以誠 十日判官進酌慰公兵使虞候沈諿兄弟亦来沈是洛中士子以族連累於沈獄来配甲山隔闊歲久生死相疑其老母不勝悲情自京来此將往子所兵使愍然使二沈出来相見仍許留在城邊待覲之還也適所寓與我比隣故逐日相對是日朴成川孀送人慰公仍致客需 十一日邑中儒生李廷秀

挈酒饌来慰劉興籍亦来 十二日邑中品官十餘人来
謁以歸兵使子玄太虛来見仍出其所著詩二首請者之
十四日品官金夢辰李羲龍等来謁 十五日兵使進
酌虞候判官二沈亦来盖爲別楊口也 楊口卽公之長孫諱星男官至通政
鏡城府使贈兵曹參判贊興君 十六日儒生趙龍生趙麟生等来拜
十七日楊口曹僉使辭歸洛楊口北陪鯉庭南隅魚軒
此行勢將奔疲適路辭別之際繾念致傷公懷強作怡愉
而退出門已見淚如泉矣一行之留侍公者皆出臨清江
上送別去留莫不洒涕沾巾行路觀者亦爲之吁嘻 十
八日鄭承旨弘翼將過北青公送其男於道上問其行多

到公寓 十九日兵使虞候來見劉興韓來謁方伯送米饌 二十日移寓劉生家庭除寬敞房寢精潔可堪居止此皆兵使經意者也金正德誠將過送箕男路中相邀 二十二日二沈陪公終日仍說北地苦寒生民無契活守宰貪暴漁奪亦無紀極近來言其清簡愛民者以前時兵使鄭承緖公之偏裨後寓居仁同與張旅軒顯光講論性理之學甲山府使具仁垕爲最此皆公所薦用者耳 二十三日利城縣監李厚輿送米饌公謂以贐行受之不辭 二十五日邑儒李廷秀李挺立等來謁 二十六日邑儒全鼎勳來致束脩請學韓文鼎勳邑中年少而最聰敏者也公試教之頗通文理

己解反隅公眷意勉之全鼎熙字台佐畿張人官長天德之子登己巳文科官至察諫

二十七日兵使虞侯來見加乙坡知僉使李士郁送軍官

問公金正字地粹李僉使慎義將之謫所送其男相逢

二十九日夜雪尺餘數人之迹虎者告於兵使兵使即提

騎卒若干將出獵戎裝來見公公望見郊原衆騎爭馳雪

飛風颯沓凌雲際俄捕一豹以還公不覺氣動曰此事令

人足能發豪猶勝書生白首下帷兵使顧矜氣意

三月一日戊申日氣稍溫公散步庭際仍坐籬邊兵使送

朝報一道始知廷請已完有去尊號只稱西宮之教公曰

近來國家治逆頗嚴然皆未見形迹今此請廢之徒實是

大進吾所交儕亦多有叅進請者甚是恨事侍傍者問曰
某某皆是公最情親者他日相逢將何以待之公曰是皆
屬從者其情雖可憐既叅其逆則交已絶矣異時之遇不
過泛然相對耳　二日公再中風魅鄉近塞風土甚惡兼
病速諱假使善飯不能無憂況又再中安可望無虞悶遑
無極前此十餘日來公頗覺苦渴喜進酸冷侍人多戒其
不攝養公曰一生餌藥節食者只要無恙到老爾今既宦
成名立幸爾年亦將七十此外更有何求而強自苦攝以
絶口所快也今日再中亦不以死生爲念矣　三日昨中
不甚重向晩猶能起居而語音稍澁夕間兵使進淸鰒羹

高蹈青談而勉慰 公客中病懷 四日二次侍語終日邑
人李廷立全天道天則來拜 五日端川倅李廷臣送米
饌甚足 六日兵使虞候來見李義龍李廷秀趙周民來
拜 七日甫乙下僉使辛應材送人來問 八日在調攝
中判官趙元範移差萬頃縣令將就道來辭公公曰此來
相從情分甚熟忽此分張意甚忽忽須勉道途無恙云別
意殷勤趙最拙於語言素以妄發名於一時每在公前人
相以譏浪懽笑且性柔弛居官雖無治政與人甚無發芒
人皆不苦之來代曹提立乃是仁弘門徒向爲癸丑諫官
攻公甚有迹且其實 公時獻納也一行應有彼此之嫌相

與爲言公曰彼是吠聲之徒素来無恩感今日異鄉萍水
安知待我更厚於趙也且彼是官我是罪人自有分限固
無相干假使不懽我也有何所慮只望汝等愼戒言行勿
生疑阻可也劉興籍曹仁立義立等来拜　九日近日連
在調攝中居山寨訪維茂松自本驛来拜　十日兵使將
往咸興来拜　十一日判官曹挺立赴任輸城察訪鄭良
胤穩城判官金昕一時到北青此皆丁巳臺諫及停廷請
又有極地之論欲將回避頗存痕迹自上特差是任　十
二日鄭良胤金昕来拜公曰去年我等送大監於此地今
年大監見我等於此路人事好飜覆然往年之事豈我等

本情只不忍一時死耳爲惡且不覓今日得有此行大監之門豈我等所蹈初欲畏面匿迹直往而不造更念情迹有異事有可原敢来唐突耳其縮恧悔吝之色溢於言外鄭輸城云往冬論大監之日小生言於同席曰大臣論罪自有一會之規今日直擧圍置不其汰乎時論方銳孰應吾言忍又相看狼狽到死實難塞責云公曰此事吾亦聞知事往時去不必更討但今日公等之行更緣何故各言其意穩晤以出虞侯来見加乙坡知僉使許淸来見 十三日曹判官来拜公其言不如鄭金之丁寧而退見監察（卽公之李胤緯井男官至禮賓寺正 贈吏曹參判）甚悉其羞恧之意 十四日 全

弘逸孫允文金一琢等來候虞候來見 十五日鄭翰城
金判官前往住所來辭公是夕兵使自咸興回直來公寓
拜之 十七日判官見兵使於營廳辟路至門兵使以爲
[illegible]傲頑及禁止之語判官噂嗒背憎上下之間隙已甚矣
兵使來見公言及是事公不相辨白 十八日判官進酌
來拜致聲迴出前官待公之意亦勤眷 二十一日兵使
虞候邑人韓應福金夢辰來謁 二十二日利城縣監李
厚與來謁仍以酒饌進兵使判官皆來 二十三日惠山
僉使趙琦送兩落魚無有書 二十四日兵使聚列邑兵
大操於南江教場奎男(公之側室子主簿也)賁男往觀操見北兵善

馳突大誇於公 二十七日沈价川宗敏在任所送人相

問兼有贐物 二十八日春陽已老兵使取寓舍西溪上

引水爲潭築一茅亭以爲公遊息之所居處甚靜便公自

孬中後畏風一向牢閉不出門幾將月矣今日始出溪亭

關河經雨新綠漲溪渚蒲汀柳已媚春矣公意甚不樂曰

想應東畝耕種已遍野矣 二十九日判官來拜鏡城判

官南以俊亦曹公之徒也病滞道中今始到此直來見公

四月一日戊寅慶源府使鄭如麟送人問候兼致贐物

二日公出坐溪亭二沈侍坐終日 四日明川府使權腖

送書問候有所貺 五日兵使來請公曰今日天氣和暢

此去五里地有巖叢澗流甚淸岸邊花甚盛闌可堪一賞
願陪淸塵暫時出遊公曰累人只可牢蟄何煩出遊 六
日兵使判官煎花於溪亭 七日主妓慶仙即曉玉之女來陪
公話公戲之曰北俗喜馳突女人亦善御馬云爾亦能乎
即應曰是吾能事試爲公一破顏輒起呼童勒馬以來着
氊笠持短鞭結束登鞍翩然若輕燕騎出溪邊衆石磈磊
手鞚靑絲信鞭橫馳其翩身調馬極是閑熟公拍手而喜
曰雖公孫泰娘之舞劍何以勝此令人不覺鼓氣云仍賦
一絶以詠之詩曰裊裊娉娉草蔥長翩然輕燕踏龍翔女
郞拾翠爭來看隔水東風送異香 十日監察與賓男爲

觀大夫人還洛關外經春客愁已多端又際父子之別安
得晏然無情公亦於此不能不動二郎情事慘不忍見兵
使虞候二沈皆出臨清江上設祖餞行主妓瓊仙最傷此
別每至公前輒自汪然流涕公亦愀然曰父子之間固難
爲情彼有何情者每傷吾父子之情悲感若此況其爲父
子者乎 十二日吉州牧使玄極(即玄兵使之兄)送人問公仍致
客需 十三日會寧判官李廷俊送問有貺 十五日北
閭送李思達(公之庶孫從姪)問安仍致魚菜 十六日利城儒生
李培李廷俊來拜 十八日金善男自三水出來 十九
日二沈朴震一終日奉侍爭品地盃子優劣公曰吾閭地

盆子乃北地仙味人間有此物不得見亦甚鹵矣吾擬僦
使明日得放姑且仍在直待其節覲到甲山得一嘗而歸
今聞沈生之言則不覺憮然也朴曰憎其人者憎其儲胥
沈郎一誦三甲哭苦已極不幸地盆子亦爲其儲胥也
二十日兵使来拜曰城裡有一別院扁是倒鏡臺荷錢點
池柳嫩梨香四絕人居境甚靜僻此是一府之勝亭而今
日義景亦其時矣公微笑曰吾脚自當不出此溪亭耳兵
使仍進酌以寵公聽危言事以忠見謫雖任真推義澹如
也然每念奸臣誤國主心不悟忽以二百年禮義之邦一
朝變爲禽獸之俗且土木方殷兩闕並起三空已久虞象

又生危亡之象迫於呼吸綣顧憂切噎鬱不申內自焚焦病歲消渴引冷無節口常吞冰兵使揣知公意懇然爲憂頻進小酌務爲相懽公厭其煩而感其誠受而不辭 二十一日柳厚立生捕黃魚數十尾放于溪潭洋洋圉圉公甚悅賞 二十三日李義龍活致雙鯉放於溪潭振鬣翻波意甚快活此爲公一時消遣資也 二十四日有僧一眞自北來見公曰公能記我否公省之曰爾非香林舊上人否僧進一軸乃公未釋褐時次俞杞溪韻二絶也仍道四十年前事歷歷如昨日公不覺展眉欣聽如聞雙樹語也 二十五日兵使判官進酌於溪亭判官臨灘見魚遊

固此亦濠梁之魚能知公樂否公笑曰君亦濠梁之客乎
人能樂魚而魚不樂人也 二十七日有雨向來一春不
雨亢炎爍野今日始得雨歡聲滿野兵使亦進酌漢亭以
爲得雨之慶公戲曰雨適時乎公能格天乎若爲誠格之
感吾亦欲學之耳兵使昨日祈雨而得故如是云而公意
有在 二十九日李挺立孫允文全天則等來謁
閏四月一日丁未兵使判官將赴監司壽宴來辭 三日
金察訪璡自京來仍謁于公槩聞洛中消息 四日虞候
金察訪羅居山來謁 八日端川官妓舜真乃北門名娼
也今爲羅居山所畜自鄭中來謁曰妾雖賤娼尚聞公聲

早欲一來奉晤以爲閒中消遣而爲人所畜蹤迹有拘尙稽今日耳語甚辯慧令公解顔仍進酒饌羅居山亦在座矣酒數巡眞曰少時粗解歌詩今已盡忘之然一爲歌之以破公顔耳仍誦屈原離騷杜北征及古今逐臣詩字字寥亮聲極悲楚轉添公悽切公甚不樂卽變其調乃詠將進酒赤壁賦又歌李退溪陶山別曲聲甚和暢公曰一聲之變能使人哀樂隨之眞妙才也停歌撤杯仍與之語雅閑淸朗應對如流人情物理無所礙滯公嘖嘖嗟賞曰此非人間女妖必是上界仙流耳 十日羅居山辭還其驛舜眞亦來辭歸公曰餘音裊裊颯然在耳繞樑三日者眞

不虛也仍語人曰我北來有三勝事其一鐵關觀海其二
慶仙馳馬舜眞歌詩乃其三矣 十三日南兵使以與千
里委伻問公謫況仍致南產皆是北路所貴見物想其念
公之情矣 十五日邑中品官爲公進酌兵使虞候判官
亦來 十六日大雨水漲前漢使富貴即公家蒼頭乞菊於兵
使滿栽亭邊又開小圃多種菜菓親教小奴朝夕灌畦以
爲消遣之地 十八日金夢辰曹義立等二十餘人爲公
進酌於漢亭兵使判官虞候亦來 十九日監司將北巡
自咸興來見 二十二日監司向利城 二十三日劉典
籍以下儒生三十餘人來謁 二十五日博川郡守李檣

遠人間公多致客賓 二十六日判官進酌於溪亭公素不飮向來雖多關酒時只把杯酬酢而已終未嘗一勺入口矣 二十七日洛中書信至皆是故舊書也公不覺披翫三復曰錮門唯喜此人來之句可見眞境也仍以金同知璽文同知希聖書示人曰此人皆能筆得名優劣如何人以金爲優公曰然矣且言其辭意宛轉亦是奇文也具道其人氣骨不凡似非塵埃中客也 金公卽公體府從事官至領議政昇平府院君 二十八日公嘗語於人曰近觀曹判官爲人性似平淡不甚回互與人之間亦不立崖岸若置於名士大夫之中不害爲一蹤客只緣出自草萊闇見鹵莽陷於坑塹世間

如此者豈復一二數也　二十九日人問當時言文翰者
對以李延陵李月沙名廷龜號月沙官至左議政嘗撰公墓誌及墓表陰記申玄翁
名欽號玄軒官至領議政後撰公神道碑銘數人大監之後碑銘傳記誰可繼
者公曰碑銘則申玄翁可能耳其關鎖精華猶勝於我也
五月一日戊子虞候將入甲山来辭公曰既與半年相隨
情意異常今言濶別不能無黯然之懷也　二日監司巡
北而還来見公　三日監司辭還本營　四日全羅左水
使李興立委伻問公致夏需　五日公有思先墓詩曰忠
孝傳家及此身爺孃相戒汝爲人龍荒此日天連海毎聽
林烏哭令辰　六日利城縣監李厚輿来進酌以慰公

七日兵使送朝報汪軍門檄書始知虜騎已犯中原朝廷有不爲徵兵之論將送李岑於軍門以爲觀勢周旋地公曰事已無可爲也自我救中原豈待徵檄而起自此念國之憂益自焚內渴癈轉劇晝夜飲氷憂悶不可言 八日兵使來論邊事極其擾動公曰虜勢雖急至於犯我則尚遠矣但念中朝之責必先於虜也 九日使兵使軍官魯興祿劑養胃進食先洪原妓趙生來謁李思近(卽思謙之兄)自利城來 十日洪原縣監來謁利城儒生等二十餘人設酌以餞 十一日兵使將出塞甲山許洪原來餞其行進酌於溪亭酒間又及徵兵事公益不堪慨恨强飲一杯醉

氣發紅洪原出廊獻酌亦飲半杯酒逆卽吐仍就枕成睡
調息不甚艱促目合口闔鼻鼾手散無復有人事百爾覺
醒猶復昏昏達夜及朝一樣　十二日昨睡猶熟了無生
道但不絶者一線鼻聲耳兵使判官許洪原在外經夜
十三日庚子鷄鳴易簀叩地呼天無所逮及邑中諸老聞
聞男婦莫不奔走號哭若喪天親巳時襲午時小斂斂不
待次者蓋以時日極炎有不得已故也斂畢別室氣絶無
生道擧家遑遑莫定夕時僅甦是日兵使馳驛告訃　十
四日監司及判官朴晉章聞訃自咸山來哭　十五日午
時棺斂棺材用油杉厚三寸襲衣斂皆用本家衣服他具皆

賴兵使通判至誠應辦無一毫未盡監司判官進直奠[illegible]
疾尹鄭世義送書問候且有客需而未及生時老可悲矣
十六日辰時成服沈謂沈誼兄弟自始病至成服救病
治喪一毫不怠憂哀奔走有若子弟患難有賴寔天涯骨
肉也監司判官皆回去朴震一亦一不離看喪晝夜悲哭本
邑品官儒生四十餘人亦自襲斂至成服晝夜在外兵使
之殫誠奔走通判之隨辦喪需不可盡道 十七日有雨
兵使以朴震一爲監官閔德龍姜胤朴崔永浩爲都色董
治轝具 十八日雨利城縣監自其縣金善男自甲山來
哭 十九日兵使備盛奠來哭翌日入甲山 二十一日

兩李思達聞訃自鐵城來有兵使吊書與賻儀 二十二
日劉敎授繼祥卒邑儒四十餘人操文來奠極甚悲哭情
動於人 二十三日監司遞營吏全得運治喪具夜雨終
朝前川水漲有二人溺死仍念諸孫之行今到何處而滯
雨且耋男只在喪次絶食昏仆氣甚奄奄內有別室累複
昏絶死生未分天涯異鄉四無親舊子孑悲哭若在昏霧
之中也 二十四日宣傳官崔復明將有事於通判衙中
自京來哭仍致京信此皆諸親故遠慰諭況書也展置壁
几前悲痛益切生員往轍回事過此入哭 二十五日吳
熙兆劇霖雨違向諸孫之行趂未到夜夢致煩悶不可言

兵使撥傳地盆子一筐曰此是公在世時嘗欲一嘗者遂
来見路邊紅熟政時忽念舊事不勝悽切敢此摘送幸置
靈筵云此去甲山數百里之地乃能朝發夕至其向公之
情不以生死有少異藹然可想感矣感矣營奴德男自京
回来得京書始知計入有自上特命復爵一路護送依例
禮葬之教卽告靈几改立銘旌卽沈判書愕後改名攸官至領議政
所書遂 二十六日揭口諸孤初更奔到哭擗之餘有同
易簀時四隣男婦駢然来見李生員顧男公之堂姪官至縣監時震
公之再從孫生員李察訪天俊公之姪女夫朴引儀信男護送諸孤同来
二十七日通判来吊諸孤品官絡續来吊李利城亦来

奠以去 二十八日許洪原来奠朴慶興震英李僉使胤
緖自咸興来哭 二十九日陰霾久不解諸孫成服羅居
山茂松来哭主妓晩至誌盛奠来哭奇相閔訃送人来弔
且有賻儀 三十日許洪原回監司分付備朔奠来
六月一日戊午 三日奇相逸挽詩仍問諸孫 四日酉
以輩具趂末造完旅櫬久滯雨且連綿悶不可堪也李智
男義男之壻自端興聞訃奔来通判来見喪主仍坐晉饗後
五日咸興進士韓仁滉操文来奠且有韓仁祿登文科以翰林罷歸
北評事至詩正官李汝海韓大信等十四人致賻皆與公素無分
者只出於向慕之誠耳 六日慶源府使鄭如麟送書相

吊仍致賻儀 七日李毅詩自伊川聞訃奔來內外親戚
及門生舊徒受公恩遇者豈特一二獨此人乃能千里奔
哭非但以情亦能勇義者也 八日兵使自甲山來吊諸
孫且護發引時事 十一日京信付撥便來曰胡虜部下
甚擾云喪次一行亦甚騷動夫擧疑萬端衆目瞪瞪將有可
虞之形李時震李天俊先往抱川 十三日兵使來奠哭
甚悲 十四日利城縣監以喪柩差使員來 十五日破
殯告遷柩羅居山操文來奠曹判官亦以文入奠之是日
修書一度以撥便報知今朝發引之由於張知事傳本家
十六日以雨未發移宿前溪上 十七日雨水漲不得

渡北青諸儒一時来奠本家奴守春自京来有挽詩數十度 十八日始渡臨清江夕到平浦路險艱重前道杳然悶念無涯兵使判官護喪柩亦到此 十九日入洪原李丈斋倹操文来奠本倅亦入奠官妓趙生亦以醴酒新菓素衣入奠是夜燈燼落地延燒地排几筵前火光忽起適李思近先見呼告僅得撲滅言之喪魂 二十日朝發洪原早入咸原餘日尚高而前有咸關大嶺故止宿北青品官儒生下人輩之出送洪原平浦者有不能盡記以至妓生温香雲仙景海慶仙等發引前亦来會一日離喪家種種任使至誠爲之且哭隨喪柩送至洪原途上以歸公之

遺德能使人感如此 二十一日午踰咸關嶺嶺甚峻險
每至峻坂危棧魂喪心消竟得無事亦有神明之護也一
入洪原之境沿道設舍治除無不致力亦賴縣官之誠也
夕到德山宿咸興出站 二十二日沈請兄弟朴震一金
善男護喪柩到此痛哭辭歸慘慟之情益不能堪北青人
李大生亦到此以還午入咸興判官朴晋章操文入奠邑
人前正郞韓仁祿前判官李汝海進士韓仁滉等二十八
人操文來奠監司幕下武人吳應男李禮範等七人亦來
奠哭甚哀是夕風雨大作俄刻平地水沒膝靈次地低將
不能保冒雨移安於武學堂 二十三日前江水漲不得

發監司操文來奠祭文云勳勞清白道德文章晩節忠言萬古綱常秋霜烈日歿有耿光臨江執紼敬奠撫櫬 二十四日以船渡江晩入定平府使操文盛饌
來奠物極豐潔悲慟亦見於聲供接一行亦多以厚本邑
儒生李球等十人亦操文入奠 二十五日到草原逢揩
軍前有兩江天雨未歇恐有阻滯之患冒雨催行暮到永
興府使趙孝南入奠 二十六日冒雨到高原是昏大風
雨大樹盡折焉 二十七日前路水漲不得發本郡郡守
李應星前月罷歸京師復有仍任之命來到文川聞喪柩
入其郡盡棄行李匹馬游水以到來即致奠其情亦可感
平生無分之人尚能致意於死歸之日其視於安大奇不

啻萬萬也 二十八日因水漲由下路艱關到文川境郡
守李公父澄親出境上看檢擔軍護行入郡卽奠文甚切
實不避時諱哭甚慟致賻亦多 二十九日雨本道都事
金憓將赴任入郡以文來奠哭甚悲晩發至中途逢大風
雨萬萬危若僅達德源府使洪晙入奠
七月一日丁亥冒雨至安邊府使權餘慶已往京矣德源
以兼官來府使雖不在已令邑人厚護喪行故凡奠物調
軍亦無少忽留賻亦厚 二日風雨猶大作不得發端川
倅李廷臣自京來以酒菓入奠哭甚慟如不勝情 三日
阻水又滯悶不可堪本邑士人李東賢入哭弔孫 五日

水落路始通發安邊府夕至高山驛仰看嶺嶠參天鳥道
如懸此是公常為死歸者憂今日不幸公柩到此感念公
言益自悲憂也 六日無事度嶺止嶺上行奠休軍甚意有
淮陽之軍來逢寂無形影俄有淮倅文狀言擔軍官門交
遞之規安邊之軍遠來踰嶺力已疲矣前到淮府尚餘四
十餘里日既夕甚狼狽先送差使員趙永興催淮軍繼發
下嶺路險寸進或顛或仆山日易西勢難前達不得已露
處於罷藏谷中經夜淮陽府使聞是事蒼遑馳來軍亦齊
到夜深奈何安邊護喪別監李桂輪金光確亦極力勤苦
七日入淮陽府使入奠姜正言大進柳秀才文錫亦來

哭許天慶哭辭而歸自北青至此一路周旋奔走其竭誠殫精亦極可感矣 八日午到新安通川出站郡守金亮建入奠致賻夕有奇順搭自吉州來入吊是日趙承與亦代替於淮陽而歸 九日船渡鼻灘無事而機一行常所憂者只是此處幸得好過心始安矣權佺公之娚壹女壻文科郡守自京來迎到昌道歇晝平康出站而縣監李善得稱病不來其備送奠物傴不可言乘昏入金城北防禦使劉學龍將之往留待妻權即來入哭 十日縣令李埈入奠李淮陽以差使員韓妻到此哭辭而歸夕至金化縣監韓善一入奠哭哀杆城郡守趙瞕鄭襄陽倅號守參官王緣賚送物來奠杆

城則兼有賻儀襄陽則又有祭文挽詩京居士人沈演因事過此入弔 十一日曺大臨自湖西爲來迎柩午到豊田替軍鐵原府使尹英賢入奠輸城察訪李確將之任入哭暮到楊門站永平縣令趙彥鮑入奠李恭男(公之堂姪 官至縣監)白大琦到金化李桂男(公之從子 官至縣令)擢男(鰲山 君)兄弟到楊門旋觀在北每以途遠難進爲憂行行無事已近楸壠去時送行之親故忽以衰絰相迎觸事悲悽殆不能爲懷柳兎山殷亦來 十二日李正郞景稷及抱川諸族皆迎中道哭聲徹天行路亦爲之流涕到種樹院駐轝抱川座首洪思學等入奠哭哀未時入山所錦陽尉朴瀰(以表從孫婿叅 公甥孫而禮會)

年譜家狀及尹仁沃公之女婿權益慶皆已到山所矣即時安殯行奠李同知成吉来哭 十三日吳璡聞訃自羅州徒步以来曹大益自晉州来凡治喪之具自京則尹仁沃主之山所則李孽廈公之再從孫官至郡守監董無不畢給至於松脂則張知事晩簡求於外官之常所知公者亦已足矣 十四日李傳芳公之再從昆弟生員自京来哭全羅右水使李繼先聞公於北青而来人到此聞訃不得達書與物留在此矣遇事悲益深 十五日自昨大雨李延陵送子景嚴致文以奠李有吉亦来哭 十六日襄事已迫塋役未半雨勢如此憂悶難堪所賴李孽廈不避風雨周旋募軍刻日催役耳披

州牧使柳舜懋冒雨来奠 十七日京畿監司定役軍一百名以楊州營吏咸世雲押送 十八日送役軍四名於楊州地浮取灰石 十九日楊州軍二十名来覲運灰取莎李博川榼送書吊諸孤仍致賻儀 二十日喪人李汝奎及李汝璜曾漢陰李文翼公德馨之子公與漢陰交道最別 自京来哭 二十一日朔寧軍十名赴山役 二十二日朴引儀信男及玄禮祥尹大慶等自京来哭 二十三日喪人具仁垕自平丘廬所来哭 二十四日鐵伯柳希亮来奠 二十五日外棺匠人金花守来始役 外棺厚三寸 二十七日莎土匠白鷗来始役 二十八日新土開塋域 二十九日穿

壙穿纔六尺有獨石如圓龜先是公使地官朴尚毅卜此
山點其穴刻磚埋之以爲今日地歲久樹木變山容不得
埋磚之所更邀地官吳世俊點穴以不得眞穴爲恨 三
十日始築灰宋思祿曾是蘆原舊野老年近七十着酒菓
來哭
八月一日丁巳築灰愼任自京來奠 三日李貳相冲使
趙至乾送奠物代奠之又有挽詩李命俊(公之門人官至參判號潛窩丁
巳方在謫所聞公竄三水有易縮之蹟已改北青故不果上)遠謫嶺南使其子顯基操
文奠之中判書欽李同知貴(官至延平府院君謚忠定公)亦自謫所送
子以文奠之中東陽(申東陽尉翊聖)李敎詩亦各具文以奠李天

安惟保沈僉知崙權益慶李正顯英官至判書號蒼谷朴錦陽濡
李正郎景稷張翰林維號谿谷官至右議政新豐府院君從撰公行狀李佐郎明
漢官至判書號白洲進士昭漢官至參判號玄洲各以文來奠崔評事有
海蒼谷以下皆公門下士李同知尚吉李重基李碩基愼三俊李弘
基州忠傑韓僉知汝溭權正郎怗權恰申滉朴潢沈祀朴
遴鄭斗卿受學於公官至參判號東溟權鶴崔滉李評事培元崔振權
奎皆自遠來哭蓋爲會葬來也四日庚申下窆自此幽
明永隔矣終天之慟可勝言哉穴深九尺下鋪灰一尺安
外棺其外煎下松脂廣五寸與棺平限外蓋上亦用松脂
五百三十二斤篩灰三百二十石限平土銘旌冒兩邊隶

渝色改書於金同知墊藝之錦陽書主申時告利成夕行
初虞祭 五日以雨不得反魂行再虞祭葬客皆歸只李
景稷李時白崔煜公之孫女婿文科官至掌令曹大益留待返魂 六
日朝雨晩晴反魂於東岡初議反魂之所衆論未定喪主
曰先君素不喜城市晩卜東岡極愛便靜每謂歌哭於斯
將以爲終焉之地不幸見謫一念猶未捨於東岡語言之
間每存故栖之戀念從象生之意得返於公所愛之廬於
情得矣云故終返於東岡後來先生長者多以喪主之意
爲得宜也 七日行三虞祭偶披公遺籍得小紙乃識朴
尚毅論山者其向案起伏亦與吳世俊所點一様而且其

中有穴地六尺則有紫卵石面則穴亦眞矣術雖微事能
知地中所未見者豈不惑人也哉事不相謀而適無差矣
則吳亦非庸師也 不幸變生於謫所北地荒苦遠俗無
知且爲官者多是武人初應治喪之具板蕩無賴訃音一
出南北絶塞權管守護將之稍有守地者莫不爭致賻儀
及至安邊賻布已至二十同之多矣其人之所常慕仰亦
於此可見矣葬後不知有一士人匹馬單裝著鞜灸鷄漬
綿來哭於墓前只留詩文一紙不見喪主而去 公之曾孫世弼甲寅
冬以四學疏頭被罪謫居靈光有士人崔河鍚者自靈巖
來訪曰吾祖考名璡官至齋郎絶意仕宦於白沙先生素
無面分自北靑返葬後以鷄酒之奠哭於墓前
不見主人而去云始知漬綿哭墓者是崔璡也 尚州士人

鄭以弘等十餘人素不知公者各致賻儀且有武人金是
若遠自晉州備物來奠而去此皆近世所未聞之事也
其後北青人士追懷德義創書院於城外老德社立祠宇
以享享公每春秋俎豆不衰號老德書院

鄭公名忠信字可行登武科官至平安兵使副元帥以
討平李适錄振武元勳封錦南君生於萬曆丙子卒於
崇禎丙子諡忠武公有子礪礱封錦平君公本係光州
正兵壬辰之亂年十七都元帥權慄烈公求人可以寄
問　行朝者公自奮請行持狀啓冒倭陣入義州[illegible]音
王考文忠公方判中兵一見知其爲英才召置左右而
衣食之教以學書能讀先秦古文通交門下名士如延
陽新豐完城諸公皆折輩行屏人地戊午待文忠公至
北青謫所作北遷日記一段公植節爲之心喪三年文忠
公嘗曰挽時則不害爲一世高士後奉使入建州虜
情其甫欲識之幽於一室而饋之曉夜念言其聲[illegible]然
刁在詩也爲肅下念使晴作絶句四千年往復爲[illegible][illegible]

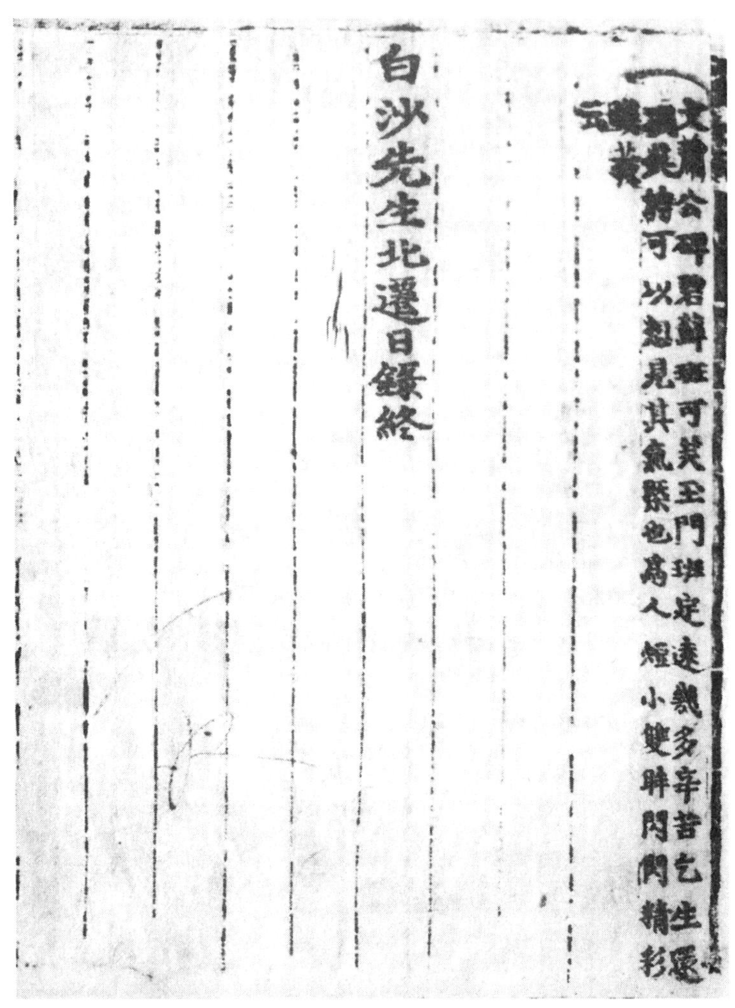
文簡公碑碧蘚斑可莫至門𤤽定遠幾多辛苦乞生還
敬裁詩可以想見其氣槩也爲人短小雙眸閃閃精彩
云贊

白沙先生北還日錄終

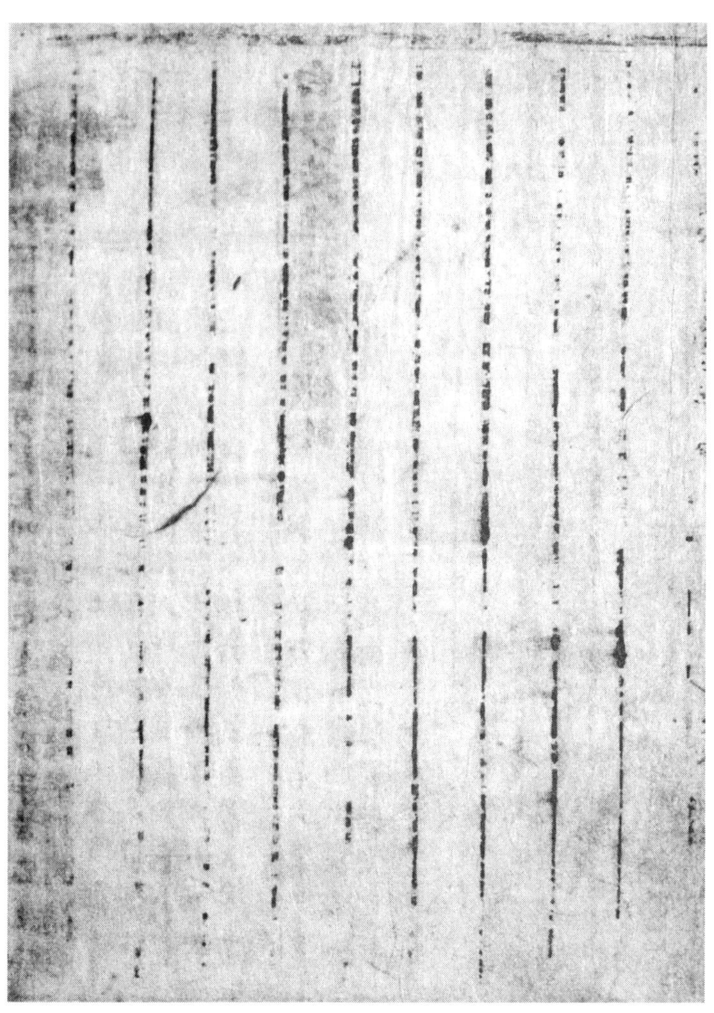

82

292

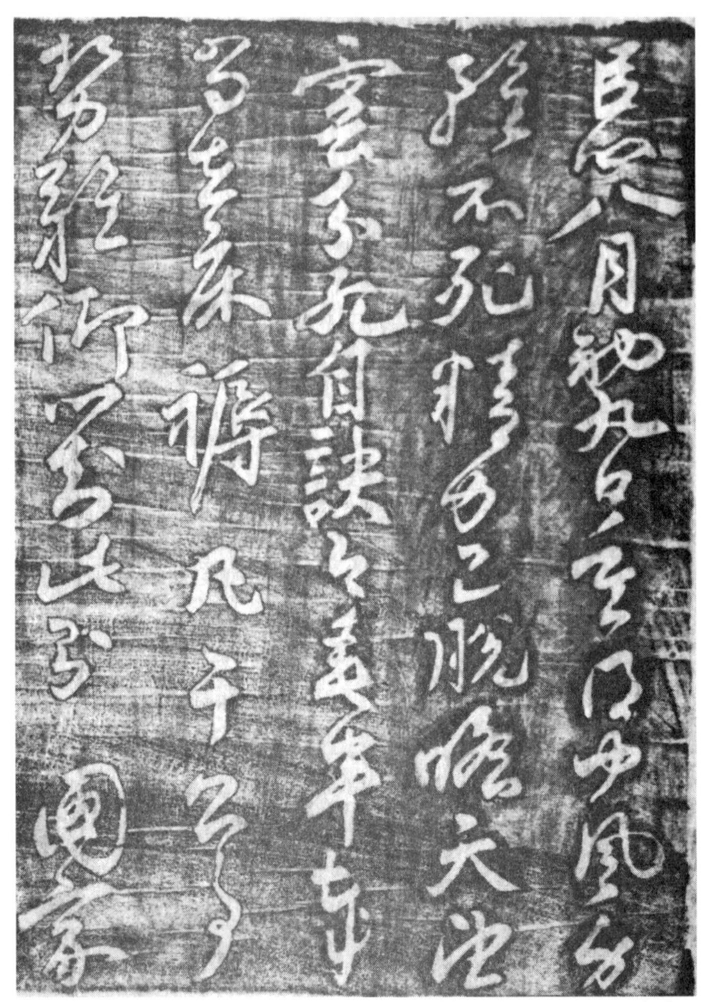

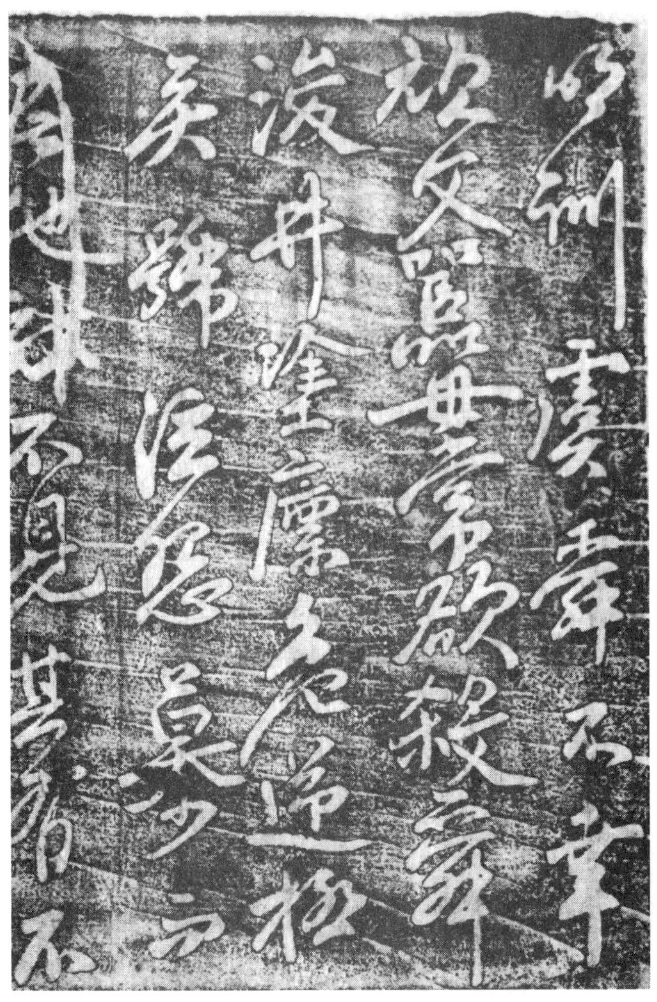

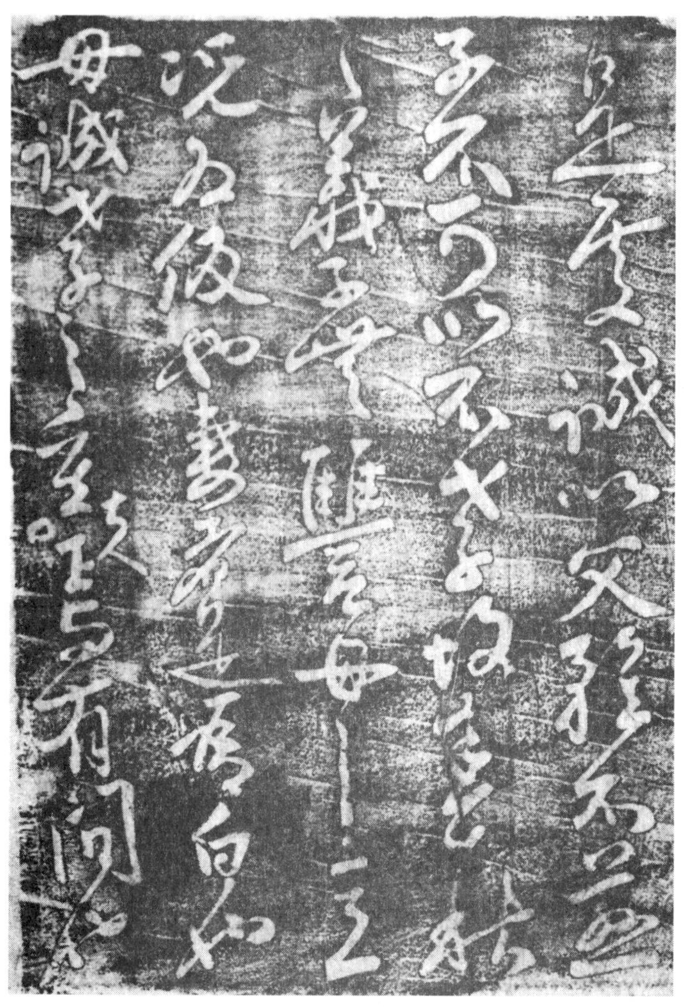

萬曆丁巳
沙李文忠公獻議手草

刻北遷日錄跋

往在萬曆丁巳曾王考白沙文忠公當光海昏亂之時謂母后不可讐以明春秋之大義戊午謫竄于北青錦南鄭公忠信以門下士實爲執鞭之役間關嶺海終不少怠遂爲之心喪迹其所爲殆古烈士之倫也有所撰北遷日錄記文忠公遷謫時事頗詳其後五十七年乙丑鄭侯來祥爲北青倅慕公之風將刊北遷錄方伯李公秀彥聞而喜之輒鳩工而相之世龜茲敢稍加釐頓而分註於其間仍略見鄭公之終始且附刻丁巳收議手草俾藏其板於老德書院嗚呼世龜於此又有感焉昔程門諸人記錄言

語程子以爲不得其心則是記他底意思劉錄君子之言
動若斯之難也竊瞷是編詳於燕笑而略於訓辭疎於大
綱而密於細事豈鄭公才識雖超絶而偏起於行間初非
儒素家流故審視而謹書者非其所長而然歟然則茲錄
也其可謂果得文忠公之心否乎旣不得其心而以意錄
之則烏可以保其無錯也亦何以考信而示諸後也嗚呼
文忠之世旣遠而其義益彰其景仰者益衆里巷頌禱尚
能傳道其言行之一端而或輾轉傳會以失其眞者亦有
之矣然而尚德之士猶感慨賞歎不能自已矧伊斯錄雖
不能無憾要之扶倫之大節愛君之忠憤有以増其三綱

五典之重者則固昭揭如日星而至於關河道路人情物
態零零瑣瑣之類纖悉備具亦可以究觀世變之推遷而
知天理之根於秉彝者終不能以一時禍福有所鉗制而
殄絶之也後之覽者豈無興慨於斯而感發其忠義激烈
之心乎吾知千載之下必有掩卷而流涕者矣其亦有補
於風教而不可以不傳於世也斯非一家之私言也遂書
以識其後云爾
崇禎後乙丑仲夏下浣月城李世龜拜手謹書

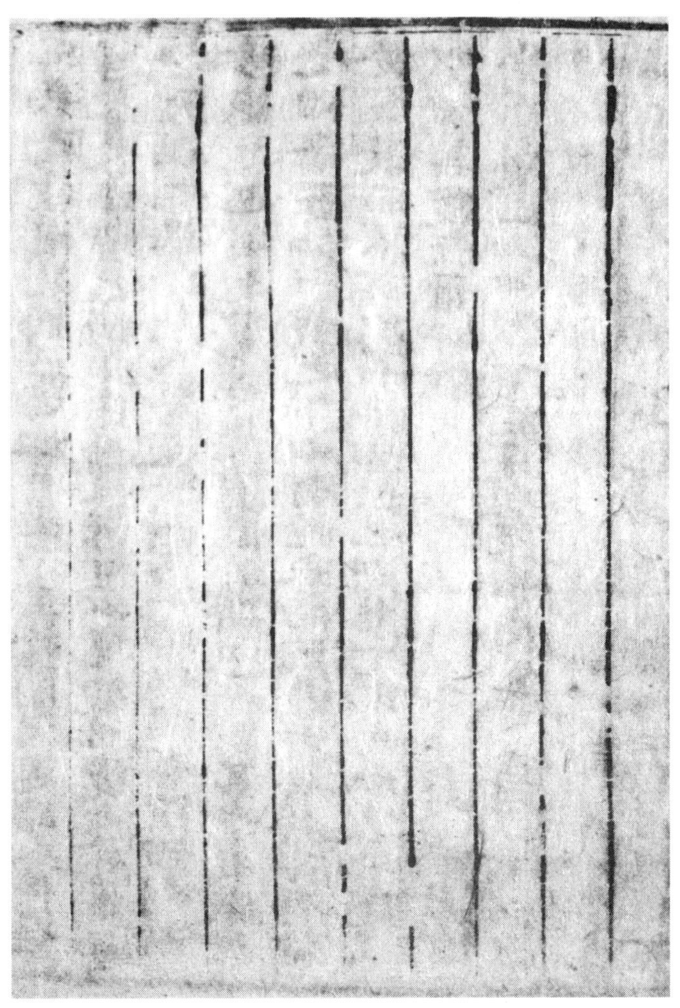

右鄭錦南忠信所記白沙先生北
遷錄一冊先生曾孫世龜撿校則
正附以丁巳獻議及錦南紀事本
末是錄始爲完書可以傳示久遠
矣蓋先生痛 母后之將廢叢憤
所議丁巳十二月謫配北青明年五月
捐館其八月返葬于抱川先墓之

樹錦南以門下士從先生於遷謫
死生之際跋履周旋殆不離傍仍
爲之方[illegible]自始遷至亭葬首尾六冩
月之間審視而詳記之大而一時世
變之悽緊及先生忠義之大方以至
言動嚬笑之際人情厚薄之際纖悉
畢錄若乃嶺海間關原隰甸匍匐而

可以刺心而救得者乃真苦心至誠
慕義無窮者哉嗚呼先生之大節
耿著於宇宙者初識一篇在烏圖最
無待於是錄而百世之下聞先生之
風者如目見如身履如親奉先生之
謦咳感慕嗚咽而不能已則是錄不為
無助何可使泯滅而不傳也並其所記

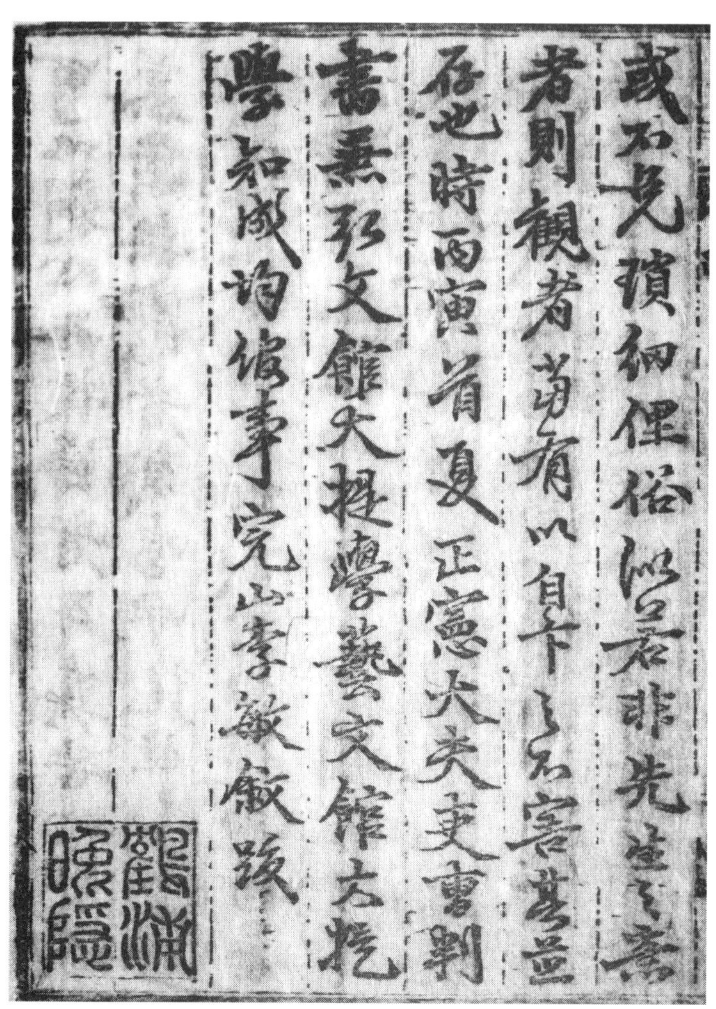

哉若夫瑣細俚俗訛謬者非先生之意
者則觀者苟有以自卞之名言甚豈
存也時丙寅首夏正憲大夫吏曹判
書兼弘文館大提學藝文館大提
學知成均館事完山李敏敘跋

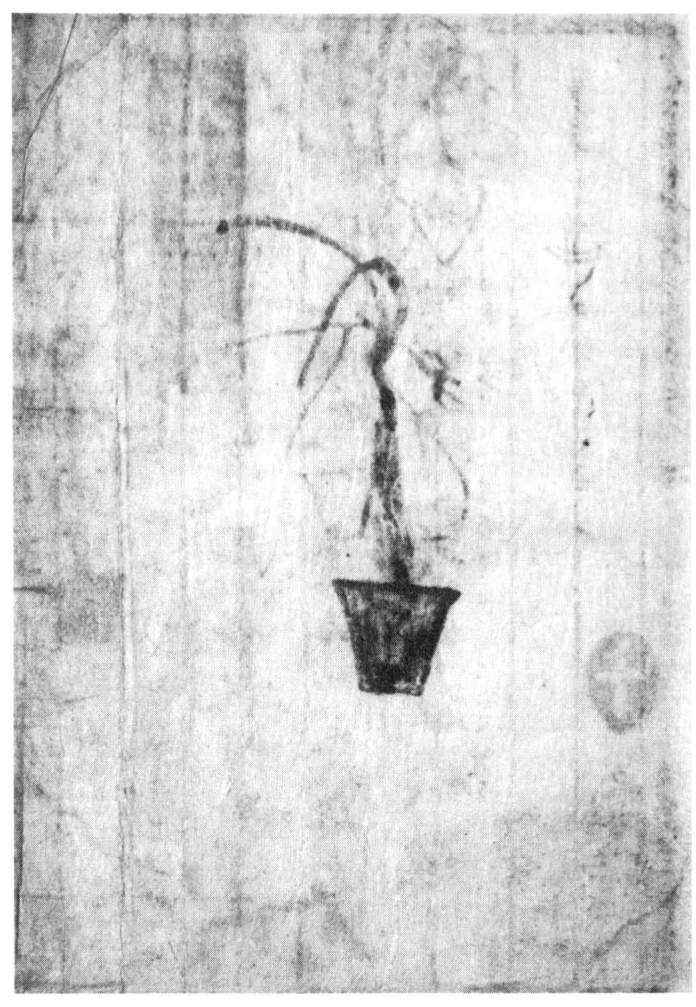

97

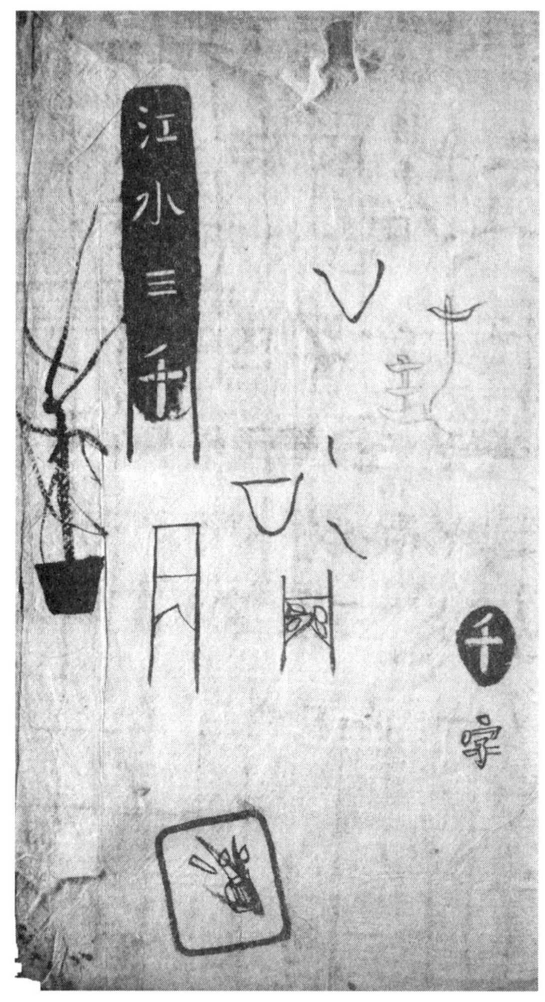

영인자료

—

북천일록
北遷日錄

鄭忠信 원저·李世龜 협주, 1685년 간행, 국립중앙도서관 소장

여기서부터 영인본을 인쇄한 부분입니다. 이 부분부터 보시기 바랍니다.

역주자 신해진(申海鎭)

경북 의성 출생
고려대학교 국어국문학과 및 동대학원 석·박사과정 졸업(문학박사)
전남대학교 제23회 용봉학술상(2019)
현재 전남대학교 인문대학 국어국문학과 교수

저역서 『쾌일록』(보고사, 2020)
『토역일기』(보고사, 2020)
『후금 요양성 정탐서』(보고사, 2020)
『북행일기』(보고사, 2020)
『심행일기』(보고사, 2020)
『요해단충록 (1)~(8)』(보고사, 2019, 2020)
『무요부초건주이추왕고소략』(역락, 2018)
『건주기정도기』(보고사, 2017)
『심양왕환일기』(보고사, 2014)
『심양사행일기』(보고사, 2013)
이외 다수의 저역서와 논문

북천일록 北遷日錄

2020년 10월 26일 초판 1쇄 펴냄

지은이 정충신
역주자 신해진
펴낸이 김흥국
펴낸곳 도서출판 보고사

책임편집 이경민
표지디자인 손정자

등록 1990년 12월 13일 제6-0429호
주소 경기도 파주시 회동길 337-15 보고사 2층
전화 031-955-9797(대표)
02-922-5120~1(편집), 02-922-2246(영업)
팩스 02-922-6990
메일 kanapub3@naver.com/bogosabooks@naver.com
http://www.bogosabooks.co.kr

ISBN 979-11-6587-101-7 93910

정가 25,000원